德州学院学术出版基金资助

《尔雅》普通语词注释

李冬英 著

中国社会科学出版社

图书在版编目(CIP)数据

《尔雅》普通语词注释/李冬英著.—北京：中国社会科学出版社，2015.9
ISBN 978-7-5161-6686-4

Ⅰ.①尔… Ⅱ.①李… Ⅲ.①《尔雅》—词汇—研究 Ⅳ.①H131.2

中国版本图书馆 CIP 数据核字(2015)第 166936 号

出 版 人	赵剑英
责任编辑	罗　莉
特约编辑	孙少华
责任校对	李　林
责任印制	戴　宽

出　　版	中国社会科学出版社
社　　址	北京鼓楼西大街甲 158 号
邮　　编	100720
网　　址	http://www.csspw.cn
发 行 部	010-84083685
门 市 部	010-84029450
经　　销	新华书店及其他书店
印　　刷	北京市大兴区新魏印刷厂
装　　订	廊坊市广阳区广增装订厂
版　　次	2015 年 9 月第 1 版
印　　次	2015 年 9 月第 1 次印刷
开　　本	710×1000　1/16
印　　张	19.75
插　　页	2
字　　数	316 千字
定　　价	75.00 元

凡购买中国社会科学出版社图书，如有质量问题请与本社营销中心联系调换
电话:010-84083683
版权所有　侵权必究

目　录

自　序 ……………………………………………………（1）

凡　例 ……………………………………………………（1）

释诂第一 …………………………………………………（3）

释言第二 …………………………………………………（137）

释训第三 …………………………………………………（240）

后　记 ……………………………………………………（307）

自 序

沐浴着国家"十二五"计划的曙光，我奋笔疾书，为《尔雅普通语词注释》写自序。2010年金秋十月，拙作《尔雅普通语词研究》刚刚问世。在兴奋的余暇，又将此书整理出版。两书出版相距不长，然而此书并非仓促而作。其实笔者在写成《尔雅》普通语词通论的同时，就已着手其注释的工作。我在选定研究课题时，深知理论源于注释，而注释也要升华为理论，二者相辅相成，互相印证，于是在读博期间，我一边注释《尔雅》释条，一边从中提炼观点，从而使二者同时竣工。

面对此书问世，我深感惶恐不安。虽然在注释工作中已下很大功夫，曾将《尔雅》普通语词逐条逐词梳理，力求将其义训落到实处。脱稿以后又几经修改、校对，但是仍然感到不踏实。因为《尔雅》为我国辞书之祖，出现时代久远，汉代早已引人瞩目，扬雄、许慎均从中汲取学术观点以及研究方法，从东晋郭璞就开始注释，宋代邢昺继承其业，至清代传统小学发展到鼎盛时期，邵晋涵与郝懿行又相继注疏，从而使《尔雅》的注释日臻完善。然而其书均以文言注疏，阅读很吃力，况且其中也难免有疏漏。时代在发展，社会在前进。20世纪中晚期，徐朝华《尔雅今注》与胡奇光、方环海《尔雅译注》先后出版，为古老的《尔雅》注释工作注入新鲜血液。二书尤其是徐书，运用现代汉语注释《尔雅》，并开创了分条注释的新体例，在注释的内容上有继承有发展，不仅方便阅读，而且为深入研究提供丰富资料。我在使用二书的过程中，受益匪浅，借助他们的注释，使我这个初出茅庐的年青学子找到研究《尔雅》的门径，领略其中美好风光，因此仰慕、敬佩、感谢之情油然而生，就情不自禁地抒写自己的情怀。然而，在反复深入研读二书之后，觉得其中言犹未尽，还有不少释条的义训悬而未决，某些解说也欠妥帖，使被释词与释词义项不对应，给正确解读《尔雅》造成困难，甚至望而生畏。为此，我不揣冒昧，决心充分利用已有的研究资料，运用现代研究方法，重新用现代汉语注释《尔雅》的普通语词。

　　学术贵在创新，但是要建筑在继承的基础上，只有全面地把握已有研究成果，汲其精华，弃其糟粕，才能在学业上有新的建树，在这方面徐朝华先生为我做出榜样，我也要像她那样，在辛勤耕耘的基础上，力求在《尔雅》注释上有所进展。创新要立足于求真，而求真才能促进创新，为此在注释中不避艰辛，披沙拣金，努力使之不以讹传讹，贻误后人。然而《尔雅》为我国传统文化的瑰宝，其内容博大精深，凭我浅薄的学力，很难将疑难释条解释通畅，若能自圆其说，而不漏洞百出，贻笑大方，则于愿足矣。当然，我又不甘落后，企图在注释中有所突破，就对本书进行一番规划。其一，重新设计注疏体例，在分章编排的基础上按释条注释。每条先有概述，点明其义训内容、解说方式、义训特点。次有注释，按释词、被释词的次第，分别解释它们所表示的义项或义素。后有疑难的点评，或披露其研究现状，或说明本书的处理方法。其二，深化释条的义训，或弥补已有义训的不足，使之完善；或纠正已有义训的失误，使之合理；或疏导已有义训的滞碍，使之顺畅。其三，更新义项与义素的书证，注释所引书证优先选取《易》《书》《诗》，使现存最早的元典充分发挥其释义功能。若无"三元"书证，则征引其他先秦古籍；若征引汉魏古籍，则为材料匮乏。其四，灵活使用各种书证，使之充分发挥释义作用：征引用例书证为主，使之显示相应语境的义项与义素；以采用义训书证为辅，使之配合用例书证释义。其五，积极吸取现代词汇学的最新研究成果，在解释《尔雅》普通语词、短语、句子时，引进义项与义素的概念，使释义与现代语言学著作保持一致。其六，采取现代的注解方式，在释词与被释词后面加注释序码，然后在注释时按序码次第解释其义，或解释词义，或解释短语之义，或解释句意，各得其所。

　　本意为《尔雅》普通语词提供一个新版本，但是注释起来并非轻松，甚至困难重重，疑问层出不穷。其中释条的被释词与释词的义项不对应，无法确立其义训，最为挠头，弄得心烦意乱。但是我没有灰心，没有停滞不前，而是面对困难，积极想办法解决。我从被释词与释词义项关系入手考察，发现彼此义项虽然不同，但是并非毫无联系，而是彼此很相近，或义项相关，或义项相似，或义项相因。既然其义项相近，就必然具有共同义素，而这些共同义素又蕴藏在义项中，没有明确显示出来，显然有别于通常所说的义素。为此，我将这种含而不露的义素称为隐含义素，而将显示于义项的义素称为明显义素，以示区别。运用这种隐含义素，《尔雅》普通语词的释条被释词与释词义项不对应的现象，就迎刃而解，势如破竹。然而事情并非如此简单，遇到某些释条还要花费气力去解决。若释条的被释词使用隐含义素，还容易解决；若释词使用隐含义素，其义训就很难确立。因为释条的义训集中反映在释词中，若释词使用隐含义素，就要考察被释词所采取的义项或义素，使彼此协调一致。这样在注释释条时，就要前后反复琢磨，斟酌再三，才能概括出释条的义训，使之合情合理。例如，《释言》："俾，职也。"其义训为使令、顺从，独词为训，二义同条。此释条貌似简单，实则复杂。因为释词同时使用两个隐含义素，才能与被释词所采取的义项分别对应。于是，在注释此释条时，在反复阅读释条的基础上，先要确立义训，明确被释词采取的义项，后要从释词的义项中提炼出相应的隐含义素，其探索过程曲折、艰苦。这就是说，《尔雅》普通语词的释条疑难集中在被释词与释词义项不完全对应上，我们均使用隐含义素顺利注释完毕。但是隐含义素又不是万能的，以之解说其他著述则要慎重，不宜无限制地推广。至若《尔雅》注释使用隐含义素，则与其成书年代有关。《尔雅》为我国辞书的始祖，成书于先秦，对词语的理解难免粗疏，于是既用等义词释义，又用近义词释义。用等义词释义，则义训和谐，无可非议；用近义词释义，则义训龃龉，令人费解。加之，古今时间跨度大，不仅给阅读造成困难，而且也为注释造成障碍。因此，如果说我们用隐含义素注释《尔雅》普通语词有所进展，也是不得已而为之。当然也并非有意创新，想做出石破天惊的壮举，只是适应注释的需要而做出积极探索而已，其是非功过，还请广大读者鉴察。

回顾当初博士论文开题会上，我立志研治《尔雅》普通语词，不少老师都认为选题难度太大，不是我这个知识浅薄的学子所能胜任，甚至有些师友劝我改弦易辙，选择一个相对容易的题目。但是我从小做事执着，对自己认定的事情从不改悔，于是在博士的征途上就吃尽苦头，坚持不懈地钻研，将普通语词的通论与注释齐头并进，使我倍感艰辛，体力也很劳顿。

同时我也感到欢欣，功夫不负有心人，现在《尔雅普通语词研究》已出版，目前《尔雅普通语词注释》也行将问世。一方面觉得师友的提携支持的可贵，一方面觉得我国传统文化的遗产内容丰富、深邃。一杯浓茶越喝越有味道，传统文化越研究越有兴趣。作为一个年轻的博士，能够跻身于研治《尔雅》的行列，我感到很幸福、很自豪。我目前的成果虽然还微不足道，但是传统文化历史悠久，其中蕴藏着丰富的瑰宝，等待着我们年轻一代去挖掘，这使我精神焕发，立志在语言文字方面不断探索、追求，以不负师友们的殷切希望。

光阴似箭，博士生活已经结束，我走上工作岗位，要把学到的传统文化知识应用到社会中去，力争为社会主义建设做出应有的贡献。

2014 年 10 月 10 日

凡　例

　　为弘扬传统文化，充分发挥《尔雅》释义功能，使之润泽广大后代读者，笔者不避浅陋，融汇古今众家之说，加上自己的研习体会，以现代汉语重新注释《尔雅》的普通语词，现将其编撰体例叙述于下。

　　一、为昭示《尔雅》普通语词的内容，本书先依中华书局1979年版阮元校勘《十三经注疏》影印本列出《释诂》《释言》《释训》全文，再按篇次分别注释。

　　二、注释以释条为单位，开头出示概述，点明其义训的内容、解说方式及释义特点；接着加以解说，先注释释词，后依次注释被释词。

　　三、解说采取三元制，对词语解说其义项或义素，对短语与句子则直接点出解说短语、句子，对叠音词所蕴藏的深刻内容，则直接点出其所在诗篇的主旨。

　　四、释义先引《说文》以显示其本义，后推导出《尔雅》使用的义项，说明义项为本义、引义、借义，从而为义项的性质定位。

　　五、注释涉及义素时，要标出其义素的性质，对明显义素要分别共同义素与区别义素，对隐含义素还要说明其产生的缘由。

　　六、对于少数疑难释条，或直接引用古人注疏，或以按语回顾历代研究现状，并披露笔者立训的依据。

　　七、注释将《尔雅》原文黑体排列于上，注文则以宋体排列于下，以示区别。

　　八、《尔雅》篇目直书《释诂》《释言》《释训》，释条次第以汉字一、二、三显示，注释次第则以阿拉伯数字加方括号显示，书证省略的文字则加圆括号表示。

　　九、对于相同词语重出的义训，前面直接解说，后面或指出已见篇目、条次，或径直重点解说，以减少读者翻检之劳。

十、繁体字与简体字多对一，仍采用相应繁体字；其余一对一，则均使用简体字。

十一、书证无句译，偶有难词略加注释。

十二、书证尽力取自先秦元典，不得已才选用《史记》《汉书》及其他后代古籍用例。

释诂第一

一、初[2]、哉[3]、首[4]、基[5]、肇[6]、祖[7]、元[8]、胎[9]、俶[10]、落[11]、权舆[12]，始[1]也。

此释条义训为开始，多词共训，义项与义素并释。

[1]始，《说文》"女之初也"，其本义为开始。《书·吕刑》："若古有训，蚩尤惟始作乱，延及于百姓。"若、惟均为语气助词，无实义。

[2]初，《说文》"始也"，其本义为开始。《易·既济》："初吉终乱。"

[3]哉，《说文》"言之间也"，其本义为语气助词，通"才"，开始。才本义为草木初生，引申为开始。《书·康诰》："惟三月哉生魄，周公初基作新大邑于东国洛，四方民大和会。"魄，通霸，每月最早见到的月光。

[4]首，《说文》"𦣻同，古文百也"，其本义为人头，引申为开始。按"古文百"，当作古文首。《老子》第二十八章："夫礼者，忠信之薄而乱之首。"

[5]基，《说文》"墙始也"，其本义为墙角，引申为开始。《国语·晋语九》："基于其身，以克复其所。"韦昭注："基，始也。"

[6]肇，通作肈，《说文》"击也"，按之字形与古籍用例，其本义为开启门户，引申为开始。《书·舜典》："肇十有二州，封十有二山。"孔传："肇，始也。"

[7]祖，《说文》"始庙也"，其本义为祖庙，引申为开始。《庄子·山木》："浮遊乎万物之祖。"

[8]元，《说文》"始也"，按之古籍与字形，其本义当为人头，引申为开始。《公羊传·隐公元年》："元年者何？君之始年也。"

[9]胎，《说文》"妇孕三月也"，其本义为母体内的幼体。《尸子·明堂》："刳胎焚夭，则麒麟不往焉。"胎儿为幼儿的开端，其中蕴藏着开始之义，而开始又未明确显示在义项中，说明此释条解说胎的隐含义素。

[10]俶，《说文》"善也，一曰始也"，其本义为开始。《书·胤征》："惟时羲和，颠覆厥德，沈乱于酒，畔官离次，俶扰天纪，遐弃厥司。"畔，通叛，违背。沈，沉湎，后作沉。

[11]落，《说文》"凡艸曰零，木曰落"，其本义为树叶、花朵脱落，展转反向引申为开始。《逸周书·文酌》："物无不落。"孔晁注："落，始也。"

[12]权舆，连绵词，开始。《诗·秦风·权舆》："于嗟乎！不承权舆！"

二、林[2]、烝[3]、天[4]、帝[5]、皇[6]、王[7]、后[8]、辟[9]、公[10]、侯[11]，君[1]也。

此释条义训为君主、众多，多词共训，二义同条。

[1]君，《说文》"尊也"，其本义为君主，上古泛指土地占有者，包括天子、诸侯、卿、大夫。《书·大禹谟》："皇天眷命，奄有四海，为天下君。"奄，尽。《诗·大雅·假乐》："穆穆皇皇，宜君宜王。"孔颖达疏："君则诸侯也。"穆穆，肃敬的样子。皇皇，光明的样子。君引申为众多之义，后作群，则君、群为古今字。《逸周书·谥法》："赏庆刑威曰君，从之成群曰君。"《白虎通》："君，群也，群下之所归心也。"

[2]林，《说文》"平土有丛木曰林"，其本义为成片的竹、木，引申为众多。《诗·小雅·宾之初筵》："百礼既至，有壬有林。"毛传："壬，大；林，君也。"

[3]烝，《说文》"火气上行也"，其本义为冬天祭祀，引申为众多。《书·益稷》："烝民乃粒，万邦作乂。"

[4]天，《说文》"颠也"，其本义为人头，引申为君主。《左传·宣公四年》："君，天也，天可逃乎？"

[5]帝，《说文》"谛也，王天下之号也"，其本义为君主。《书·尧典》："曰若稽古，帝尧曰放勋。"曰、若，均为句首语气助词，无实义。

[6]皇，《说文》"大也"，其本义为大，引申为君主。《楚辞·离骚》："岂余身之惮殃兮，恐皇舆之败绩。"王逸注："皇，君也。"

[7]王，《说文》"天下所归往也"，其本义为君主。《书·洪范》："天子作民父母，以为天下王。"

[8]后，《说文》"继体君也"，其本义为君主。《易·姤》："后以施命诰四方。"诰(gào)，特指上告下。

[9]辟，《说文》"法也"，其本义为法度，相关引申为法度制定者，则为君主。《诗·大雅·棫朴》："济济辟王，左右趣之。"趣，快走。济济，庄严恭敬的样子。辟、王，同义连用。

[10]公，《说文》"平分也"，其本义为公正，展转引申为君主。《仪礼·既夕礼》："公赗，玄纁束，马两。"郑玄注："赗，所以助主人送葬也。"

[11]侯，《说文》未收，按之古籍，其本义当为箭靶，展转引申为君主。《左传·隐公七年》："凡诸侯同盟，于是称名。"孔颖达疏："诸侯者，公侯伯子男五等之总号，侯训君也。虽爵命小异而俱是国君，故总称诸侯。"

三、弘[2]、廓[3]、宏[4]、溥[5]、介[6]、纯[7]、夏[8]、幠[9]、庬[10]、坟[11]、嘏[12]、丕[13]、弈[14]、洪[15]、诞[16]、戎[17]、骏[18]、假[19]、京[20]、硕[21]、濯[22]、讦[23]、宇[24]、穹[25]、壬[26]、路[27]、淫[28]、甫[29]、景[30]、废[31]、壮[32]、冢[33]、简[34]、箌[35]、昄[36]、晊[37]、将[38]、业[39]、蓆[40]，大[1]也。

此释条义训为大，多词共训，义项与义素并释。

[1]大，《说文》"天大、地大、人亦大，故大象人形"，其本义为大，与"小"相对。《诗·小雅·吉日》："发彼小豝，殪此大兕。"

[2]弘，《说文》"弓声也"，其本义当为弓声弘大，引申为大。《诗·大雅·民劳》："戎虽小子，而式弘大。"戎，你。小子，年轻人。式，作用。

[3]廓，《说文》未收，按之古籍与字形，其本义当为宽阔，引申为扩大。《荀子·修身》："狭隘褊小，则廓之以广大。"扩大，其义项中包括大之义，说明在这里解说到明显义素。

[4]宏，《说文》"屋深响也"，从段玉裁之说，响为衍文，按之古籍与字形，其本义为屋子宽大而深，引申为大。《书·康诰》："宏于天，若德

裕乃身，不废在王命！"在，通哉，啊。

[5]溥，《说文》"大也"，其本义为大。《诗·大雅·公刘》："笃公刘，逝彼百泉，瞻彼溥原。"逝，往；溥，大。

[6]介，《说文》"画也"，其本义为疆界，展转引申为大。《易·晋》："受兹介福，于其王母。"王弼注："受兹大福。"于，动词，予。

[7]纯，《说文》"丝也"，其本义为蚕丝，展转引申为大。《诗·鲁颂·閟宫》："天锡公纯嘏，眉寿保鲁。"锡，赐予，后作赐，锡、赐古今字。眉寿等于说长寿。

[8]夏，《说文》"中国之人也"，其本义为华夏民族，引申为大。《方言》卷一："自关而西，秦晋之间凡物之壮大者而爱伟之谓之夏，周郑之间谓之嘏。"《诗·秦风·权舆》："於，我乎！夏屋渠渠，今也每食无余。"毛传："夏，大也。"闻一多《风诗类钞》："夏屋，盖食器，房俎之类，状如屋，故名。"从其说，屋为食器名。渠渠，盛大的样子。

[9]幠(hū)，《说文》"覆也"，其本义为覆盖，引申为大。《诗·小雅·巧言》："无罪无辜，乱如此幠。"毛传："幠，大也。"辜，罪。

[10]厖(máng)，《说文》"石大也"，其本义为大。《方言》卷二："自关而西，秦晋之间凡大貌谓之朦，或谓之厖。"《左传·成公十六年》："是以神降之福，时无灾害，民生敦厖，和同以听。"杜预注："敦，厚也。厖，大也。"

[11]坟，《说文》"墓也"，按之古籍与字形，其本义为土堆，引申为大。《诗·小雅·苕之华》："牂羊坟首，三星在罶。"毛传："坟，大也。"牂(zāng)，母羊。罶(liǔ)，鱼篓。

[12]嘏(gǔ)，《说文》"大、远也"，其本义为大。《方言》卷一："秦晋之间，凡物壮大谓之嘏，或曰夏。"《逸周书·皇门》："用能承天嘏命。"

[13]丕，《说文》"大也"，其本义为大。《书·大禹谟》："嘉乃丕绩。"孔传："丕，大也。"

[14]弈，当作奕，《说文》"大也"，其本义为大。奕重叠为奕奕，则表示大的样子。《诗·小雅·巧言》："奕奕寝庙，君子作之。"毛传："奕奕，大貌。"在这里，奕奕为大的样子，其中直接显示大义，说明在这里解说到明显义素。

[15]洪,《说文》"洚水也",其本义为大。《书·尧典》:"四岳,汤汤洪水方割,荡荡怀山襄陵。"孔传:"割,害也。襄,上也。"怀,包围。

[16]诞,《说文》"词诞也",其本义为说大话,引申为大。《书·汤诰》:"王归自克夏,至于亳,诞告万方。"

[17]戎,《说文》"兵也",其本义为兵器,展转引申为大。《诗·周颂·烈文》:"念兹戎功,继序其皇之。"毛传:"戎,大也。"序,与叙、绪通用,继序即继承。

[18]骏,《说文》"马之良材者",其本义为良马,引申为大。《诗·大雅·文王》:"宜鉴于殷,骏命不易。"宜,应该。

[19]假,《说文》"非真也",按之古籍,其本义当为借贷,通"嘏",则为大。《书·大禹谟》:"帝曰:'来,禹!洚水儆予,成允成功,惟汝贤;克勤于邦,克俭于家,不自满假,惟汝贤。'"允,答应、诺言。

[20]京,《说文》"人所为绝高丘也",其本义为人工筑起的高丘,引申为大。《左传·庄公二十二年》:"八世之后,莫之与京。"杜预注:"京,大也。"孔颖达疏:"莫之与京,谓无与之比大。"

[21]硕,《说文》"头大也",其本义为头大,引申为大。《易·剥》:"硕果不食,君子得舆,小人剥庐。"

[22]濯(zhuó),《说文》"浣也",其本义为洗涤,引申为大。《诗·大雅·文王有声》:"王公伊濯,维丰之垣。"毛传:"濯,大也。"伊,句中语气助词,无实义。

[23]讦(xū),《说文》"诡讹也",其本义为欺诈,引申为大。《诗·大雅·抑》:"讦谟定命,远犹辰告。"毛传:"讦,大;谟,谋。"犹、猷通用,谋略。辰,按时。

[24]宇,《说文》"屋边也",其本义为屋檐,展转引申为扩大。《荀子·非十二子》:"矞宇嵬琐,使天下混然不知是非治乱之所存者有人矣。"杨倞注:"宇,大也,放荡恢大也。"矞(jué),诡诈,后作谲,矞、谲古今字。嵬琐,邪僻琐细。

[25]穹,《说文》"穷也",其本义为穷尽,引申为大。《汉书·司马相如传上》:"触穹石,激堆埼。"颜师古注:"张揖曰:'穹石,大石也。'"

[26]壬,《说文》"位北方也",按之古籍,其本义当为大。《诗·小雅·宾

之初筵》:"烝衎烈祖,以洽百礼。百礼既至,有壬有林。"毛传:"壬,大;林,君也。"朱熹集传:"壬,大;林,盛也。"

[27]路,《说文》"道也",其本义为道路,引申为大。郝懿行义疏:"经典凡言路寝、路车、路马,义皆为大。"《诗·大雅·生民》:"实覃实讦,厥声载路。"毛传:"路,大也。"

[28]淫,《说文》"侵淫随理也",其本义为浸渍,展转引申为大。《列子·黄帝》:"朕之过淫矣。"

[29]甫,《说文》"男子美称也",其本义为古代男子的美称,引申为大。《诗·小雅·甫田》:"倬彼甫田,岁取十千。"毛传:"甫,大也。"倬(zhuō),广阔的样子。

[30]景,《说文》"光也",其本义为日光,引申为大。《诗·小雅·小明》:"神之听之,介尔景福。"介,助。

[31]废,《说文》"屋顿也",其本义为坍塌,展转引申为大。《诗·小雅·四月》:"废为残贼,莫知其尤。"毛传:"废,忕也。"陆德明释文:"忕,一本作废,大也。"

[32]壮,《说文》"大也",其本义为大。《诗·小雅·采芑》:"方叔元老,克壮其犹。"毛传:"壮,大;犹,大也。"克,能够。犹、猷通用,谋略。

[33]冢,《说文》"高坟也",其本义为高大的坟墓,引申为大。《逸周书·商誓》:"尔冢邦君,无敢其有不告,见于我有周其比。"朱右曾校释:"冢,大也。"

[34]简,《说文》"牒也",其本义为古代用于书写的狭长竹片,展转引申为大。《论语·公冶长》:"吾党之小子狂简。"何晏集解引孔安国曰:"简,大也。"

[35]箌(dào),大。王应麟《困学纪闻》引韩诗"箌彼甫田",今本毛诗《小雅·甫田》作"倬彼甫田"。倬,《说文》"箸大也",其本义为大。《诗·大雅·棫朴》:"倬彼云汉,为章于天。"毛传:"倬,大也。"又《小雅·甫田》:"倬彼甫田,岁取十千。"按之上古音,倬为端母、药部,箌为端母、宵部,其读音相近,箌通倬。

[36]昄(bǎn),《说文》"大也",其本义为大。《诗·大雅·卷阿》:"尔

土宇昄章，亦孔之厚。"土宇，封疆；章，明显。

[37]晊（zhì），当作至，《说文》"鸟飞从高下到地也"，其本义当为来到，展转引申则为大。《战国策·秦策一》："商君治秦，法令至行。"

[38]将，《说文》"帅也"，其本义为将帅，借为大之义。《方言》卷一："将，大也。燕之北鄙齐楚之郊或曰京，或曰将。"《书·盘庚下》："古我先王，将多于前功，用降我凶德，嘉绩于朕邦。"孔传："言以迁徙多大前人之功美。"降，减。

[39]业，《说文》"大版也，所以饰悬钟鼓"，其本义为悬挂钟鼓的大版。《诗·周颂·有瞽》："设业设虡，崇牙树羽。业重叠为业业，表示马高大的样子。《诗·大雅·烝民》："仲山甫出祖，四牡业业，征夫捷捷，每怀靡及。"毛传："业业，言高大也。"业无论单独使用大版之义，还是在叠音词中表示高大之义，均在义项中明确显示大义，说明其义训为明显义素。

[40]蓆，《说文》"广多也"，其本义为草多，引申为宽大。《诗·郑风·缁衣》："缁衣之蓆兮，敝，予又改作兮。"毛传："蓆，大也。"今本毛诗作席，席、蓆为古今字。

四、幠[2]、厖[3]，有[1]也。

此释条义训为具有，二词共训，一义贯条。

[1]有，《说文》"不宜有也"，其本义为具有，与无相对，表示存在。《诗·小雅·信南山》："中田有庐，疆场有瓜。"

[2]幠(hū)，《说文》"覆也"，其本义为覆盖，引申为具有。《诗·鲁颂·閟宫》："奄有龟蒙，遂荒大东。"（奄，覆盖。）引申为统辖。郭璞注《诗·鲁颂·閟宫》作"遂幠大东"。在具有之义上，荒、幠通用。

[3]厖(máng)，参见三[10]，厖既为大，大则必具有，其中蕴藏着具有之义，而其义又没有直接显示于义项中，说明在此释条中解说到隐含义素。

五、迄[2]、臻[3]、极[4]、到[5]、赴[6]、来[7]、吊[8]、艐[9]、格[10]、戾[11]、怀[12]、摧[13]、詹[14]，至[1]也。

此释条义训为到、来到，多词共训，一义贯条。

[1]至，《说文》"鸟飞从高下至地也"，其本义为来到。《诗·秦风·渭阳》："我送舅氏，曰至渭阳。"曰，句首语气助词，无实义。阳，水北。

[2]迄，《说文新附》"至也"，其本义为来到。《诗·大雅·生民》："后稷肇祀，庶无罪悔，以迄于今。"肇，开始。庶，幸，幸运。

[3]臻，《说文》"至也"，其本义为来到。《诗·小雅·菀柳》："有鸟高飞，亦傅于天。彼人之心，于何其臻？"郑玄笺："傅、臻，皆至也。"此句意谓，鸟儿高飞，能飞到天际。那个昏王的心坏到什么境地呢？

[4]极，《说文》"栋也"，其本义为房屋的正梁，引申为到。《诗·大雅·崧高》："崧高维岳，骏极于天。"崧高，崧山的别称，号称中岳崧山，又作嵩山。骏，高大，与峻通用。

[5]到，《说文》"至也"，其本义为来到。《诗·大雅·韩奕》："蹶父孔武，靡国不到。"蹶父(guì fǔ)，周宣王的卿士，妫姓。

[6]赴，《说文》"趋也"，其本义为赶往，引申为来到。《孟子·梁惠王上》："天下之欲疾其君者，皆欲赴愬于王。"

[7]来，《说文》"周所受瑞麦来麰，一来二缝，象芒束之形"，其本义为小麦，借为来到之义。《论语·学而》："有朋自远方来，不亦乐乎？"

[8]吊，《说文》"问终也"，其本义为追悼死者，音 diào，借为来到之义，音 dì。《诗·小雅·天保》："神之吊矣，诒尔多福。"毛传："吊，至也。"孔颖达疏："言王已致神之来至矣。"诒，送给。

[9]艐(jiè)，《说文》"船著沙不行也"，其本义为船搁浅，通"届"，来到。《方言》卷一："艐，至也。宋语也。"《史记·司马相如列传》："纠蓼叫奡蹋以艐路兮，蔑蒙踊跃腾而狂趡。"裴骃集解引徐广曰："艐，音介，至也。"按：纠蓼，缠绕；叫奡，高举的样子。蹋，着地。

[10]格，《说文》"木长皃"，其本义为树木的长枝条，借为来到。在来到的义项上，后作佫，格、佫为古今字。《方言》卷一："佫，至也。邠唐冀兗之间曰假，或曰佫。"《书·汤誓》："格尔众庶，悉听朕言。"

[11]戾，《说文》"曲也"，其本义为弯曲，展转引申为来到。《方言》卷一："摧、詹、戾，至也。楚语也。"《诗·大雅·旱麓》："鸢飞戾天，鱼跃于渊。"

[12]怀，《说文》"念思也"，按之古籍，其本义为胸怀，引申为来到。《方言》卷一："怀，至也。齐楚之会郊或曰怀。"《后汉书·张衡传》："天爵高悬，得之在命，或不速而自怀，或羡游而不臻。"

[13]摧，《说文》"挤也"，其本义为排挤，展转引申为来到。《诗·大雅·云汉》："胡不相畏？先祖于摧。"王先谦集疏："若不雨，民将饿死，先祖何所归而至乎？"

[14]詹，《说文》"多言也"，其本义为话多，引申为来到。《诗·小雅·采绿》："五日为期，六日不詹。"

六、如[2]、适[3]、之[4]、嫁[5]、徂[6]、逝[7]，往[1]也。

此释条义训为去往，多词共训，一义贯条。

[1]往，《说文》"之也"，其本义为去往。《论语·阳货》："佛肸召，子欲往。"

[2]如，《说文》"从随也"，其本义为顺从，引申为往。《左传·僖公二十八年》："宋人使门尹般如晋师告急。"

[3]适，《说文》"之也"，其本义为往。《方言》卷一："适，往也。鲁语也。"《诗·魏风·硕鼠》："逝将去女，适彼乐土。"

[4]之，《说文》"出也"，其本义为出生，引申为往。《孟子·滕文公上》："滕文公为世子，将之楚，过宋而见孟子。"

[5]嫁，《说文》"女适人也"，其本义为女子出嫁，引申为往。《方言》卷一："嫁，往也。自家而出谓之嫁，由女出为嫁。"《列子·天瑞》："国不足，将嫁于卫。"张湛注："自家而出谓之嫁。"又《战国策·中山策》："赵自长平已来，君臣忧惧……四面出嫁，结亲燕魏，连好齐楚。"郭希汾注："嫁，往也。"

[6]徂，《说文》"往也"，其本义为往。《书·说命下》："台小子旧学于甘盘，既乃遁于荒野，入宅于河，自河徂亳，暨厥终罔显。"台（yí），

我；宅，居住；暨，往；罔，没有。

[7]逝，《说文》"往也"，其本义为往。《方言》卷一："逝，往也。秦晋语也。"《诗·邶风·谷风》："毋逝我梁，毋发我笱。"朱熹集传："逝，之也。"梁，鱼坝；笱，鱼篓。

七、赍[2]、贡[3]、锡[4]、畀[5]、予[6]、贶[7]，赐[1]也。

此释条义训为赐予，多词共训，一义贯条。

[1]赐，《说文》"予也"，其本义为赐予。《论语·乡党》："君赐食，必正席先尝之。"

[2]赍，《说文》"赐也"，其本义为赐予。《书·汤誓》："尔尚辅予一人，致天之罚，予其大赍汝。"

[3]贡，《说文》"献功也"，其本义为进献，相反引申为赏赐。《史记·乐书》："太一贡兮天马下，霑赤汗兮沫流赭。"

[4]锡，《说文》"银铅之间也"，其本义为介于银、铅之间的金属，借为赐予之义，后造赐字，故在赐予之义上，锡、赐为古今字。《书·洪范》："天乃锡禹洪范九畴，彝伦攸叙。"畴，类；彝，常；伦，理；攸，所；叙，次第。

[5]畀(bì)，《说文》"相付与之，约在阁上也"，其本义为赐予。《书·洪范》："帝乃震怒，不畀洪范九畴，彝伦攸斁。"斁(dù)，败坏。

[6]予，《说文》"推予也"，按之古籍，其本义为赐予。《诗·小雅·采菽》："君子来朝，何锡予之？"锡、予同义连用。

[7]贶(kuàng)，《说文新附》"赐也"，其本义为赐予。《诗·小雅·彤弓》："我有嘉宾，中心贶之。"毛传："贶，赐也。"嘉宾，特指与宴诸侯。

八、仪[2]、若[3]、祥[4]、淑[5]、鲜[6]、省[7]、臧[8]、嘉[9]、令[10]、类[11]、绥[12]、縠[13]、攻[14]、穀[15]、介[16]、徽[17]，善[1]也。

此释条义训为美好，多词共训，义项与义素并释。

[1]善，《说文》"吉也"，其本义为吉祥、美好。《论语·八佾》："子

谓韶，'尽美矣，又尽善也'；谓武，'尽美矣，未尽善也。'"在此句中，善特指韶乐内容美好。

[2]仪，《说文》"度也"，按之古籍与字形，其本义为人的仪表，展转引申为美好。《诗·小雅·斯干》："无非无仪，唯酒食是议。"

[3]若，《说文》"择菜也"，依商承祚《殷墟文字类编》，若字甲骨文像人举手而跽足，像其承诺时恭顺之状，其本义当为顺从，引申为美好。《诗·鲁颂·閟宫》："莫敢不诺，鲁侯是若。"

[4]祥，《说文》"福也"，其本义为吉祥，引申为美好。《诗·大雅·大明》："大邦有子，俔天之妹。文定厥祥，亲迎于渭。"毛传："祥，善也。"俔（qiàn），好比。文，礼，指定亲聘礼。

[5]淑，《说文》"清湛也"，其本义为清澈，引申为美好。《诗·周南·关雎》："窈窕淑女，君子好逑。"

[6]鲜，《说文》"鱼名，出貉国"，其本义为鱼名，借为新鲜，再引申为美好。《诗·小雅·北山》："嘉我未老，鲜我方将。"郑玄笺："嘉、鲜，皆善也。"

[7]省，《说文》"视也"，其本义为察看，引申为美好。《礼记·大传》："士大夫有大事，省于其君。"郑玄注："省，善也。善于其君，谓免于大难也。"

[8]臧，《说文》"善也"，其本义当从杨树达《释臧》之说，为战争俘获的奴隶，而奴隶则不能横行恣纵，须顺从主人之意，于是引申为美好。《书·盘庚上》："邦之臧，惟汝众；邦之不臧，惟予一人有佚罚。"佚，过失；佚罚，同义连用。

[9]嘉，《说文》"美也"，其本义为美好。《楚辞·离骚》："皇览揆余初度兮，肇锡余以嘉名。"郑玄笺："嘉，善也。"孔，甚；旧，久。

[10]令，《说文》"发号也"，其本义为发出命令，引申为美好。《诗·大雅·卷阿》："如圭如璋，令闻令望。"圭、璋，古代的玉制礼器。

[11]类，《说文》"种类相似，唯犬为甚"，其本义为种类，引申为形貌，再引申为美好。《书·太甲中》："予小子不明于德，自厎不类。"孔传："类，善也。"厎（dǐ），致。

[12]綝（chēn），《说文》"止也"，其本义为停止，借为美好之义，通

"諌",从王引之之说,见《经义述闻》卷二十六。《玉篇·言部》:"諌,善言。"义项中明确显示善义,说明在这里解说明显义素。

[13]彀(gòu),《说文》"张弩也",其本义为张满弓。弓拉满,则能命中目标,获得美好前程,于是在彀中蕴藏着美好之义,而美好作为义素,并未明显列于义项中,说明在这里解说到隐含义素。郝懿行义疏:"彀者,张弓之善也。射必至于彀,故彀有善义。"郝氏之说,可为参证。

[14]攻,《说文》"击也",其本义为攻击,引申为修理,再引申为坚固。《诗·小雅·车攻》:"我车既攻,我马既同。"毛传:"攻,坚也。"攻当释为坚固,对于使用器具的人来说,坚固就耐用,就美好,于是坚固的义项中蕴藏着美好之义,而美好又没有明确列入义项中,说明在这里解说隐含义素。

[15]榖,《说文》"续也,百谷之总名也",其本义为粮食作物的总称,粮食为人类养生之物,故引申为美好。《诗·陈风·东门之枌》:"榖旦于差,南方之原。"于,句中语气助词,无实义。差(chāi),选择。

[16]介,《说文》"画也",其本义为疆界,假借为美好之义。《诗·大雅·板》:"价人维藩,大师维垣,大邦维屏,大宗维翰。"《荀子·君道》:"故尹人者,爱民而安,好士而荣,两者无一焉而亡。《诗》曰:'介人维藩。'"郭璞在此条下注引《诗》"介人维藩",据此可知《大雅·板》原作"介人维藩",则介可训美好,恰好为《尔雅》义训最好的注脚,今本《诗经》作"价",为后代传写之讹。

[17]徽,《说文》"衺幅也,一曰三纠绳也",其本义为绳索,而绳索能束缚邪幅(绑腿带),于是引申为美好。《书·舜典》:"慎徽五典,五典克从。"孔传:"徽,美也,善也。"

九、舒[2]、业[3]、顺[4],叙[1]也;舒、业、顺、叙,绪[5]也。

此释条义训为次第,展转相训,义项与义素并释。

[1]叙,《说文》"次弟也",其本义为次序。《书·洪范》:"曰时五者来备,各以其叙,庶草蕃庑。"孔传:"言五者备至,各以次序,则众草繁滋庑丰也。"曰,语气助词,不译。时,是。蕃,茂盛。庑,通"芜",丰

盛。

[2]舒，《说文》"伸也"，其本义为伸展，引申为舒缓。《诗·大雅·常武》："王舒保作，匪绍匪遊。"毛传："舒，徐也；保，安也。"郑玄笺："绍，缓也。"舒缓必有次序，可见在舒缓的义项中蕴藏着次序之义，而次序之义并没有出现在义项中，说明在这里将舒解说到隐含义素。

[3]业，《说文》"大版也，所以饰悬钟鼓"，其本义为悬挂钟鼓的大版，展转引申为次序。《国语·晋语四》："信于事，则民从事有业。"韦昭注："业，犹次也。"

[4]顺，《说文》"理也"，按之古籍，其本义当为顺从。《易·说卦》："昔者圣人之作《易》也，将以顺性命之理。"顺从客观事物的变化规律必须依照次第运作，于是其中蕴藏着次第之义，而其义并没有直接出现在义项中，说明在这里将顺解说到隐含义素。

[5]绪，《说文》"丝耑也"，按之古籍，其本义当为头绪，引申为次序。《庄子·山木》："进不敢为前，退不敢为后，食不敢先尝，必取其绪。"

按：此释条属于复合释条，包括主条与附条，其释词分别为叙与绪，彼此义训相同，一脉相承。

一〇、怡[2]、怿[3]、悦[4]、欣[5]、衎[6]、喜[7]、愉[8]、豫[9]、恺[10]、康[11]、妉[12]、般[13]，乐[1]也。

此释条义训为快乐，多词共训，一义贯条。

[1]乐，《说文》"五声八音总名"，其本义为音乐，演奏音乐则使人高兴，于是引申为快乐。《论语·学而》："有朋自远方来，不亦乐乎？"

[2]怡，《说文》"和也"，按之古籍，其本义当为快乐。《国语·周语下》："晋国有忧，未尝不戚；有庆，未尝不怡。"

[3]怿(yì)，《说文新附》"说也"，说、悦为古今字，则其本义为快乐。《诗·小雅·颓弁》："既见君子，庶几说怿。"

[4]悦，《说文》未收，按之古籍与字形，其本义当为快乐。《庄子·徐无鬼》："武侯大悦而笑。"

[5]欣，《说文》"笑喜也"，其本义为快乐。《庄子·秋水》："于是焉

河伯欣然自喜，以天下之美为尽在己。"

[6]衎（kàn），《说文》"行乐皃"，其本义为快乐。《诗·小雅·南有嘉鱼》："君子有酒，嘉宾式燕以乐。"式，句中语气助词，无实义。燕通宴，饮宴。

[7]喜，《说文》"乐也"，其本义为快乐。《礼记·礼运》："何谓人情？喜怒哀惧爱恶欲，七者，弗学而能。"

[8]愉，《说文》"薄也"，按之古籍与字形，其本义当为快乐。《诗·唐风·山有枢》："宛其死矣，他人是愉。"朱熹集传："愉，乐也。"宛(wǎn)，通菀，枯萎。

[9]豫，《说文》"象之大者"，其本义为大象，借为快乐之义。《书·金縢》："既克商二年，王有疾，弗豫。"

[10]恺(kǎi)，《说文》"乐也"，其本义为快乐。《庄子·天道》："中心物恺，兼爱无私。"成玄英疏："恺，乐也。忠诚之心，愿物安乐。"

[11]康，《说文》"穅或省。"依郭沫若《甲骨文字研究》，康的本义为安乐。《诗·唐风·蟋蟀》："无已大康，职思其忧。"郑玄笺："忧者，谓邻国侵伐之忧。"

[12]妉(dān)，当作耽(dān)，《说文》"耳大垂也"，其本义为耳垂在肩上，借为快乐之义。《诗·卫风·氓》："于嗟女兮，无与士耽。"

[13]般(pán)，《说文》"辟也，象舟之旋"，其本义为旋转，引申为快乐。《逸周书·祭公》："允乃诏，毕桓于黎民般。"孔晁注："般，乐也。"

一一、悦[2]、怿[3]、愉[4]、释[5]、宾[6]、协[7]，服[1]也。

此释条义训为服从，多词共训，义项与义素并释。

[1]服，《说文》"用也"，其本义为从事，展转引申为服从。《论语·为政》："举直错诸枉，则民服；举枉错诸直，则民不服。"

[2]悦，《说文》未收，按之古籍与字形，其本义当为快乐，其中蕴藏服从之义。《书·武成》："大赍于四海，而万民悦服。"孔传："施舍已债，救乏赒无，所谓周有大赍，天下皆悦仁服德。"孔颖达疏："悦是欢喜，服谓服从，感恩则悦，见义则服，故天下皆悦仁服德也。"在此句中，悦为

快乐，快乐则易从命，于是其中蕴藏着服从之义，而服从又没有显示于义项中，说明在这里将悦解说到隐含义素。悦、服连用，但是其义训有别，现代字典多据此将悦释为悦服，实为望文生义，其说不可取。

[3]怿，《说文新附》"说也"，说、悦为古今字，则其本义为快乐，引申为服从。《诗·小雅·节南山》："既夷既怿，如相酬矣。"毛传："怿，服也。"夷，愉快。酬，敬酒。

[4]愉，《说文》"薄也"，按之古籍与字形，其本义当为快乐。《庄子·在宥》："桀之治天下也，使天下瘁瘁焉，人苦其性，是不愉也。"在快乐的义项中蕴藏着服从之义，而服从又未明确显示于其义项中，说明在这里将愉解说到隐含义素。

[5]释，《说文》"解也"，按之古籍，其本义当为放下，引申为消除。《老子》第五十章："涣兮若冰之将释。"消除心中隔阂，则顺从，于是在消除的义项中蕴藏着服从之义，而服从又未明确显示于其义项中，说明在这里将释也解说到隐含义素。

[6]宾，《说文》"所敬也"，其本义为宾客，宾客言行尊重主人的安排，于是引申为服从。《书·旅獒》："明王慎德，四夷咸宾。"

[7]协，《说文》"众之同和也"，其本义为共同，共同劳作就必须听从首领，于是引申为服从。《书·微子之命》："上帝时歆，下民祗协。"歆（xīn），鬼神享受祭品。祗（zhī），恭敬。

一二、遹[2]、遵[3]、率[4]，循[1]也。

此释条义训为遵循，多词共训，一义贯条。

[1]循，《说文》"行顺也"，其义顺着走，相似引申为遵循。《礼记·射义》："卿大夫以循法为节。"

[2]遹，《说文》"回避也"，其本义为邪僻，根除邪恶才能走上正道，于是引申为遵循。《诗·大雅·文王有声》："匪棘其欲，遹追来孝。"

[3]遵，《说文》"循也"，其本义为顺着走，引申为遵循。《书·洪范》："无偏无陂，遵王之义。"陂（bì），偏邪。

[4]率，《说文》"捕鸟毕也"，其本义为长柄的捕鸟网，捕鸟必用长柄

捕鸟网，于是相因引申为遵循。《诗·大雅·假乐》："不愆不忘，率由旧章。"愆(qiān)，过失。章，典章制度。

按：此释条循字后脱"也"字，今补足，则自成释条。

一三、由[2]、从[3]，自[1]也。

此释条义训为介词"从"，二词共训，一义贯条。

[1]自，《说文》"鼻也"，其本义为鼻子，借为介词"从"之义。《书·秦誓》："人之有技，若己有之；人之彦圣，其心好之，不啻如自其口出。"彦，贤士。

[2]由，《说文》未收，按之古籍，其本义当为树木生新枝，借为介词"从"之义。《孟子·尽心下》："由尧、舜至于汤，五百有余岁。"

[3]从，《说文》"随行也"，其本义为跟随，虚化引申为介词"从"，引进时空的起点。《左传·宣公二年》："从台上弹人，观其避丸也。"

按：此释条独自成条，其后"遹、遵、率，循也"为衍文。

一四、靖[2]、惟[3]、漠[4]、图[5]、询[6]、度[7]、咨[8]、诹[9]、究[10]、如[11]、虑[12]、谟[13]、猷[14]、肇[15]、基[16]、访[17]，谋[1]也。

此释条义训为谋划、谋略、咨询，多词共训，三义同条。

[1]谋，《说文》"虑难曰谋"，其本义为谋划。《易·讼》："君子以作事谋始。"以，在。从谋划引申为谋略。《书·大禹谟》："无稽之言勿听，弗询之谋勿庸。"询，谋划。庸，用，今字用古义。从谋划又引申为咨询。《诗·小雅·皇皇者华》："载驰载驱，周爰咨谋。"周，遍，广泛。爰，就，于是。咨、谋同义连用，均为咨询之义。

[2]靖，《说文》"立竫也"，其本义为安定，要安定必须谋划，于是引申为谋划。《诗·大雅·召旻》："昏椓靡共，溃溃回遹，实靖夷我邦。"毛传："靖，谋也。"

[3]惟，《说文》"凡思也"，其本义为思虑，引申为谋划。《书·盘庚中》："盘庚作，惟涉河以民迁。"作，立为国君。

[4]漠，当作莫，谋划。《诗·小雅·巧言》："秩秩大猷，圣人莫之。"郑玄笺："莫，谋也。"漠，或作谟，谋略。《书·皋陶谟》："允迪厥德，谟明弼谐。"校勘结果不同，其义训也有名词、动词之别，为求审慎故均列之，以备考。

[5]图，《说文》"画计难也"，参之古文形体，其本义为地图，引申为绘画，再引申为谋划。《史记·淮阴侯列传》："亡国之大夫，不可以图存。"

[6]询，《说文新附》"谋也"，其本义为谋划。《书·舜典》："格！汝舜。询事考言，乃言底可绩。"孔传："询，谋也。"孔颖达疏："汝所谋事，我考汝言。汝所为之事，皆副汝谋，致可以立功。"格，来。底（dǐ），致，得到。从谋划引申为咨询。《书·大禹谟》："朕志先定，询谋佥同。"孔颖达疏："又询于众人，其谋皆同美矣。"佥，都。

[7]度（duó），《说文》"法制也"，按之古籍与字形，其本义为计量长短的标准或器具，引申为测度，再引申为谋划。《国语·晋语四》："及其即位也，询于八虞，而谘于十二铏，度于闳夭，而谋于南宫。"谘，谋划，咨、谘为古今字。

[8]咨，《说文》"谋事曰咨"，其本义为咨询。《书·舜典》："咨十有二牧。"此句意谓，向十二州长官咨询。引申为谋划。《诗·周颂·臣工》："王釐尔成，来咨来茹。"郑玄笺："咨，谋。"釐（lài），通赉，赐予。

[9]诹（zōu），《说文》"聚谋也"，其本义为咨询。《诗·小雅·皇皇者华》："载驰载驱，周爰咨诹。"毛传："咨事为诹。"咨、诹均为咨询，同义连用。

[10]究，《说文》"穷也"，其本义为穷尽，穷尽则要谋划出路，于是引申为谋划。《诗·大雅·皇矣》："维彼四国，爰究爰度。"毛传："究，谋也。"维通惟，思考。究与度相对成文，均为谋划。

[11]如，《说文》"从随也"，其本义为顺从，通"茹"，有谋划之义。《诗·周颂·臣工》："王釐尔成，来咨来茹。"郑玄笺："茹，度。"

[12]虑，《说文》"谋思也"，其本义为思虑，引申为谋划。《书·太甲下》："弗虑胡获？弗为胡成？"

[13]谟，《说文》"议谋也"，其本义为谋略。《书·伊训》："圣谟洋洋，嘉言孔彰。"嘉，美好；孔，甚。

[14]猷，古字作猶，《说文》"玃属"，其本义为兽名，借为谋略之义。《书·盘庚上》："汝无侮老成人，无弱孤有幼，各长于厥居，勉出乃力，听予一人之作猷。"

[15]肇，通作肈，《说文》"击也"，按之古籍与字形，其本义为开启门户，引申为谋划。《诗·大雅·江汉》："召公是似，肇敏戎公，用锡尔祉。"毛传："肇，谋；敏，疾；戎，大；公，事也。"锡，赐予，后作赐。祉(zhǐ)，福禄。

[16]基，《说文》"墙始也"，其本义为墙脚，展转引申为谋划。《书·洛诰》："朕复子明辟，王如弗敢及天基命定命。"

[17]访，《说文》"汎谋曰访"，其本义为咨询。《书·洪范》："惟十有三祀，王访于箕子。"惟，句首语气助词，引起下文。有，又。祀，年。

一五、典[2]、彝[3]、法[4]、则[5]、刑[6]、范[7]、矩[8]、庸[9]、恒[10]、律[11]、戛[12]、职[13]、秩[14]，常[1]也。

此释条义训为法则、秩序、平常、经常，多词共训，四义同条。

[1]常，《说文》"下裙也"，其本义为古人穿的下衣，相似引申为法则。《管子·幼官》："明法审数，立常备能，则治。"数(shù)，法制。民众遵守正当的法则，就能建立起稳定的社会秩序，于是常从法则引申为秩序。《诗·唐风·鸨羽》："悠悠苍天，曷其有常！"平时办事也要遵循法制，于是常从法则又引申为平常。《尉缭子·守权》："若彼坚城而不救，则愚夫蠢妇，无不守阵而泣下，此人之常情也。"从平常之义，常又引申为经常。《庄子·天地》："三患莫至，身无常殃，则何辱之有？"

[2]典，《说文》"五帝之书也"，其本义为经籍，经籍所载内容可为人们做事的准则，于是引申为法则。《书·皋陶谟》："天叙有典，勑我五典五惇哉。"叙，规定。五典，指父义、母慈、兄友、弟恭、子孝。勑，通"敕"，告诫。

[3]彝，《说文》"宗庙常器也"，其本义当为青铜器的通称，相似引申为法则。《书·洪范》："天乃锡禹洪范九畴，彝伦攸叙。"畴，类、种。伦，

理，道理。攸，所。

[4]法，《说文》"刑也"，其本义为刑法，引申为法令，再引申为法则。《左传·成公十二年》："今君子之言，乱道也，不可以为法。"

[5]则，《说文》"等画物也"，其本义为按等级区划物体，相因引申为法则。《左传·僖公九年》："臣闻之，唯则定国。"

[6]刑，《说文》"刭也"，按之古籍，其本义为惩治，惩治要有依据，于是引申为法则。《诗·大雅·抑》："罔敷求先王，克共明刑。"毛传："共，执；刑，法也。"

[7]範，《说文》"範軷也"，其本义为古代出行前祭祀路神，后借为模型，相似引申为法则。範，今简化作范。《逸周书·酆保》："商为无道，弃德刑范。"朱右曾校释："刑、范，皆法也。"

[8]矩，《说文》未收，按之古籍，其本义为画方取直的曲尺，而画方取直均要有依据，于是引申为法则。《论语·为政》："七十而从心所欲，不逾矩。"

[9]庸，《说文》"用也"，其本义为采用，引申为平常。《易·乾》："庸言之信，庸行之谨。"对此句，后代承袭其说。《荀子·不苟》："庸言必信之，庸行必慎之。"可作参考。

[10]恒，《说文》"常也"，其本义为永恒，相似引申为经常。《书·伊训》："敢有恒舞于宫，酣歌于室，时谓巫风。"孔传："常舞则荒淫。乐酒曰酣，酣歌则废德。"时，通"是"，这。

[11]律，《说文》"均布也"，其本义为古代定音或测量候气的竹管、玉管、铜管，其仪器旨在使语言、气流均平，于是相似引申为音律，再引申为法则。《易·师》："初六，师出以律，否臧凶。"孔颖达疏："律，法也。"否，不；臧，通遵，遵循。

[12]戛，《说文》"戟也"，其本义为戟，借为法则之义。《书·康诰》："不率大戛，矧惟外庶子、训人，惟厥正人越小臣、诸节。"毛传："戛，常也。"率，循。矧，也。惟，与。越，与。

[13]职，《说文》"记微也"，按之古籍，其本义当为职务，展转引申为经常。《诗·小雅·巧言》："无拳无勇，职为乱阶。"毛传："拳，力也。"

[14]秩，《说文》"积也"，其本义为积聚，积聚存放要有次第，于是

引申为秩序。《诗·小雅·宾之初筵》:"是曰既醉,不知其秩。"

一六、柯[2]、宪[3]、刑[4]、範[5]、辟[6]、律[7]、矩[8]、则[9],法[1]也。

此释条义训为法度、准则、方法、效法,多词共训,义项与义素并释。

[1]法,《说文》"刑也",其本义为刑法,引申为法度。《礼记·曲礼下》:"谨修其法而审行之。"法从法度引申为法则。《左传·成公十二年》:"今吾子之言,乱之道也,不可为法。"法从法度再引申为效法。《易·系辞上》:"崇效天,卑法地。"效与法相对成文,均为效法。法从法则又引申为方法。《孙子·军争》:"故用兵之法,无恃其不来,恃吾有心待也。"

[2]柯,《说文》"斧柄也",其本义为斧柄。《诗·豳风·伐柯》:"伐柯如何?匪斧不克。"匪,没有,非,匪古今字。克,能。斧柄有一定尺度,其中蕴藏着法则之义,而其义又未明确显示于斧柄的义项中,说明此释条解说柯的隐含义素。

[3]宪,《说文》"敏也",其本义为敏捷,展转引申为法度。《管子·立政》:"正月之朔,百吏在朝,君乃出令,布宪于国。"宪从法令再引申为效法。《书·说命中》:"惟天聪明,惟圣时宪,惟臣钦若,惟民从乂。"毛传:"宪,法也。惟,句首语气助词,无实义。时,承顺。钦,恭敬。若,顺从。乂(yì),治理。

[4]刑,《说文》"剄也",按之古籍,其本义为惩治,引申为法度。《书·吕刑》:"惟吕命,王享国百年,耄,荒度作刑,以诘四方。"耄(mào),年老。荒,广泛。度,谋划。诘,治理。刑从法度再引申为法则。《诗·大雅·思齐》:"刑于寡妻,至于兄弟,以御于家邦。"毛传:"刑,法也。寡妻,適妻也。"郑玄笺:"御,治也。文王以礼法接待其妻,至于宗族。"刑从法令又引申为效法。《书·文侯之命》:"汝肇刑文武,用会绍乃辟,追孝于前文人。"孔传:"言汝今始法文武之道矣。当用是道合会汝君以善,使追孝于前文德之人。"肇,谋划。绍,继续。乃,你。辟,君位。

[5]範,《说文》"範軷也",其本义为古代出行前祭祀路神,后借为模型,相似引申为法则,详见上条注释。範,今简化作范。范从法则又引申

为效法。《易·系辞上》："范围天地之化而不过。"

[6]辟，《说文》"法也"，其本义为法度。《诗·大雅·板》："民之多辟，无自立辟。"前辟(pì)，邪僻，后作僻。后辟(bì)，法度。无，句首语气助词，无实义。辟从法度引申为效法。《逸周书·祭公》："天子自三公上下辟于文武。"孔晁注："辟，法也。"

[7]律，《说文》"均布也"，其本义为古代定音或测量候气的竹管、玉管、铜管，引申为法则，详见上条注释。律从法则又引申为效法。《荀子·非十二子》："劳知而不律先王，谓之奸心。"杨倞注："律，法也。"

[8]矩，《说文》未收，按之古籍，其本义为画方取直的曲尺，画方取直要有一定依据，于是引申为法则，详见上条注释。

[9]则，《说文》"等画物也"，其本义为按等级区划物体，相因引申为法则，详见上条注释。

一七、辜[2]、辟[3]、戾[4]，辠[1]也。

此释条义训为罪过、惩罚，多词共训，二义同条。

[1]辠，《说文》"犯法也"，其本义为罪过。《周礼·天官·甸师》："王之同姓有辠，则死刑焉。"辠，古代文献多用罪。《说文》："罪，捕鱼竹网。"其本义为捕鱼竹网，借为罪过之义。《易·解》："君子以赦过宥罪。"罪又从罪过相因引申为惩罚。《韩非子·内储说上》："有过不罪，无功受赏，虽亡不亦可乎？"

[2]辜，《说文》"辠也"，其本义为罪过。《书·大禹谟》："与其杀不辜，宁失不经。"孔传："辜，罪也。"

[3]辟，《说文》"法也"，其本义为法度，相关引申为罪过。《左传·僖公二十三年》："策名委质，贰乃辟也。"杜预注："辟，罪也。"辟从罪过又相因引申为惩罚。《左传·襄公二十五年》："先王之命，唯罪所在，各致其辟。"杜预注："辟，诛也。"

[4]戾，《说文》"曲也"，其本义为弯曲，展转引申为罪过。《左传·文公四年》："今陪臣来继旧好，君辱贶之，其敢干大礼以自取戾？"杜预注："戾，罪也。"

一八、黄发[2]、鲵齿[3]、鲐背[4]、耇老[5]，寿[1]也。

此释条义训为长寿，多词共训，解说隐含义素。

[1]寿，《说文》"久也"，其本义为长久，引申为长寿。《诗·大雅·棫朴》："周王寿考，遐不作人？"寿、考均为长寿，同义连用。作，培育。

[2]黄发，指老年人头发变黄，黄发是长寿的特征。《书·秦誓》："虽则云然，尚猷询兹黄发，则罔所愆。"然，这样。黄发，老人。愆，过失。

[3]鲵（ní）齿，指年老人牙齿脱落后，重新长出的新牙，鲵齿也是长寿的特征。《诗·鲁颂·閟宫》："既多受祉，黄发儿齿。"朱熹集传："儿齿，齿落更生细者，亦寿征也。"祉，福。儿齿，即鲵齿。

[4]鲐（tái）背，指老人脊背生长象鲐鱼背似的花纹，也是长寿的特征。郭璞注："言背皮如鲐鱼。"《诗·大雅·行苇》："黄耇台背，以引以翼。"台背，即鲐背。

[5]耇（gǒu）老，即佝偻，声近义通。耇老、佝偻均为驼背，也是老人长寿的特征。《庄子·达生》："仲尼适楚，出于林中，见佝偻者承蜩，犹掇之。"佝偻又作佝慺、佝瘘，脊背弯曲。

按：在此释条中，黄发、鲵齿、鲐背、耇老均为长寿的特征，均已成为老人的代称，然而不能直接称为长寿，其义蕴藏在代称中，但是又没有明确显示在义项中，因此在这里均将被释词解说到隐含义素。

一九、允[2]、孚[3]、亶[4]、展[5]、谌[6]、诚[7]、亮[8]、询[9]，信[1]也。

此释条义训为真诚、相信、的确，多词共训，三义同条。

[1]信，《说文》"诚也"，其本义为真诚。《诗·卫风·氓》："信誓旦旦，不思其反。"信从真诚引申为相信。《论语·公冶长》："始吾于人也，听其言而信其行。"信从真诚同时又引申为的确，副词。《左传·昭公元年》："子晳信美矣！"

[2]允，《说文》"信也"，其本义为诚信，引申为真诚。《书·舜典》："命汝作纳言，夙夜出纳朕命，惟允。"惟，只。

[3]孚，《说文》"卵孚也"，其本义为孵化，引申为真诚。《诗·大雅·下

武》:"永言配命,成王之孚。"言,词尾,相当于"焉""然"。孚又从真诚引申为相信。《左传·庄公十年》:"小信未孚,神弗福也。"

[4]亶,《说文》"多榖也",其本义为粮食贮存多,引申为真诚。《书·盘庚中》:"乃话民之弗率,诞告用亶。"话,会合。率,遵循。诞,大。

[5]展,《说文》"转也",其本义为转动,展转引申为真诚。《诗·邶风·雄雉》:"展矣君子,实劳我心!"君子,丈夫。

[6]谌,《说文》"诚谛也",其本义为真诚。《诗·大雅·荡》:"天生烝民,其命匪谌。"《书·君奭》:"在我后嗣子孙,大弗克恭上下,遏佚前人光在家,不知天命不易,天难谌,乃其坠命,弗克经历。"在,察。遏,绝。佚,失。其,将。坠,失。经,常;历,久。

[7]诚,《说文》"信也",其本义为真诚。《易·乾》:"修辞立其诚,所以居业也。"

[8]亮,《说文》未收,按之古籍,其本义当为明亮,相似引申为真诚。《孟子·告子下》:"君子不亮,恶乎执?"赵岐注:"亮,信也。"亮从真诚又相因引申为相信。《诗·鄘风·柏舟》:"母也天只,不谅人只。"陆德明释文:"亮,本亦作谅。"只,句尾语气词,啊。

[9]询,《说文新附》"谋也",其本义为谋划,展转引申为的确,副词。《左传·哀公二年》:"谋,协,以故兆询可也。"杨伯峻注:"询,信也。"

二〇、展[2]、谌[3]、允[4]、慎[5]、亶[6],诚[1]也。

此释条义训为的确,多词共训,一义贯条。

[1]诚,本义为真诚,详见上条。诚从真诚引申为的确。《孟子·梁惠王上》:"挟泰山以超北海,语人曰:'我不能',是诚不能也。"

[2]展,本义为转动,引申为真诚,详见上条。展又从真诚引申为的确。《诗·齐风·猗嗟》:"终日射侯,不出正兮,展我甥兮!"侯,箭靶子。

[3]谌,本义为真诚,详见上条。谌又从真诚引申为的确。《楚辞·哀郢》:"外承欢之汋约兮,谌荏弱而难持。"

[4]允,本义为诚信,详见上条。允从诚信又引申为的确。《诗·大雅·公刘》:"度其夕阳,豳居允荒。"郑玄笺:"允,信也。"夕阳,指山的西边。

[5]慎，《说文》"谨也"，其本义为谨慎，展转引申为的确。《诗·小雅·巧言》："昊天已威，予慎无罪。"

[6]亶，本义为粮食贮存多，引申为真诚，详见上条。亶从真诚又引申为的确。《书·泰誓上》："亶聪明，作元后。"孔传："人诚聪明，则为大君。"元，大。后，国君。

二一、"谑浪笑敖"[2]，戏谑[1]也。

此释条义训为开玩笑，摘引为训，解说《诗经》语句。

[1]戏谑，开玩笑。《诗·卫风·淇奥》："宽兮绰兮，猗重较兮；善戏谑兮，不为虐兮。"绰，柔和。猗，通倚，倚靠。重较，车上横木。

[2]谑浪笑敖，见《诗·邶风·终风》。其诗云："谑浪笑敖，中心是悼。"诗句之意比《尔雅》解说要重一些。

二二、粤[2]、于[3]、爰[4]、曰[1]也。

此释条义训为语气助词，多词共训，一义贯条。

[1]曰，《说文》"词也"，按之古籍与字形，其本义为说，借为语气助词，用于句首或句中。《诗·秦风·渭阳》："我送舅氏，曰至渭阳。"又《豳风·东山》："我东曰归，我心西悲。"归，回家。

[2]粤，《说文》"于也"，其本义当为语气助词，无实义。《尚书》、《诗经》在此义上均作曰、越。《书·尧典》："曰若稽古，帝尧曰放勋。"《书·微子》："殷遂丧，越至于今。"

[3]于，《说文》"於也"，按之古籍与字形，其本义当为呼气，借为语气助词，用于句首或句中。《诗·大雅·江汉》："于疆于理，至于南海。"又《诗·周南·葛覃》："黄鸟于飞，集于灌木。"

[4]爰，《说文》"引也"，其本义为援引，借为语气助词，用于句首或句中，无实义。《书·盘庚上》："我王来，既爰宅于兹。"又《诗·邶风·凯风》："爰有寒泉，在浚之下。"下，指东边，因为我国地势西高东低。

二三、爰[2]、粤[3]，于[1]也。

此释条义训为介词"对于""在"与连词"和"，二词共训，三义同条。

[1]于，本义为吁气，详见上条。借为介词，引进动作的对象，相当于"对于"。《论语·为政》："吾十有五而志于学。"于又引进动作的时间，相当于"在"。《书·太甲下》："慎终于始。"于又借为连词，连接并列关系的语言单位，相当于"与""和"。《书·多方》："时惟尔初，不克敬于和，则无我怨。"时，善于。惟，谋划。克，能。

[2]爰，本义为援引，详见上条。借为介词，引进动作对象，相当于"对于"。《书·盘庚下》："盘庚既迁，奠厥攸居，乃正厥位，绥爰有众。"爰又借为连词，连接并列的语言单位，相当于"与""和"。《书·顾命》："太保命仲桓、南宫毛俾爰齐侯吕伋，以二干戈，虎贲百人逆子钊于南门之外。"俾，从。

[3]粤，本义为语气助词，详见上条。借为介词，引进动作的时间，相当于"在"。粤在先秦古籍中，此用法也作越。《书·大诰》："有大艰于西土，西土人亦不静，越兹蠢。"孔传："西土人亦不安，于此蠢动。"粤又借为连词，连接并列关系的语言单位，相当于"与""和"。在此用法上，先秦古籍也作越。《书·大诰》："大诰尔多邦越尔御事。"邦，国。御，治。

二四、爰、粤、于、那[2]、都[3]、繇[4]，於[1]也。

此释条义训为介词"对于"，叹词"啊"，多词共训，二义同条。

[1]於，为《说文》乌的重文，其本义为乌鸦，借为介词，引进动作的对象，相当于"对于"。《论语·公冶长》："始吾于人也，听其言而信其行；今吾於人也，听其言而观其行。"又借为叹词，相当于"啊"。《书·尧典》："佥曰：'於！鲧哉。'"

[2]那(nuó)，《说文》"西夷国"，其本义为西方少数民族建立的国家，借为介词，引进动作的对象。《国语·越语下》："吴人之那不穀，亦又甚

焉。"韦昭注:"那,於也。"

[3]都(dū),《说文》"有先君之旧宗庙曰都",其本义为诸侯国的都城,借为叹词,表示感叹,相当于"啊"。《书·皋陶谟》:"都!在知人,在安民。"

[4]繇(yóu),《说文》"随从也",其本义为随从,借为介词,引进动作的对象,相当于"对于"。《汉书·卜式传》:"今天下不幸有事,郡县诸侯未有奋繇直道者。"颜师古注引臣瓒曰:"言未有奋厉於正直之道也。"

二五、敆[2]、郃[3]、盍[4]、翕[5]、仇[6]、偶[7]、妃[8]、匹[9]、会[10],合[1]也。

此释条义训为合拢、聚合、配偶,多词共训,三义同条。

[1]合,《说文》"合口也",其本义为合拢。《战国策·燕策二》:"蚌方出曝,而鹬啄其肉,蚌合而箝其喙。"合从合拢引申为聚合。《论语·宪问》:"桓公九合诸侯,不以兵车,管仲之力也。"合从聚合之义引申为配偶。《诗·大雅·大明》:"文王初载,天作之合。"毛传:"合,配也。"孔颖达疏:"合为妃义也。"载,年;初载,等于说即位初年。

[2]敆(hé),会合。郝懿行义疏:"今人同爨共居谓之敆。"

[3]郃(hé),经常用作水名、地名,均取聚合之义。《水经注·河水》:"去城十五里,水即郃水。"古字作洽,见于《诗经》。《诗·大雅·大明》:"文王初载,天作之合,在洽之阳,在渭之涘。"《汉书》据此将洽水之阳称为河阳,今称洽阳,郃、洽均取众水会合之义。

[4]盍,《说文》"覆也",其本义为覆盖,引申为聚合。《易·豫》:"九四,由豫,大有得,勿疑,朋盍簪。"

[5]翕(xī),《说文》"起也",其本义为起飞,鸟起飞必先收敛翅膀,于是引申为合拢。《老子》第三十六章:"将欲翕之,必固张之。"在此句中,翕、张相对成文,词义相对,分别为合拢与张开。翕从合拢引申为聚合。《诗·小雅·常棣》:"兄弟既翕,和乐且湛。"毛传:"翕,合也。"湛,沉醉。

[6]仇(qiú),《说文》"雠也",其本义为配偶。《礼记·缁衣》引《诗》:

"君子好仇。"郑玄注:"仇,匹也。"今本毛诗作"君子好逑",仇、逑上古通用,均为配偶。

[7]偶,《说文》"桐人也",其本义为泥塑或木雕的人像,引申为配偶。《魏书·刘昞传》:"(郭)瑀有女始笄,妙选良偶,有心于昞。"偶与耦通用,均为配偶。《左传·成公八年》:"士之二三,犹丧妃耦,而况霸主?"

[8]妃,《说文》"匹也",其本义为配偶。《礼记·曲礼下》:"天子之妃曰后。"

[9]匹,《说文》"四丈也",其本义为布长四丈,引申为相当,再引申为配偶。《左传·僖公二十三年》:"秦晋匹也,何以卑我?"此句运用比喻手法,意谓秦国与晋国就像配偶一样实力相当,其表达形象生动。

[10]会,《说文》"合也",按之古籍与字形,其本义当为盖子,引申为聚合。《书·禹贡》:"九河既道,雷夏既泽,灉沮会同。"

二六、仇[2]、雠[3]、敌[4]、妃[5]、知[6]、仪[7],匹[1]也。

此释条义训为配偶、相当,多词共训,二义同条。

[1]匹,本义为布长四丈,详见上条。匹从本义引申为相当。《诗·大雅·文王有声》:"筑城伊淢,作丰伊匹。"毛传:"匹,配也。"伊,句中语气助词。淢(xù),护城河,后作洫。匹又从相当引申为配偶。《吕氏春秋·壹行》:"盗贼大奸也,而犹所得匹偶,又况于欲成大功乎?"

[2]仇,本义为配偶,详见上条。

[3]雠,《说文》"犹䜸也",又作讎,其本义为对答,引申为相当。《书·召诰》:"予小臣敢以王之雠民,百君子越友民,保受王威命明德。"孔颖达疏:"雠训为匹。"越,与。

[4]敌,《说文》"仇也",其本义为仇敌,引申为相当。《左传·成公二年》:"萧同叔子非他,寡君之母也,若以匹敌,则亦晋君之母也。"

[5]妃,本义为配偶,详见上条。

[6]知,《说文》"词也",按之古籍与字形,其本义当为知觉,展转引申为配偶。《诗·桧风·隰有苌楚》:"夭之沃沃,乐子之无知。"郑玄笺:"知,匹也。"夭,小、细嫩。沃沃,有光泽的样子。

[7]仪,《说文》"度也",按之古籍与字形,其本义为人的仪表,展转引申为配偶。《诗·鄘风·柏舟》:"髧彼两髦,实维我仪。"髧(dàn),头发下垂的样子。两髦,古代未成年男子向头两边梳的发式。是,这。维,为,是。

二七、妃[2]、合[3]、会[4],对[1]也。

此释条义训为回答、配偶、相当,多词共训,三义同条。

[1]对,《说文》"譍无方也",其本义为回答。《诗·大雅·桑柔》:"听言则对,诵言如醉。"诵,劝谏。对又展转引申为配偶,今双音词"对象"中就保留其义。《后汉书·逸民传·梁鸿》:"(孟光)择对不嫁,至年三十。"对又从配偶引申为相当。《易·无妄》:"先王以茂对时育万物。"
[2]妃,其本义为配偶,详见前条。
[3]合,其本义为合拢,详见前条。合从合拢展转引申为回答。《左传·宣公二年》:"既合而来奔。"杜预注:"合,犹答也。"
[4]会,其本义为盖子,详见前条。会从盖子展转引申为相当。《管子·法禁》:"上明陈其制,则下皆会其度矣。"

二八、妃[2],媲[1]也。

此释条义训为配偶,独词为训,一义贯条。

[1]媲(pì),《说文》"妃也",其本义为配偶,与配通用。配本义为以酒配制的颜色,引申为配偶。《诗·大雅·皇矣》:"天立厥配,受命既固。"毛传:"配,媲也。"厥,其,指周文王的祖父周太王。配,指太王妃太姜。
[2]妃,本义为配偶,详见前条。

二九、绍[2]、胤[3]、嗣[4]、续[5]、纂[6]、缵[7]、绩[8]、武[9]、係[10],继[1]也。

此释条义训为继续、继承,多词共训,义项与义素并释。

[1]继，《说文》"续也"，其本义为继续。《庄子·至乐》："夫贵者夜以继日，思虑善否。"继从继续引申为继承。《礼记·中庸》："夫孝者，善继人之志，善述人之事者也。"

[2]绍，《说文》"继也"，其本义为继承。《书·盘庚上》："若颠木之有由蘖，天其永我命于兹新邑，绍复先王之大业，厎绥四方。"颠，倒。蘖，树墩新生的枝叶。

[3]胤，《说文》"子孙相承续也"，其本义为子孙相承，引申为继续。《书·高宗肜日》："王司敬民，罔非天胤，典祀无丰于昵。"《史记·殷本纪》作"罔非天继"。司，继位，后作嗣。

[4]嗣，《说文》"诸侯嗣国也"，其本义为继承君位，引申为继承。《诗·大雅·思齐》："大姒嗣徽音，则百斯男。"郑玄笺："徽，美也。"

[5]续，《说文》"连也"，其本义为连接，引申为继承。《书·盘庚中》："予迓续乃命于天，予岂汝威，用奉畜汝众。"

[6]纂，《说文》"似组而赤"，其本义赤色丝带，通"缵"，继承。《礼记·祭统》："献公乃命成叔，纂乃祖服。"

[7]緌(ruí)，《说文》"系冠缨也"，段玉裁注改为"系冠缨垂者"，从段氏之说，其本义为古代帽带结在颔下的下垂部分。《诗·齐风·南山》："葛屦五两，冠緌双止。"五，行列，用如动词，排成行列，后作伍。緌为帽带结余部分，蕴藏着继续之义，而继续之义又没有明确显示在义项中，说明在这里将緌解说到隐含义素。

[8]绩，《说文》"缉也"，其本义为把麻类纤维搓成绳、捻成线，展转引申为继承。《左传·昭公元年》："子盍亦远绩禹功大兹民乎？"

[9]武，《说文》"楚庄王曰：夫武，定功戢兵。故止戈为武"，其本义为武力，展转引申为继承。《诗·大雅·下武》："下武维周，世有哲王。"郑玄笺："下，犹后也。后人能继先祖维周家。"哲，明智。

[10]係(xì)，《说文》"絜束也"，按之字形，其本义为捆绑，展转引申为继续。《鹖冠子·备知》："是以鸟鹊之巢，可俯而窥也；麋鹿群居，可从而係也。"

三〇、忥[2]、谥[3]、溢[4]、蛰[5]、慎[6]、貉[7]、谧[8]、顗[9]、頠[10]、密[11]、宁[12]，静[1]也。

此释条义训为安静，多词共训，义项与义素并释。

[1]静，《说文》"审也"，按之古籍，其本义当为安静。《论语·雍也》："知者动，仁者静。"

[2]忥(xì)，《说文》"痴皃"，段玉裁注："痴不慧也"，其本义当为痴呆的样子，其中蕴藏着安静之义，而其义未明确显示于义项中，在这里解说到隐含义素。

[3]谥，《说文》"笑皃"。姚文田、严可均《说文校议》："谥之训解当为行之迹也。"从其说，谥的本义当为按生前事迹所加称号。《礼记·乐记》："故观其舞，知其德，闻其谥，知其行也。"若谥号相当，获谥贵族则安然而逝，否则死不瞑目，楚平王就是适例。这样，在谥号中就蕴藏安静之义，而其义又未明列于义项中，可见在这里也解说到隐含义素。

[4]溢，《说文》"器满也"，其本义为水满向外流出，借为安静之义。《诗·周颂·维天之命》："假以溢我，我其收之。"毛传："溢，慎。"马瑞辰传笺通释："《诗》言溢我，即慎我也；慎我，即静我也；静我，即安我。犹《诗》言'绥我眉寿'，绥亦安也。'假以溢我'，正谓善以绥我。"假，通嘉，美好。收，继承。

[5]蛰，《说文》"藏也"，其本义为动物冬眠。《易·系辞下》："龙蛇之蛰，以存身也。"动物冬眠则潜伏不动，其中蕴藏着安静之义，而其义又没有明确显示于义项中，因此在这里也将蛰解说到隐含义素。

[6]慎，《说文》"谨也"，其本义为谨慎。《易·颐》："君子以慎言语，节饮食。"办事谨慎，内心必然安静，于是在谨慎中自然蕴藏着安静之义，而其义又没有明确显示于义项中，在这里解说到隐含义素。

[7]貉(mò)，《说文》"北方豸种"，其本义为古代对北方少数民族的蔑称，借为安静。《诗·大雅·皇矣》："维此王季，帝度其心，貊其德音。"陆德明释文："貊，本或作貉。"貉、貊通用。

[8]谧，《说文》"静语也"，其本义为安静。《素问·五运行大论》："其虫倮，其政为谧。"王冰注："谧，静也。"

[9]顗(yǐ)，《说文》"谨庄皃"，其本义为恭谨庄重的样子，引申为安静之义。《玉篇》："顗，静也。"郝懿行义疏："静训审，审谛者必安静。故《诗》传、笺并云：'静，安也。'……故，《楚辞·招魂》篇注：'无声曰静'，是也。通作靖。"《广韵·尾韵》："顗，靖也。"而安静又没有列入义项中，说明此释条解说顗的隐含义素。

[10]颓(wěi)，《说文》"头闲习也"，其本义为娴熟，引申为安静。《慧琳音义》卷四十九："欧阳颓。"注引《广雅》："颓，静也。"

[11]密，《说文》"山如堂者"，其本义为形状像堂屋的山，引申为安静。《诗·大雅·公刘》："止旅迺密，芮鞫之即。"芮(ruì)，水边向内凹处，后作汭。鞫（jū），水边向外凸处。即，就，居住。

[12]宁，《说文》"愿词也"，参之字形，其本义当为安宁，引申为安静。《易·乾》："首出庶物，万国咸宁。"

三一、陨[2]、磒[3]、湮[4]、下[5]、降[6]、坠[7]、摽[8]、蘦[9]，落[1]也。

此释条义训为落下，多词共训，义项与义素并释。

[1]落，《说文》"凡艸曰零，木曰落"，其本义为树叶、花朵脱落。《诗·卫风·氓》："桑之未落，其叶沃若。"

[2]陨，《说文》"从高处下也"，其本义为落下。《易·姤》："有陨自天，志不舍命也。"

[3]磒，《说文》"落也。《春秋传》曰：'磒石于宋五。'"据此其本义亦为落下，陨、磒为古今字。《列子·周穆王》："化人移之，王若磒虚焉。"张湛注："磒，落也。"

[4]湮(yīn)，《说文》"没也"，其本义为沉没。《国语·周语下》："故亡其氏姓，踣毙不振，绝后无主，湮替隶圉。"韦昭注："湮，没也。"在沉没中蕴藏着落下之义，而其义又没有直接显示在义项中，说明此释条将湮解说到隐含义素。

[5]下，《说文》"底也"，其本义为低处，引申为落下。《庄子·逍遥游》："我腾跃而上，不过数仞而下。"

[6]降，《说文》"下也"，其本义为从高处走下来，引申为降落。《左

传·襄公十年》:"水潦将降,惧不能归,请班师。"在降落的义项中也具有落下之义,说明此释条将降解说到明显义素。

[7]坠,《说文新附》"陊也",其本义为落下。《楚辞·离骚》:"朝饮木兰之坠露兮,夕餐秋菊之落英。"

[8]摽(biào),《说文》"击也。从手,票声。一曰挈门壮也",其本义为击打,引申为落下之义。《诗·召南·摽有梅》:"摽有梅,其实七兮。"

[9]蘦(líng),《说文》"大苦也",其本义为甘草,通零,脱落。《楚辞·远游》:"微霜降而下沦兮,悼芳草之先零。"旧注:"古本零作蘦。"

三二、命[2]、令[3]、禧[4]、畛[5]、祈[6]、请[7]、谒[8]、讯[9]、诰[10],告[1]也。

此释条义训为告诉、请求,多词共训,义项与义素并释。

[1]告,《说文》"牛触人,角箸横木,所以告人也",按之古籍,其本义为祭告上天,引申为告诉。《孟子·公孙丑上》:"子路,人告之有过则喜。"告从告诉又引申为请求。《逸周书·籴匡》:"于是救困大荒……君亲巡方,卿参告籴。"

[2]命,《说文》"使也",其本义为命令,引申为告诉。《仪礼·士冠礼》:"宰自右,少退赞命。"郑玄注:"赞,佐也;命,告也。佐主人告所以筮也。"

[3]令,《说文》"发号也",其本义为发出命令。《诗·齐风·东方未明》:"东方未晞,颠倒裳衣。倒之颠之,自公令之。"上曰衣,下曰裳。前两个之均为他称代词,指衣服;后一个之为指示代词,这里。发出命令就要求执行,其中蕴藏请求之义,而其义又未显示在义项中,说明此释条将令解说到隐含义素。晞(xī),天明。

[4]禧,《说文》"礼吉也",桂馥义证:"吉,徐锴本作告,告神致福也。"据此,禧的本义为告神求福,其义项中明确显示告诉、请求之义,说明此释条将禧解说到两个明显义素。

[5]畛,《说文》"井田间陌也",其本义为田间道路,借为祝告之义。

《礼记·曲礼下》:"临诸侯,畛于鬼神,曰有天王某甫。"在祝告的义项中明确列出告诉之义,说明此释条将畛解说到明显义素。

[6]祈,《说文》"求福也",其本义为向上天或神明求福,引申为请求。《诗·小雅·宾之初筵》:"发彼有的,以祈尔爵。"有,动词,射中。的,靶心。爵,酒杯。

[7]请,《说文》"谒也",其本义为拜见,引申为请求。《左传·隐公元年》:"若弗许,则请除之。"请从请求引申为告诉。《仪礼·乡射礼》:"主人答,再拜,乃请。"郑玄注:"请,告也,告宾以射事。"

[8]谒,《说文》"白也",其本义为禀告,引申为告诉。《战国策·秦策一》:"臣请谒其故。"谒从告诉引申为请求。《国语·越语下》:"微君王之言,臣固将谒之。"韦昭注:"谒,请也,请伐吴也。"

[9]讯,《说文》"问也",其本义为询问,引申为告诉。《诗·陈风·墓门》:"夫也不良,歌以讯止。"止,当作之,他。

[10]诰,《说文》"告也",其本义为上告下,引申为告诉。《书·太甲下》:"伊尹申诰于王。"申,重申。

三三、永[2]、悠[3]、迥[4]、违[5]、遐[6]、遏[7]、阔[8],远[1]也。永、悠、迥、远,遐也。

此释条义训为长远,多词共训,一义贯条。

[1]远,《说文》"辽也",其本义为道路遥远,引申为空间、时间距离大、长远。《易·系辞下》:"近取诸身,远取诸物,于是始作八卦。"此句的远指时间距离大。《国语·晋语四》:"吾不适齐楚,避其远也。"此句之远指空间距离大。

[2]永,《说文》"长也,象水巠理之长",其本义为水流长,引申为长远。《诗·周南·卷耳》:"我姑酌彼金罍,维以不永怀。"金罍(léi),酒器。

[3]悠,《说文》"忧也",其本义为思念,引申为长远。《诗·周颂·访落》:"於乎悠哉,朕未有艾。"

[4]迥(jiǒng),《说文》"远也",其本义为长远,特指空间距离大。

班固《幽通赋》："梦登山而迥眺兮，觌幽人之髣髴。"

[5]违，《说文》"离也"，其本义为离开，离开则距离大，于是引申为长远。《左传·僖公九年》："天威不违颜咫尺。"杜预注："言天鉴察不远，威严常在颜面之前。"

[6]遐，《说文新附》"远也"，其本义为长远，兼指时空距离大。《书·太甲下》："若升高，必自下；若陟遐，必自迩。"此句之遐，指空间距离大。《诗·周南·汝坟》："既见君子，不我遐弃。"此句的遐，指时间距离大。

[7]遏，《说文》作"逷"，释为"远也，遏，古文逷"，其本义为长远，遏、逷为异体字。《书·牧誓》："逷矣，西土之人。"《后汉书》李贤注引《尚书》曰："遏矣，西土之人。"

[8]阔，《说文》"疏也"，其本义为长远，特指空间距离大。《诗·邶风·击鼓》："于嗟阔兮，不我活兮。"于嗟，同吁嗟，叹词，相当于"啊"。

按：此释条为组合释条，前条为主条，后条为附条，完全重复主条的义训与被释词。

三四、亏[2]、坏[3]、圮[4]、垝[5]，毁[1]也。

此释条义训为毁坏、亏缺，多词共训，二义同条。

[1]毁，《说文》"缺也"，其本义为毁坏。《诗·豳风·鸱鸮》："既取我子，无毁我室。"毁从毁坏引申为亏缺。《左传·庄公三十年》："鬬穀於菟为令尹，自毁其家以纾楚国之难。"杜预注："毁，减也。"

[2]亏，《说文》"气损也"，其本义为气损，引申为亏缺。《楚辞·天问》："八柱何当？东南何亏？"王逸注："东南不足，谁亏缺之也？"亏从亏缺引申为毁坏。《诗·鲁颂·閟宫》："不亏不崩，不震不腾。"

[3]坏，《说文》"败也"，其本义为衰败，引申为毁坏。《左传·成公十年》："（大厉）坏大门及寝门而入，公惧，入于室，又坏户。"

[4]圮(pǐ)，《说文》"毁也"，其本义为毁坏。《孙子·九变》："圮地无舍。"曹操注："水毁曰圮。"

[5]垝(guǐ)，《说文》"毁垣也"，其本义为毁坏。《诗·卫风·氓》："乘彼垝垣，以望复关。"毛传："垝，毁也。"

三五、矢[2]、雉[3]、引[4]、延[5]、顺[6]、荐[7]、刘[8]、绎[9]、尸[10]、旅[11]，陈[1]也。

此释条义训为陈列、陈述、施展，多词共训，义项与义素并释。

[1]陈，《说文》"宛丘，舜后妫满所封"，按之古籍，其本义为陈列。《易·系辞下》："卑高以陈，贵贱位矣。"孔颖达疏："卑高既已陈列，则物之贵贱得其位矣。"以，与已通用，已经。陈从陈列引申为陈述。《孟子·公孙丑下》："我非尧舜之道，不敢以陈于王前。"陈从陈述又引申为施展。《商君书·禁使》："得势之至，不参官而洁，陈数而物当。"高亨注："施展手段。"

[2]矢，《说文》"弓弩矢也"，其本义为竹箭，借为施展。《法言·五百》："圣人矢口而成言，肆笔而成书。"矢从施展引申为陈述。《书·大禹谟》："皋陶矢厥谟。"矢从陈述又引申为陈列。《春秋·隐公五年》："春，公矢鱼于棠。"

[3]雉(zhì)，依《说文》，其本义为山鸡，借为计算城墙的面积单位，长三丈、高一丈为一雉。《左传·隐公元年》："都城过百雉，国之害也。"雉从计算城墙面积的单位引申为城墙。《文选·谢朓〈和王著作八公山〉》："出没眺楼雉，远近送春目。"在城墙的义项中蕴藏着陈列之义，而其义又没有明确列入义项中，说明此释条将雉解说到隐含义素。

[4]引，《说文》"开弓也"，其本义为开弓，展转引申为陈述。《文选·潘岳〈悼亡诗〉》："衾裳一毁撤，千载不复引。"李善注："《尔雅》：'引，陈也。'"

[5]延，《说文》"长行也"，按之古籍，其本义为长，展转引申为陈述。《国语·晋语七》："使张老延君誉于四方。"

[6]顺，《说文》"理也"，按之古籍，其本义为顺从，展转引申为陈列。《仪礼·士冠礼》："洗有篚，在西，南顺。"

[7]荐，《说文》"兽之所食艸"，其本义为兽畜所吃的草，展转引申为陈述。《左传·昭公二十年》："若有德之君，外内不废，上下无怨，动无违事，其祝史荐信，无愧心矣。"杜预注："君有功德，祝史陈说之，无所

[8]刘，《说文》作"镏"，释为"杀也"，按之古籍与字形，其本义为斧钺，引申为杀，相因引申为陈述。《逸周书·叙》："文王唯庶邦之多难，论典以匡谬，作刘法。"唯与惟通用，思考。

[9]绎，《说文》"抽丝也"，其本义为抽丝，向相似方向引申为施行。《书·君陈》："庶言同，则绎。"孔传："众言同，则陈而布之。"

[10]尸，《说文》"陈也"，其本义为陈列。《左传·桓公十五年》："祭仲杀雍纠，尸诸周氏之汪。"

[11]旅，《说文》"军之五百人为旅"，其本义为军队编制单位的一级，相因引申为陈列。《诗·小雅·宾之初筵》："笾豆有楚，殽核维旅。"毛传："旅，陈也。"笾、豆均为盛食物器具。有，动词，摆设。殽，鱼肉。核，果类食品。维，句中语气助词，无实义。

三六、尸[2]、职[3]，主[1]也。

此释条义训为主持，二词共训，一义贯条。

[1]主，《说文》"灯中火主也"，其本义为灯心，展转引申为主持。《孟子·万章上》："使之主事而事治，百姓安之。"

[2]尸，《说文》"陈也"，其本义为陈列，展转引申为主持。《诗·召南·采蘋》："谁其尸之？有齐季女。"毛传："齐，敬也。季，少也。"齐(zhāi)，斋戒，后作斋。

[3]职，《说文》"记微也"，按之古籍，其本义当为职务，相因引申为主持。《左传·僖公二十六年》："载在盟府，大师职之。"

三七、尸[2]，寀[3]也；寀、寮[4]，官[1]也。

此释条义训为官职、官吏，展转相训，义项与义素并释。

[1]官，《说文》"吏事君也"，按之字形，其本义当为官府，引申为官职。《书·皋陶谟》："翕受敷施，九德咸事，俊乂在官。"翕，合。敷，遍。施，用。官从官职又引申为官吏。《易·系辞下》："上古结绳而治，后世

圣人易之以书契，百官以治，万民以察。"

[2]尸，本义为陈列，引申为代死者受祭者。《诗·小雅·楚茨》："鼓钟送尸，神保聿归。"聿，句中语气助词，无实义。尸为代死者受祭之人，而被祭祀的祖先均具有显赫的官职，则受祭者的义项中自然蕴藏着官职之义，而其义又没有明确出现在义项中，可见在此释条中将尸解说到隐含义素。

[3]寀(cài)，《说文新附》"同地为寀"，其本义为古代士大夫受封的土地，而士大夫均为官吏，其中蕴藏着官吏之义，而其义也没有明确列入义项，说明在此释条中也将寀解说到隐含义素。

[4]寮(liáo)，《说文》未收，按之字形，其本义当为小窗，引申为一起做官的人，与僚通用。《左传·文公七年》："同官为寮，吾尝同寮，敢不尽心乎？"

按：此释条为组合释条，两个分条义训互相补充，难分主次，可称为并列释条，与主从释条相比较而存在。

三八、绩[2]、绪[3]、采[4]、业[5]、服[6]、宜[7]、贯[8]、公[9]，事[1]也。

此释条义训为职业、事情、功业、从事、侍奉，多词共训，五义同条。

[1]事，《说文》"职也"，其本义为职务，引申为职业。《庄子·逍遥游》："宋人有善为不龟手之药者，世世以洴澼絖为事。"事又从职业引申为功业。《荀子·正名》："正利而为谓之事，正义而为谓之行。"杨倞注："为正道之事，利则谓之事业。"事从职业又引申为事情。《论语·八佾》："子入太庙，每事问。"事又从事情引申为从事。《韩非子·难一》："今管仲不务尊主明法，而事增宠益爵。"事从从事又引申为侍奉。《论语·学而》："事父母，能竭其力；事君，能致其身。"

[2]绩，《说文》"缉也"，将麻类纤维搓成绳或捻成线，引申为功业。《诗·大雅·文王有声》："丰水东注，维禹之绩。"维，是。

[3]绪，《说文》"丝耑也"，按之古籍，其本义当为头绪，展转引申为功业。《诗·鲁颂·閟宫》："至于文武，缵大王之绪。"缵(zuǎn)，继承。

大、太古今字，大王即太王。

[4]采，《说文》"取也"，其本义为摘取，引申为事情。《书·尧典》："帝曰：'畴咨若予采？'"畴，谁。咨，谋。若，善。

[5]业，《说文》"大版也，所以饰悬钟鼓"，其本义为悬挂钟鼓的大板，引申为职业。《国语·周语上》："庶人工商，各守其业，以共其上。"

[6]服，《说文》"用也"，其本义为从事。《书·盘庚上》："若农服田力穑，乃亦有秋。"服又从从事引申为职业。《书·旅獒》："王乃昭德之致于异姓之邦，无替厥服。"替，废弃。服从从事引申为事情。《素问·八正神明论》："用针之服，必有法则焉，今何法何则？"王冰注："服，事也。"

[7]宜，《说文》"所安也"，商承祚《说文中之古文考》"甲骨文、金文皆象肉在俎上之形"，其本义为荤菜，引申为祭祀名称，再引申为事情。《礼记·月令》："天子乃与公卿大夫共饬国典，论时令，以待来岁之宜。"

[8]贯，《说文》"钱贝之贯"，其本义为古代穿钱的绳索，展转引申为侍奉。《诗·魏风·硕鼠》："三岁贯女，莫我肯顾。"贯又从侍奉引申为事情。《论语·先进》："仍旧贯，如之何？何必改作？"何晏集解引郑玄曰："贯，事也。"

[9]公，《说文》"平分也"，其本义为公正，展转引申为功业。《诗·小雅·六月》："薄伐猃狁，以奏肤公。"毛传："奏，为；肤，大；公，功也。"

三九、永[2]、羕[3]、引[4]、延[5]、融[6]、骏[7]，长[1]也。

此释条义训为长、长久、延长，多词共训，三义同条。

[1]长，《说文》"久远也"，按之字形与古籍，其本义为长，空间距离大，与短相对。《楚辞·九歌·国殇》："带长剑兮挟秦弓，首身离兮心不惩。"长从空间距离大又引申为长久，指时间距离大。《国语·越语下》："其君臣上下皆知其资财之不足支长久也。"长又从空间距离大引申为延长。《书·立政》："敬尔由狱，以长我王国。"孙星衍疏："敬汝用狱，以长我王国之祚。"狱，诉讼案件。

[2]永，《说文》"长也，象水巠理之长"，其本义为长，特指水流长。《诗·周南·汉广》："江之永矣，不可方兮。"毛传："永，长也。"方，

舫，小船。永从水流长引申为时间长，即长久。《书·高宗肜日》："降年有永有不永，非天夭民，民中绝命。"中，自身。

[3]羕，《说文》"水长也"，其本义为长。《说文》引《诗》曰："江之羕矣。"今本毛诗《周南·汉广》羕作永。

[4]引，《说文》"开弓也"，其本义为开弓。开弓由向后将弦拉长，于是引申为伸长，引申为长久。《书·梓材》："厥命何以引养引恬，自古王若兹监，罔攸辟。"厥，其。恬，安。辟，偏差。

[5]延，《说文》"长行也"，按之古籍，其本义当为长，引申为长久。《书·召诰》："我不敢知曰：有夏服天命，惟有历年；我不敢知曰：不其延。惟不敬厥德，乃早坠厥命。"孙星衍疏引《释诂》云："延，长也。"服，受。历，久。惟，思。延从长久再引申为延长。《韩非子·十过》："延颈而鸣，舒翼而舞。"

[6]融，《说文》"炊气上出也"，其本义为炊气上出，展转引申为长久。《诗·大雅·既醉》："昭明有融，高朗令终。"

[7]骏，《说文》"马之良材者"，其本义为良马，良马则耐骑，于是引申为长久。《诗·小雅·雨无正》："浩浩昊天，不骏其德。"毛传："骏，长也。"

四〇、乔[2]、嵩[3]、崇[4]，高[1]也。

此释条义训为高，多词共训，一义贯条。

[1]高，《说文》"崇也"，其本义为高，特指从下至上距离大。《诗·小雅·车舝》："高山仰止，景行行止。"

[2]乔，《说文》"高而曲也"，按之古籍，其本义当为高。《诗·小雅·伐木》："出自幽谷，迁于乔木。"

[3]嵩，《说文新附》"中岳，嵩高山也"，按之古籍，其本义当为高。蔡邕《太尉乔玄碑阴》："如渊之浚，如岳之嵩。"

[4]崇，《说文》"嵬高也"，其本义为高。《国语·周语下》："夫宫室不崇，器无彤镂，俭也。"

四一、崇[2]，充[1]也。

此释条义训为充满，独词为训，一义贯条。

[1]充，《说文》"长也"，其本义为长，引申为肥壮，再引申为充满。《周礼·天官·大府》："凡万民之贡，以充府库。"郑玄注："充，犹足。"

[2]崇，其本义为高，详见上条。崇从高展转引申为充满。《仪礼·乡饮酒礼》："主人坐，奠爵于序端，阼阶上北面再拜，崇酒。宾西阶上答拜。"郑玄注："崇，充也。"

四二、犯[2]、奢[3]、果[4]、毅[5]、剋[6]、捷[7]、功[8]、肩[9]、堪[10]，胜[1]也。

此释条义训为胜任、战胜、胜过、制服、美好，多词共训，义项与义素并释。

[1]胜，《说文》"任也"，其本义为胜任。《诗·商颂·玄鸟》："武丁孙子，武王靡不胜。"胜从胜任引申为战胜。《管子·七法》："不能强其兵者，而能必胜敌国者，未之有也。"胜又从战胜引申为胜过。《论语·雍也》："质胜文则野，文胜质则史。"胜从战胜又同时引申为制服。《国语·晋语四》："尊明胜患，智也。"韦昭注："胜，犹遏也。"胜从胜过又引申为美好。《荀子·强国》："其固塞险，形势便，山林川谷美，天材之利多，是形胜也。"

[2]犯，《说文》"侵也"，其本义为侵犯，展转引申为制服。《韩非子·解老》："人无毛羽，不衣则不犯寒。"

[3]奢，《说文》"张也"，其本义为奢侈，展转引申为胜过。《文选·张衡〈西京赋〉》："彼肆人之男女，丽美奢乎许史。"薛综注："言长安市井之人，被服皆过此二家。"

[4]果，《说文》"木实也"，其本义为果实，引申为美味。《国语·郑语》："声一无听，物一无文，味一无果，物一不讲。"韦昭注："五味合，然后可食。果，美。"在这里，果为美味，其义项中明显包括美好之义，可见此释条果解说到明显义素。

[5]毅，《说文》"妄怒也，一曰有决也"，按之古籍，其本义当取一曰之说，为果决，引申为刚强，再引申为英武。《楚辞·九歌·国殇》："身既死兮神以灵，魂魄毅兮为鬼雄。"在英武的义项中蕴藏着美好之义，而其义又没有明确显示于义项中，可见此释条将毅解说到隐含义素。

[6]剋(kè)，《说文》未收，按之古籍与字形，其本义当为战胜。《庄子·让王》："汤遂与伊尹谋伐桀，剋之。"

[7]捷，《说文》"猎也，军获得也"，按之古籍与字形，其本义当为战胜。《诗·小雅·采薇》："岂敢定居？一月三捷！"此句意谓，边地怎么敢安心住下来，一个月多次战胜狎狁。

[8]功，《说文》"以劳定国也"，其本义为功绩，引申为美好。《荀子·王制》："论百工，审时事，辨功苦，尚完利。"苦，粗劣。

[9]肩，《说文》"髆也"，其本义为肩膀，引申为担负，再引申为胜任。《书·盘庚下》："式敷民德，永肩一心。"敷，施。一心，同心。

[10]堪，《说文》"地突也"，其本义为地面突起处，引申为承受，再引申为胜任。《仪礼·士昏礼》："对曰：'某之子不教，唯恐弗堪。'"

四三、胜[2]、肩[3]、戡[4]、刘[5]、杀[6]，克[1]也。

此释条义训为胜任、战胜、克制、杀戮，多词共训，四义同条。

[1]克，《说文》"肩也"，其本义为胜任。《易·蒙》："纳妇，吉，子克家。"孔颖达疏："即是子孙能克荷家事，故云子克家。"克从胜任引申为战胜。《易·既济》："高宗伐鬼方，三年克之。"克又从战胜引申为克制。《论语·颜渊》："克己复礼为仁。"克从战胜又引申为杀戮。《书·牧誓》："弗迓克奔，以役西土。"

[2]胜，本义为胜任，引申为战胜，详见上条。胜又从战胜引申为克制。《孙子·谋攻》："将不胜其忿而蚁附之，杀士三分之一，而城不拔者，此攻之灾也。"

[3]肩，其本义为肩膀，展转引申为胜任，详见上条。

[4]戡，《说文》"刺也"，其本义为杀戮，引申为平定，再从平定引申

为胜任。《书·君奭》："天休兹至，惟时二人弗戡。"休，福禄。时，是，此。

[5]刘，《说文》作"镏"，释为"杀也"，其本义为斧钺，引申为杀戮。《书·君奭》："后暨武王诞降天威，咸刘厥敌。"刘从杀戮又引申为战胜。《逸周书·世俘》："咸刘商王纣，执矢恶臣百人。"孔晁注："刘，尅也。"恶，杀害。咸，共同。

[6]杀，《说文》"戮也"，其本义为杀戮。《书·大禹谟》："与其杀不辜，宁失不经。"经，常，常理。

四四、刘[2]、獮[3]、斩[4]、刺[5]，杀[1]也。

此释条义训为杀戮，多词共训，一义贯条。

[1]杀，本义为杀戮，详见上条。
[2]刘，本义为斧钺，引申为杀戮，详见上条。
[3]獮，《说文》未收，按之古籍，其本义当为秋天打猎，引申为杀戮。《文选·张衡〈西京赋〉》："白日未及移其晷，已獮其什七八。"薛综注："獮，杀也。"
[4]斩，《说文》"截也"，其本义为腰斩，引申为杀戮。《国语·吴语》："明日徙舍，斩有罪以徇。"
[5]刺，《说文》"君杀大夫曰刺"，按之古籍，其本义为杀戮。《左传·僖公二十八年》："刺之者何？杀之也。杀之则曷为谓之刺之？内讳杀大夫，谓之刺之也。"

四五、亹亹[2]、蠠没[3]、孟[4]、敦[5]、勖[6]、钊[7]、茂[8]、劭[9]、勔[10]，勉[1]也。

此释条义训为勉励、努力，多词共训，义项与义素并释。

[1]勉，《说文》"彊也"，其本义为努力。《书·盘庚上》："汝无侮老成人，无弱孤有幼，各长于厥居，勉出乃力，听予一人之作猷。"幼孤用如动词，欺凌。从努力引申为勉励。《左传·宣公十二年》："王巡三军，

拊而勉之，三军之士皆如挟纩。"

[2]亹亹(wěi)，叠音词，勤勉不倦的样子。《诗·大雅·文王》："亹亹文王，令闻不已。"勤勉则必须尽力，其中蕴藏着努力，显然只解说到隐含义素。

[3]黾没(mǐn mò)，连绵词，努力。郭璞注："黾没，犹黾勉。"邢昺疏："黾没犹黾勉，以其声相近，方俗语有轻重耳。"《诗·邶风·谷风》："黾勉同心，不宜有怒。"毛传："言黾勉者，思与君子同心也。"

[4]孟，《说文》"长也"，其本义为同辈排行居长的称谓，通"黾"，努力。《文选·班固〈幽通赋〉》："盍孟晋以迨群兮。"李善注引曹大家曰："孟，勉也。"晋，进。迨，及。

[5]敦，《说文》"怒也，诋也"，其本义为恼怒，引申为督促。《孟子·公孙丑下》："前日不知使（充）虞敦匠。"督促既要责求，又要鼓励，其中蕴藏着责求、鼓励两个义素，而鼓励没有在义项中显示出来，说明在这里解说到隐含义素。

[6]勖(xù)，《说文》"勉也"，其本义为勉励。《诗·邶风·燕燕》："先君之思，以勖寡人。"《字汇》："勖，同勗。"勖、勗为异体字。引申为努力。《书·牧誓》："勗哉，夫子！尔所弗勗，其于尔躬有戮！"

[7]钊，《说文》"刓也"，其本义为磨损，段玉裁注："《释诂》曰：'钊，勉也。'其引申之义也。"《方言》卷一："钊，勉也。秦晋曰钊，自关而东，周郑之间曰勖钊。"

[8]茂，《说文》"艸丰盛"，其本义为茂盛，通"懋"，勉励。《逸周书·大匡》："勋劝游居，事节时茂。"

[9]劝，《说文》"勉也"，其本义为勉励。《汉书·成帝纪》："先帝劝农，薄其租税，宠其强力，令与孝弟（悌）同科。"

[10]勔(miǎn)，《说文》未收，按之古籍与字形，其本义为努力。张衡《思玄赋》："勔自强而不息兮，蹈玉阶之峣峥。"峣峥(yáo zhēng)，高峻。

四六、骛[2]、务[3]、昏[4]、暋[5]，强[1]也。

此释条义训为强横、竭力，多词共训，义项与义素并释。

[1]强，《说文》"蚚也"，其本义为米中小黑虫，借为强壮，从强壮引申为强横。《老子》第五十五章："心使气曰强。"陈彭应注："强，逞强暴。"展转引申为竭力，音qiǎng。《墨子·天志》："上强听治，则国家治矣；下强从事，则财用足矣。"

[2]骛，《说文》"乱驰也"，其本义为乱跑，引申为迅速，从迅速引申为追求。《楚辞·九辩》："乘精气之抟抟兮，骛诸神之湛湛。"王逸注："追逐群灵之遗风也。"为达到追求的目标，必须竭尽全力，其中蕴藏着竭力，于是竭力为隐含义素。

[3]务，《说文》"趣也"，其本义为竭力从事。《论语·学而》："君子务本，本立而道生。"竭力从事的义项中直接显示竭力之义，则竭力为其明显义素。

[4]昏，《说文》"日冥也"，其本义为日暮，即傍晚，借为竭力之义。《书·盘庚上》："不昏作劳，不服田亩。"服，治，从事。

[5]暋（mǐn），《说文》"冒也"，其本义为强横。《书·康诰》："凡民自得罪，寇攘奸宄，杀人越货，暋不畏死，罔弗憝。"孔传："暋，强也。"奸，在内作乱；宄，在外作乱。越，夺取。憝，怨恨。

四七、卬[2]、吾[3]、台[4]、予[5]、朕[6]、身[7]、甫[8]、余[9]、言[10]，我[1]也。

此释条义训为第一人称代词"我"，多词共训，一义贯条。

[1]我，《说文》"施身自谓也"，按之字形，其本义为兵器，借为第一人称代词，相当于"我"。《诗·小雅·采薇》："昔我往矣，杨柳依依；今我来思，雨雪霏霏。"

[2]卬（áng），《说文》"望欲有所庶及也"，按之字形，其本义为仰望，借为第一人称代词，相当于"我"。《诗·邶风·匏有苦叶》："招招舟子，人涉卬否。"招招，招手。

[3]吾，《说文》"我自称也"，其本义为自称代词，相当于"我"。《论语·学而》："吾日三省吾身。"

[4]台(yí)，《说文》"说也"，其本义为喜悦，假借为第一人称代词，相当于"我"。《书·汤誓》："非台小子敢行称乱，有夏多罪，天命殛之。"

[5]予，《说文》"推予也"，按之古籍，其本义为赐予，借为第一人称代词，相当于"我"。《诗·卫风·河广》："谁谓宋远？跂予望之。"跂(qǐ)，通"企"，提起脚跟。

[6]朕，《说文》"我也"，从段玉裁之说，其本义当为舟缝，借为第一人称代词，相当于"我"。《书·皋陶谟》："皋陶曰：'朕言惠，可厎行？'"厎(dǐ)，致。

[7]身，《说文》"躳也，象人之身"，参之甲骨文形体，其本义为身孕，引申为身体，再引申为第一人称代词，相当于"我"。《三国志·蜀志·张飞传》："飞据水断桥，慎目横矛曰：'身是张翼德也，可来共决死！'"

[8]甫，《说文》"男子美称也"，其本义为古代男子的美称，附于表字之后，如孔子姓孔名丘，字仲尼，又称尼甫，以示敬重，但是甫没有自称代词的含义，此处解说欠妥，失之疏漏。

[9]余，《说文》"语之舒也"，按之字形，其本义为房舍，借为第一人称代词，相当于"我"。《楚辞·离骚》："皇天揆余初度兮，肇锡余以嘉名。"

[10]言，《说文》"直言曰言，论难曰语"，其本义为说话，借为第一人称代词，相当于"我"。《诗·周南·汉广》："之子于归，言秣其马。"秣(mò)，喂养。

四八、朕[2]、余[3]、躬[4]，身[1]也。

此释条义训为身体、自己、亲自、我，多词共训，四义同条。

[1]身，其本义为身孕，已见上条，引申为身体。《诗·小雅·何人斯》："我闻其声，不见其身。"身从身体引申为自己。《穀梁传·昭公十九年》："就师学问无方，心志不通，身之罪也。"身又从自己引申为亲自。《管子·入国》："疾甚者以告，上身问之。"身又从自己引申为第一人称代词，相当

于"我",已详见上条。

[2]朕,本义为舟缝,借为自称代词,相当于"我",已详见上条。

[3]余,本义为房舍,借为自称代词,相当于"我",已详见上条。

[4]躬,《说文》作"躳",释为"身也",其本义为身体。《书·牧誓》:"尔所弗勖,其于尔躬有戮。"勖(xù),勉力、努力。躬从身体引申为自己。《诗·邶风·谷风》:"我躬不阅,遑恤我后。"朱熹集传:"而又自思我身且不见容。"阅,容。遑,何,哪里。恤,顾念。躬又从自己引申为亲自。《诗·小雅·节南山》:"弗躬弗亲,庶民弗信。"高亨注:"躬亲,亲自。此句言尹氏不亲身管理政事。"

四九、台[2]、朕[3]、赉[4]、畀[5]、卜[6]、阳[7],予[1]也。

此释条义训为我、赐予、给予,多词共训,三义同条。

[1]予,《说文》"推予也",按之古籍,其本义为赐予,特指上对下。《诗·小雅·采薇》:"彼交匪纾,天子所予。"交,和谐。引申为给予。《荀子·修身》:"(君子)怒不过夺,喜不过予。"予又借为第一人称代词,相当于"我",详见前条。

[2]台(yí),本义为喜悦,借为第一人称代词,相当于"我",已详见前条。

[3]朕,本义为舟缝,借为第一人称代词,相当于"我",已详见前条。

[4]赉,《说文》"赐也",其本义为赐予。《书·说命上》:"恭默思道,梦帝赉予良弼,其代予言。"

[5]畀(bì),《说文》"相付与之,约在阁上也",其本义为赐予。《书·多士》:"尔克敬,天唯畀矜尔。"引申为给予。《诗·小雅·巷伯》:"取彼谮人,投畀豺虎。"高亨注:"畀,给予。"

[6]卜,《说文》"灼剥龟也",其本义为灼龟甲以占卜吉凶祸福,引申为赐予。《诗·小雅·楚茨》:"卜尔百福,如幾如式。"幾,通"期",如期。式,法度。

[7]阳,从陈玉澍《尔雅释例》之说,当为赐之训。赐,《说文》"予也",其本义为赐予。《论语·乡党》:"君赐食,必正席先尝之。"

五〇、肃[2]、延[3]、诱[4]、荐[5]、餤[6]、晋[7]、寅[8]、荩[9]，进[1]也。

此释条义训为前进、引进、进用，多词共训，义项与义素并释。

[1]进，《说文》"登也"，其本义为前进。《诗·大雅·桑柔》："人亦有言，进退维谷。"维，通"为"，是。谷，山谷，比喻困境。《周礼·夏官·大司马》："车徒皆作，遂鼓行，徒衔枚而进。"引申为引进、推荐。《周礼·夏官·大司马》："进贤兴功，以作邦国。"又引申为进用。《荀子·致士》："夫是之谓衡听、显幽、重明、退奸进良之术。"

[2]肃，《说文》"持事振敬也"，其本义为恭敬，引申为引进。《左传·成公十六年》："三肃使者而退。"

[3]延，《说文》"长行也"，按之古籍，其本义当为长，展转引申为引进。《仪礼·特牲馈食礼》："尸至于阶，祝延尸。"

[4]诱，《说文》作"羑"，释为"相诱呼也"，其本义为教导，引申为引诱。《诗·召南·野有死麕》："有女怀春，吉士诱之。"在引诱的义项明确显示引进之义，说明此释条解说被释词诱的明显义素。

[5]荐，《说文》"兽之所食艸"，其本义为兽畜所吃的草，引申为草垫，再引申为引进、推荐。《孟子·万章上》："诸侯能荐人于天子，不能使天子与之诸侯。"

[6]餤(tán)，《说文》未收，按之古籍，其本义为增进。《诗·小雅·巧言》："盗言孔甘，乱世用餤。"在增进的义项中明确显示引进之义，说明此释条解说被释词餤的明显义素。

[7]晋，《说文》"进也，日出万物进"，其本义为前进。《易·晋》："晋，进也，明出地上。"

[8]寅，《说文》"髌也，正月阳气动，去黄泉欲上出，阴尚强，象宀不达，髌寅于下也"，按之古籍，其本义当为恭敬，展转引申为前进。《诗·小雅·六月》："元戎十乘，以先启行。"毛传："殿曰寅车，先疾也。"郑玄笺："寅，进也。"

[9]荩(jìn)，《说文》"艸也"，其本义为荩草，通"进"，则有进用之义。《诗·大雅·文王》："王之荩臣，无念尔祖。"朱熹集传："荩，进也，

言其忠爱之笃，进进无已也。"无，语气助词，补充音节，无实义。

五一、羞[2]、饯[3]、迪[4]、烝[5]，进[1]也。

此释条义训为前进、进献、进用，多词共训，义项与义素并释。

[1]进，本义为前进，引申为进用，已详见上条。又引申为进献。《左传·昭公二十七年》："楚郤宛之难，国言未已，进胙者莫不谤令尹。"

[2]羞，《说文》"进献也"，其本义为进献。《礼记·月令》："（仲夏之月）羞以含桃，先荐寝庙。"

[3]饯（jiàn），《说文》"进献也"，其本义为进献酒食送行。《诗·大雅·崧高》："申伯信迈，王饯于郿。"在饯行的义项中明确显示进献之义，说明此释条解说被释词饯的明显义素。

[4]迪，《说文》"道也"，其本义为道理，引申为引导，再引申为前进。《书·泰誓下》："功多有厚赏，不迪有显戮。"又引申为进用。《诗·大雅·桑柔》："维此良人，弗求弗迪。"毛传："迪，进也。"郑玄笺："良，善也。国有善人，王不求索，不进用之。"《书·牧誓》："今商王受惟妇言是用，昏弃厥肆祀弗答，昏弃厥遗王父母弟不迪。"郑玄曰："肆，祭名。答，问也。"受，通"纣"，商王受即商王纣。昏，通"泯"，轻蔑。王父母弟，即从父兄弟，一爷公孙。

[5]烝，《说文》"火气上行也"，其本义为冬天祭祀，引申为进献。《诗·周颂·丰年》："为酒为醴，烝畀祖妣。"祖，先祖，死去的祖先；妣，先妣，死去的母亲。畀，给予。

按：以上两个释条释词虽然相同，但是彼此被释词不同，而且其义训也不完全相同，因此还是分为两条为上，使之各自分立，月朗风清。

五二、诏[2]、亮[3]、左[4]、右[5]、相[6]，导[1]也。诏、相、导、左、右、助、勴[7]也。亮、介[8]、尚[9]，右也。左、右，亮也。

此释条义训为佐助、教导，多词共训，二义同条。

[1]导，《说文》"导引也"，其本义为引导，引申为教导。《墨子·非儒下》："其道不可以期世，其学不可以导众。"期，适合。在教导的义项中蕴藏着佐助之义，而其义又未明确显示于义项中，因此在此释条中释词以隐含义素，解说佐助之义。

[2]诏，《说文》"告也"，其本义为告诉，引申为教导。《庄子·盗跖》："夫为人父者，必能诏其子；为人兄者，必能教其弟。"诏又从教导引申为佐助。《周礼·天官·大宰》："以八柄诏王，驭群臣。"郑玄注："诏，助也。"

[3]亮，《说文》未收，按之古籍，其本义当为明亮，引申为佐助。《书·毕命》："惟公懋德，克勤小物，弼亮四世。"克，能够。弼、亮同义连用，均为辅佐。

[4]左，《说文》"手相左助也"，其本义为佐助，后作佐。《易·泰》："辅相天地之宜，以左右民。"孔颖达疏："左右，助也。"

[5]右，《说文》"手口相助也"，其本义为佐助。《左传·襄公十年》："王右伯舆。"

[6]相，《说文》"省视也"，其本义为察看，引申为佐助。《书·盘庚下》："予其懋简相尔，念敬我众。"

[7]勴(lù)，《说文》作"勴"，释为"助也"，其本义为佐助，郝懿行义疏："教导所以为赞助，故又为勴也。"

[8]介，《说文》"画也"，其本义为疆界，展转引申为佐助。《诗·小雅·甫田》："以介我黍稷，以穀我士女。"

[9]尚，《说文》"曾也，庶几也"，其本义为增加，展转引申为佐助。《诗·大雅·抑》："肆皇天弗尚，如彼泉流，无沦胥以亡。"王引之述闻："言皇天不右助之也。"肆，句首语气助词，无实义。沦，率；胥，相；沦胥，相率。

按：此释条为组合释条，包括一个主条与三个附条。

五三、缉熙[2]、烈[3]、显[4]、昭[5]、皓[6]、颎[7]，光[1]也。

此释条义训为光明，多词共训，一义贯条。

[1]光，《说文》"明也"，按之古籍，其本义为光辉，引申为光明。《楚辞·九章·涉江》："与天地兮比寿，与日月兮齐光。"

[2]缉熙，连绵词，光明。《诗·大雅·文王》："穆穆文王，於缉熙敬止。"毛传："缉熙，光明也。"穆穆，端庄恭敬的样子。敬，谨慎负责。

[3]烈，《说文》"火猛也"，其本义为火势猛，引申为光明。《诗·周颂·雝》："既右烈考，亦右文母。"右，通"侑"，劝。

[4]显，《说文》"头明饰也"，其本义为头明饰，引申为光明。《诗·大雅·文王》："有周不显，帝命不时。"毛传："显，光也。"

[5]昭，《说文》"日明也"，其本义为光明。《吕氏春秋·任数》："目光见也藉于昭，心之知也藉於理。"

[6]皓，《说文》"日出兒"，其本义为光明，先秦古籍多作皓，晧、皓为异体字。《诗·陈风·月出》："月出皓兮，佼人僚兮。"佼，貌美，后作姣。僚（liǎo），貌美，后作嫽。

[7]颎（jiǒng），《说文》"火光也"，其本义为光明。《诗·小雅·无将大车》："无思百忧，不出于颎。"毛传："颎，光也。"郑玄笺："思众小事无以为忧，使人蔽闇不得出于光明之道。"。

五四、劼[2]、鞏[3]、坚[4]、笃[5]、掔[6]、虔[7]、胶[8]，固[1]也。

此释条义训为牢固，多词共训，义项与义素并释。

[1]固，《说文》"四塞也"，其本义为险要，引申为牢固。《诗·小雅·天保》："天保定尔，亦孔之固。"保，安定。孔，甚。

[2]劼（jié），《说文》"慎也"，其本义为谨慎。《书·酒诰》："汝劼毖殷献臣。"毖（bì），告诫。献，通贤，献臣即贤臣。说话谨慎，则办事牢靠，在谨慎的义项中蕴藏着牢固之义，而牢固又没有明确显示于义项中，可见此释条将劼解说到隐含义素。

[3]鞏，《说文》"以韦束也"，其本义为用皮革束物，引申为牢固。

《易·革》:"初九,鞏用黄牛之革。"

[4]坚,《说文》"刚也",其本义为坚硬,引申为牢固。《诗·大雅·行苇》:"敦弓既坚,四鍭既均。"敦,画饰,后作彫。鍭(hóu),箭。均,调好。

[5]笃,《说文》"马行顿迟",其本义为马行顿迟,展转引申为牢固。《论语·泰伯》:"笃信好学,守死善道。"

[6]掔(qiān),《说文》"固也",其本义为牢固。《墨子·迎敌祠》:"令命昏纬狗、纂马,掔纬。"掔纬,使纬牢固,为形容词用如使动。

[7]虔,《说文》"虎行皃",其本义为虎行貌,展转引申为恭敬。《左传·成公十六年》:"虔卜于先君也。"杜预注:"虔,敬也。"引申为牢固。《诗·商颂·长发》:"武王载旆,有虔秉钺。"毛传:"虔,固也。"

[8]胶,《说文》"昵也,作之以皮",其本义为能黏合器物的物质,引申为牢固。《诗·小雅·隰桑》:"既见君子,德音孔胶。"孔,甚。德音,好话,动听的话语。

五五、畴[2]、孰[3],谁[1]也。

此释条义训为疑问代词"谁",二词共训,一义贯条。

[1]谁,《说文》"何也",其本义为疑问代词,问人,相当于"哪个"。《论语·子罕》:"吾谁欺?欺天乎!"

[2]畴,《说文》"耕治之田也",其本义为已经耕作的田地,借为疑问代词,相当于"谁"。《书·说命上》:"后克圣,臣不命其承,畴敢不祗若王之休命?"

[3]孰,《说文》"食饪也",其本义为煮熟,借为疑问代词,相当于"谁"。《论语·公冶长》:"女与回也孰愈?"

五六、眭眭[2]、皇皇[3]、藐藐[4]、穆穆[5]、休[6]、嘉[7]、珍[8]、祎[9]、懿[10]、铄[11],美[1]也。

此释条义训为美好、美盛,多词共训,义项与义素并释。

[1]美，《说文》"甘也"，其本义为味美，扩大引申为美好。《楚辞·离骚》："纷吾既有此内美兮，又重之以修能。"

[2]暀(wàng)，《说文》"光美也"，重叠为暀暀，则为美盛的样子。《诗·鲁颂·泮水》："烝烝皇皇，不吴不扬。"郑玄笺："皇皇，当作暀暀。"烝烝，生气勃勃。吴，喧哗。

[3]皇，《说文》"大也"，其本义为大，引申为美，重叠为皇皇，则为美盛的样子。《礼记·曲礼下》："天子穆穆，诸侯皇皇。"孔颖达疏："诸侯皇皇者，自庄盛也。"

[4]藐，《说文》未收，重叠为藐藐，则为美盛的样子。《诗·大雅·崧高》："有俶其城，寝庙既成，既成藐藐，王锡申伯。"俶，善。锡，赐予，后作赐。

[5]穆，《说文》"禾也"，其本义为庄稼名称，展转引申为美好，重叠为穆穆，则为美盛的样子。《诗·大雅·文王》："穆穆文王，於缉熙敬止。"以上暀暀、皇皇、藐藐、穆穆四个叠音词均表示美盛的样子，其义项均明确显示美好之义，说明此释条解说其明显义素。

[6]休，《说文》"息止也"，其本义为休息，展转引申为美好。《易·大有》："君子以遏恶扬善，顺天休命。"遏(è)，阻止。

[7]嘉，《说文》"美也"，其本义为美好。《诗·豳风·东山》："其新孔嘉，其旧如之何？"孔，很。旧，久，指久别重逢。

[8]珍，《说文》"宝也"，其本义为珍宝，引申为美好。《国语·鲁语下》："古者分同姓以珍玉，展亲也。"

[9]祎(yī)，《说文》"蔽䣛也"，其本义为佩巾，引申为美好。《文选·张衡〈东京赋〉》："汉帝之德，侯其祎而。"

[10]懿，《说文》未收，按之古籍，其本义为美好。《易·小畜》："君子以懿文德。"

[11]铄，《说文》"销金也"，其本义为熔化金属，展转引申为美盛。《诗·周颂·酌》："於铄王师，遵养时晦。"毛传："铄，美。养，取。"遵，率。时，是，这。晦，昏庸。

五七、谐[2]、辑[3]、协[4]、和[1]也。关关[5]、嗈嗈[6]，音声和也。锶[7]、燮[8]，和也。

此释条义训为和谐、和睦，多词共训，义项与义素并释。

[1]和，《说文》"相应也"，其本义为声音相应，引申为和谐。《易·乾》："保合大和，乃利贞。"和从和谐又引申为和睦。《论语·季氏》："盖均无贫，和无寡，安无倾。"

[2]谐，《说文》"詥也"，其本义为和谐。《书·舜典》："八音克谐，无相夺伦，神人以和。"

[3]辑，《说文》"车和辑"，其本义为车箱，车箱的零件必须配合协调，于是引申为和谐。《诗·大雅·板》："辞之辑矣，民之洽也。"《书·汤诰》："俾予一人辑宁尔邦家。"

[4]协，《说文》"众之同和也"，其本义为共同，引申为和谐。《书·汤誓》："夏王率遏众力，率割夏邑，有众率怠弗协。"

[5]关，《说文》"以木横持门户也"，其本义为门闩，重叠为关关，则表示鸟和鸣声。《诗·周南·关雎》："关关雎鸠，在河之洲。"

[6]嗈，《说文》未收，其本义当为拟声词，重叠为嗈嗈，则鸟鸣叫和谐的声音，或作雝雝。《诗·小雅·蓼萧》："和鸾雝雝，万福攸同。"以上关关、嗈嗈均为鸟鸣叫和谐声音，其义项中就明列和谐之义，说明此释条将关关、嗈嗈解说到明显义素。

[7]锶，《说文》作恖，"同思之和也"，其本义为和谐。《梁书》刘锶，字彦和。南朝梁陆琏《皇太子释奠》："昭图锶轨，道清万国。"

[8]燮(xiè)，《说文》"和也"，其本义为和谐。《书·洪范》："平康正直，强弗友刚克，燮友柔克。"友，亲近。克，取胜。

按：此释条为组合释条，包括三个分条，主条在前，两个附条在后，其义训相同。

五八、从[2]、申[3]、神[4]、加[5]、弼[6]、崇[7]，重[1]也。

此释条义训为重复，多词共训，义项与义素并释。

[1]重,《说文》"厚也",其本义为厚重,音 zhòng,展转引申为重复,音 chóng。《易·系辞下》:"八卦成列,象在其中矣;因而重之,爻在其中矣。"

[2]从,《说文》"随行也",其本义为跟随,引申为重复。《诗·大雅·既醉》:"釐尔女士,从以孙子。"釐,通"赉",赐予。

[3]申,《说文》"神也",按之字形,其本义为雷电,展转引申为重复。《书·尧典》:"申命羲叔宅南交。"

[4]神,《说文》"天神,引出万物者也",其本义为天神,引申为尊重。《荀子·非相》:"宝之珍之,贵之神之。"尊重则希冀其反复出现,其中蕴藏着重复之义,而其义没有明确显示在义项中,说明此释条将神解说到隐含义素。朱骏声通训定声:"神,叚借为申。"

[5]加,《说文》"语相增加也",其本义为夸大,引申为增加。《论语·子路》:"既富矣,又何加焉?"在原来基础上增加必然重复,于是在增加的义项中蕴藏着重复,而其义又未显示于义项中,说明此释条将加解说到隐含义素。

[6]弼,《说文》"辅也",其本义为辅佐。《书·益稷》:"予违汝弼,汝无面从,退有后言。"辅佐则要帮助君主决策、做事,其中蕴藏着重复之义,而其义又没有列入义项中,说明此释条也将弼解说到隐含义素。

[7]崇,《说文》"嵬高也",其本义为高,展转引申为重复。《书·盘庚中》:"失于政,陈于兹,高后丕乃崇降罪疾。"丕、乃,于是,同义连用。

五九、殄[2]、悉[3]、卒[4]、泯[5]、忽[6]、灭[7]、罄[8]、空[9]、毕[10]、礊[11]、歼[12]、拔[13]、殄[14],尽[1]也。

此释条义训为穷尽、终止、竭尽、消灭、死亡、都,多词共训,义项与义素并释。

[1]尽,《说文》"器中空也",其本义为穷尽。《易·系辞上》:"书不尽言,言不尽意。"尽从穷尽引申为终止。《易·序卦》:"物不可以终尽。"尽又从穷尽引申为竭尽。《孟子·梁惠王上》:"寡人之于国也,尽心焉耳

矣。"从穷尽又相似引申为消灭。《国语·周语中》："夫战,尽敌为上,守和同顺义为上。"尽又从穷尽引申为死亡。《庄子·齐物论》："一受其成形,不亡以待尽。"郭象注："言物各有分,故知者守知以待终,而愚者抱愚以至死。"尽从竭尽又引申为副词都。《左传·昭公二年》："周礼尽在鲁矣。"

[2]觳(què),《说文》"盛觵卮也",其本义为贮酒器,借为瘠薄之义。《庄子·天下》："其生也勤,其死也薄,其道大觳。"在瘠薄之义上,后作确,觳、确为古今字。土地瘠薄则财物穷尽,其中蕴藏着穷尽之义,而其义又未见诸义项,可见此条也将觳解说到隐含义素。

[3]悉,《说文》"详尽也",其本义为详尽,引申为副词"都"。《书·汤誓》："格尔众庶,悉听朕言。"

[4]卒,《说文》"隶人给事者衣为卒",其本义为隶役所穿的衣服,展转引申为终止。《诗·豳风·七月》："无衣无褐,何以卒岁?"卒从终止又引申为死亡。《左传·僖公三十二年》："冬,文公卒。"卒又虚化为副词"都"。《诗·大雅·桑柔》："降此蟊贼,稼穑卒痒。"郑玄笺："虫孽为害,吾谷尽病。"

[5]泯,《说文》"灭也",其本义为消灭。《诗·大雅·桑柔》："乱生不夷,靡国不泯。"

[6]忽,《说文》"忘也",其本义为忽略,展转引申为终止。《诗·大雅·皇矣》："是伐是肆,是绝是忽,四方以无拂。"毛传："忽,灭也。"拂,违,抗拒。

[7]灭,《说文》"尽也",其本义为消灭。《左传·昭公四年》："执齐庆封而尽灭其族。"

[8]罄(qìng),《说文》"器中空也",其本义为穷尽。《诗·小雅·蓼莪》："瓶之罄矣,维罍之耻。"维,是。运用比喻,披露统治者的职责。

[9]空,《说文》"窍也",其本义为空虚,引申为穷尽。《论语·先进》："回也其庶乎,屡空。"

[10]毕,《说文》"田罔也",其本义为捕猎用的长柄网,引申为终止。《左传·僖公十三年》："事毕,不与王言。"

[11]罊(qì),《说文》"器中尽也",其本义为穷尽。郭璞《尔雅注》："今江东呼厌极为罊。"

[12]歼，《说文》"微尽也"，其本义为消灭。《书·胤征》："歼厥渠魁，胁从罔治。"渠，大。胁，逼迫。

[13]拔，《说文》"擢也"，其本义为抽拔，长期抽拔则穷尽，于是引申为穷尽。《诗·大雅·绵》："柞棫拔矣，行道兑矣。"

[14]殄，《说文》"尽也"，其本义为灭绝，引申为终止。《诗·大雅·桑柔》："瘼此下民，不殄心忧。"瘼(mò)，病，用如动词，受害。

六〇、苞[2]、芜[3]、茂[4]，丰[1]也。

此释条义训为茂盛，多词共训，义项与义素并释。

[1]丰，《说文》"豆之丰满者"，其本义为盛在豆器中的食品很丰满，相似引申为茂盛。《诗·小雅·湛露》："湛湛斯露，在彼丰草。"

[2]苞，《说文》"艸也"，其本义为席草，相因引申为茂盛。《诗·小雅·斯干》："如竹苞矣，如松茂矣。"

[3]芜，《说文》"秽也"，其本义为田地荒废。《墨子·耕柱》："楚四竟之田，旷芜不可胜辟。"田地荒废则野草必然茂盛，于是在荒废的义项中就蕴藏着茂盛之义，而茂盛之义又没有明确列入义项中，说明此释条解说芜的隐含义素。

[4]茂，《说文》"艸丰盛"，其本义为茂盛。《诗·大雅·生民》："茀厥丰草，种之黄茂。"孔颖达疏："既去其草，于此地种植的黄色而茂盛者，谓黍稷之穀也。"茀(fú)，拔除。

六一、挚[2]、敛[3]、屈[4]、收[5]、戢[6]、蒐[7]、裒[8]、鸠[9]、楼[10]，聚[1]也。

此释条义训为聚集，多词共训，义项与义素并释。

[1]聚，《说文》"会也"，其本义为聚集。《易·系辞上》："方以类聚，物以群分，吉凶生矣。"方当为人。

[2]挚(jiū)，《说文》"束也"，其本义为束缚，物经束缚则聚集，于是引申为聚集。《诗·商颂·长发》："敷政优优，百禄是遒。"毛传："遒，

聚也。"《说文》遒引作摮，遒、摮在聚集的义项上通用。是，之，结构助词，使宾语前置。

[3]敛，《说文》"收也"，其本义为聚集。《书·洪范》："敛时五福，用敷锡厥庶民。"

[4]屈，《说文》"无尾也"，其本义为无尾，展转引申为聚集。《仪礼·聘礼》："宰执寺屈缫，自古左授使者。"郑玄注："屈缫者，敛之，礼以相变为敬也。"

[5]收，《说文》"捕也"，其本义为拘捕，引申为聚集。《诗·周颂·维天之命》："文王之德之纯，假以溢我，我其收之。"毛传："收，聚也。"孔颖达疏："收者，聚敛之义，故为聚也。"假，通"嘉"，美好。溢，通"谧"，安宁。其，副词，表示希冀语气。

[6]戢(jí)，《说文》"藏兵也"，其本义为收藏兵器。《诗·周颂·时迈》："载戢干戈，载櫜弓矢。"毛传："戢，聚也。"两"载"均为句首语气助词，无实义。櫜(gāo)，盛弓矢的袋子，在这里用如动词，装入了矢袋中。收藏必先聚集，于是在收藏的义项中蕴藏聚集之义，而其义没有明确显示于义项中，说明此释条将戢解说到隐含义素，毛传义训同此。

[7]蒐(sōu)，《说文》"茅蒐，茹藘。人血所生，可以染绛"，其本义为茜草，展转引申为聚集。《左传·成公十六年》："蒐乘补卒，秣马利兵。"

[8]裒(póu)，《说文》未收，按之古籍，其本义当为聚集。《诗·小雅·常棣》："原隰裒矣，兄弟求矣。"毛传："裒，聚也。"

[9]鸠，《说文》"鹘也"，其本义为斑鸠，展转引申为聚集。《书·尧典》："共工方鸠僝功。"《史记·五帝本纪》作"共工旁聚布功"。僝，具有。

[10]楼，当作摟。《说文》："摟，聚也"，其本义为聚集。《孟子·告子下》："五霸者，摟诸侯以伐诸侯者也。"

六二、肃[2]、齐[3]、遄[4]、速[5]、亟[6]、屡[7]、数[8]、迅[9]，疾[1]也。

此释条义训为急速，多词共训，一义贯条。

[1]疾，《说文》"病也"，其本义为疾病，相因引申为急速。《易·系

辞上》：“唯神也，故不疾而速，不行而至。”

[2]肃，《说文》"持事振敬也"，其本义为恭敬，相因引申为急速。《左传·成公二年》："此城濮之赋也，有先君之明与先大夫之肃，故捷。"王引之《经义述闻·春秋左传中》引王念孙曰："肃，谓敏捷也……才具敏捷，则可以胜敌。"肃重叠为肃肃，表示急速的样子，可为雅训的旁证。《诗·召南·小星》："肃肃宵征，夙夜在公，寔命不同。"毛传："肃肃，疾貌。"

[3]齐，《说文》"禾麦吐穗上平也"，其本义为整齐，通"齌"，则有急速之义。《荀子·修身》："齐给便利，则节之以动止。"杨倞注："齐给便利，皆捷速也。"

[4]遄(chuán)，《说文》"往来数也"，其本义为往来频繁，引申为急速。《诗·邶风·泉水》："遄臻于卫，不瑕有害。"毛传："遄，疾也。臻，至也。"

[5]速，《说文》"疾也"，其本义为急速。《左传·僖公七年》："我死，女必速行，无适小国，将不女容焉。"

[6]亟(jí)，《说文》"敏疾也"，其本义为急速。《诗·豳风·七月》："亟其乘屋，其始播百谷。"郑玄笺："亟，急也。"

[7]屡，《说文新附》"数也"，其本义为多次，引申为急速。《礼记·乐记》："临事而屡断，勇也。"

[8]数(shuò)，《说文》"计也"，其本义为计算，展转引申为急速。《庄子·天地》："挈水若抽，数如泆汤。"陆德明释文："李云：'急速如汤沸溢也。'"

[9]迅，《说文》"疾也"，其本义为急速。《礼记·玉藻》："君子之君当恒当户，寝恒东首，若有疾风、迅雷、甚雨，则必变。"

六三、寁[2]、骏[3]、肃[4]、亟[5]、遄[6]，速[1]也。

此释条义训为急速，多词共训，一义贯条。

[1]速，其本义为急速，详见上条。

[2]寁(zǎn)，《说文》"居之速也"，其本义为急速。《诗·郑风·遵大

路》:"无我恶兮,不寁故也。"毛传:"寁,速也。"

[3]骏,《说文》"马之良材者",其本义为良马,引申为急速。《书·武成》:"丁未,祀于周庙,邦甸、侯、卫骏奔走,执豆、笾。"邦,国。甸、侯、卫分别按地域远近分封的诸侯。豆、笾均为盛祭物的器皿,分别为木制与竹制。

[4]肃,本义为恭敬,相因引申为敏捷。《国语·晋语七》:"知羊舌职之聪敏肃给也,使佐之。"韦昭注:"肃,敬也;给,足也。"王引之《经义述闻·国语下》:"肃之言速,给之言急也……聪敏,言其通达也;肃给言其敏捷也。"

[5]亟,其本义为急速,详见上条。

[6]遄,其本义为往来频繁,引申为急速,详见上条。

按:以上两个释条义训固然均为急速,但是其被释词不完全相同,释词则完全不同,因此还是要划分为两个释条,使彼此分立。

六四、壑[2]、阬阬[3]、滕[4]、徵[5]、隍[6]、漮[7],虚[1]也。

此释条义训为空虚,多词共训,解说两种义素:明显义素与隐含义素。

[1]虚,《说文》"大丘也",其本义为土山,展转引申为空虚。《老子》第三章:"虚其心,实其腹。"

[2]壑,《说文》"沟也",其本义为水沟、护城河。《礼记·郊特牲》:"土反其宅,水归其壑。"水沟则水不满,其中蕴藏空虚之义,而其义又没有明确显示于义项中,可见此释条将壑解说到隐含义素。

[3]阬阬(kēng),其后为衍文,《说文》"门也",按之古籍用例,其本义当为水坑。《庄子·天运》:"在谷满谷,在阬满阬。"陆德明释文:"阬,《尔雅》云:'虚也。'"水阬则水不满,其中蕴藏空虚之义,而其义又未明确显示于义项中,可见此释条将阬解说到隐含义素。

[4]滕,《说文》"水超涌也",其本义为水向上涌。《诗·小雅·十月之交》:"百川沸腾,山冢崒崩。"《玉篇》引此诗作"百川沸滕",滕、腾在升腾义项上通用。山冢,山顶。崒,通碎。水上涌则必有流淌的空间,

其中蕴藏空虚之义，而其义又没有明确显示于义项中，说明此释条解说滕的隐含义素。

[5]徵，《说文》"召也"，其本义为召请。《书·尧典》："舜生三十徵，庸三十，在位五十载，陟方乃死。"君王治国无门，内心空虚，则召请贤人，可知召请的义项中蕴藏着空虚之义，而其义又未列入义项中，说明此释条将徵解说到隐含义素。

[6]隍，《说文》"城池也。有水曰池，无水曰隍"，其本义为没有水的护城河。《易·泰》："城覆于隍，勿用师，自邑先命。"护城河干涸，则其内必空虚，其中蕴藏空虚之义，而其义又没有明确列入义项中，说明此释条将隍解说到隐含义素。

[7]濂，《说文》未收，按之字形，其本义当为水虚，其中具有空虚之义，明确列在义项中，可见在此释条中将濂解说到明显义素。

六五、黎[2]、庶[3]、烝[4]、多[5]、醜[6]、师[7]、旅[8]，众[1]也。

此释条义训为众多，多词共训，义项与义素并释。

[1]众，《说文》"多也"，按之古籍，其本义为众人，引申为众多。《商君书·弱民》："今夫人众兵强，此帝王之大资也。"

[2]黎，《说文》"履黏也"，其本义粘鞋的玉米糊，引申为众多。《书·益稷》："万邦黎献，共惟帝臣。"孔传："献，贤也。万国众贤共为帝臣。"

[3]庶，《说文》"屋下众也"，其本义为众多，《易·晋》："康侯用锡马蕃庶，昼日三接。"

[4]烝，《说文》"火气上行也"，其本义为冬天祭祀，假借为众多。《诗·大雅·烝民》："天生烝民，有物有则。"毛传："烝，众也。"

[5]多，《说文》"重也"，其本义为众多。《诗·周颂·访落》："维予小子，未堪家多难。"

[6]醜，《说文》"可恶也"，其本义为可恶，偶尔借为众多之义。《诗·大雅·绵》："乃立冢土，戎醜攸行。"

[7]师，《说文》"二千五百人为师"，其本义为古代军队编制单位的一级，以二千五百人为师，引申为民众。《诗·大雅·文王》："殷之未丧师，

克配上帝。"在民众的义项中直接显示众多之义，说明此释条将师解说到明显义素。

[8]旅，《说文》"军之五百人为旅"，其本义为古代军队编制单位的一级，以五百人为旅，引申为众多。《左传·昭公三年》："小人之利也，敢烦里旅。"杜预注："旅，众也。"

六六、洋[2]、观[3]、裒[4]、众[5]、那[6]，多[1]也。

此释条义训为众多，多词共训，义项与义素并释。

[1]多，其本义为众多，详见上条。

[2]洋，《说文》"水，出齐临朐高山，东北入钜定"，其本义为山东河流，重叠为洋洋，则表示盛多的样子。《诗·卫风·硕人》："河水洋洋，北流活活。"在盛多的样子中明显列出众多的义素，可见此释条将洋解说到明显义素。

[3]观，《说文》"谛视也"，其本义为仔细看，展转引申为众多。《诗·小雅·采绿》："其钓维何？维鲂及鱮。维鲂及鱮，薄言观者。"鲂(fáng)，鳊鱼。鱮(xù)，鲢鱼。者，句尾助词，无实义。

[4]裒(póu)，其本义为聚集，详见前条，引申为众多。《诗·周颂·般》："敷天之下，裒时之对。"郑玄笺："裒，众也；对，配也。徧天之下，众山川之神皆如是配而祭之。"

[5]众，其本义为众人，引申为众多，详见上条。

[6]那(nuó)，《说文》"西夷国"，其本义为西方少数民族的称呼，假借为众多。《诗·小雅·桑扈》："不戢不难，受福不那。"马瑞辰传笺通释："不为语词，受福不那，犹云降福孔多。"戢(jí)，收敛、克制。难，恭敬，后作戁，难、戁为古今字。

六七、流[2]、差[3]、柬[4]，择[1]也。

此释条义训为选择，多词共训，一义贯条。

[1]择，《说文》"柬选也"，其本义为选择。《墨子·尚同中》："是故

择其国之贤者，置以为左右将军大夫。"

[2]流，《说文》"水行也"，其本义为水流动，引申为选择之义。《楚辞·九章·哀郢》："曼余目以流观兮，冀壹反之何时？"

[3]差(chāi)，《说文》"贰也，差不相值也"，其本义为差错，引申为选择。《诗·小雅·吉日》："吉日庚午，既差我马。"毛传："差，择也。"

[4]柬，《说文》"分别简之也"，其本义为选择。《荀子·修身》："安燕而血气不惰，柬理也。"杨倞注："言柬择其事理所宜。"在选择之义上，柬、拣为古今字。

六八、战[2]、慄[3]、震[4]、惊[5]、戁[6]、竦[7]、恐[8]、慴[9]，惧[1]也。

此释条义训为畏惧，多词共训，一义贯条。

[1]惧，《说文》"恐也"，其本义为畏惧。《易·系辞下》："其出入以度，外内使知惧。"

[2]战，《说文》"斗也"，其本义为作战，相因引申为畏惧。《吕氏春秋·审应》："公子沓相周，申向说之而战。"高诱注："战，惧也。"

[3]慄，《说文》未收，按之古籍，其本义为畏惧。《诗·秦风·黄鸟》："临其穴，惴惴其慄。"惴惴，心里恐惧的样子。

[4]震，《说文》"劈历振物者"，其本义为疾雷，相因引申为畏惧。《逸周书·作雒》："二年，又作师旅，临卫政殷，殷大震溃。"朱右曾校释："震，惧。"

[5]惊，繁体作驚，《说文》"马骇也"，其本义为马受刺激而紧张失常，引申为畏惧。《庄子·达生》："彼又恶能无惊乎哉？"成玄英疏："何能无惊惧者也。"恶(wū)，疑问代词，用法相当于"何"。

[6]戁(nǎn)，《说文》"敬也"，其本义为恭敬，反向引申为畏惧。《诗·商颂·长发》："不戁不竦，百禄是总。"毛传："戁，恐也；竦，惧也。"总，聚，聚集。戁、竦相对成文，在诗句中均取畏惧之义。

[7]竦(sǒng)，《说文》"敬也"，其本义为恭敬，反向引申为畏惧，书证见戁字注释。

[8]恐，《说文》"惧也"，其本义为畏惧。《左传·僖公二十六年》："室

如县罄，野无青草，何恃而不恐？"

[9]慑(shè)，《说文》"惧也"，其本义为畏惧。《庄子·达生》："死生惊惧，不入乎其胸中，是故遻物而不慑。"

六九、痡[2]、瘏[3]、虺隤[4]、玄黄[5]、劬劳[6]、咎[7]、顇[8]、瘽[9]、瘉[10]、鳏[11]、戮[12]、瘼[13]、癵[14]、瘴[15]、痒[16]、疧[17]、疵[18]、闵[19]、逐[20]、疚[21]、痗[22]、瘥[23]、痱[24]、㿗[25]、瘵[26]、瘼[27]、癠[28]，病[1]也。

此释条义训为疾病、患病、疲惫、羞辱、忧愁、过失、辛苦，多词共训，义项与义素并释。

[1]病，《说文》"疾加也"，其本义为重病，引申为疾病。《周礼·天官·疾医》："以五味、五谷、五药养其病。"疾病引申为患病。《韩非子·外储说左上》："军人有病疽者，吴起跪而自吮其脓。"从患病引申为忧虑。《论语·卫灵公》："君子病无能焉，不病人之不己知。"从患病又引申为困苦。《左传·襄公二十四年》："范宣子为政，诸侯之币重，郑人病之。"从患病又引申为过失。《庄子·让王》："学而不能行谓之病。"从患病又引申为耻辱。《仪礼·士冠礼》："某不敏，恐不能共事，以病吾子，敢辞。"从患病又同时引申为疲惫。《孟子·公孙丑上》："今日病矣，予助苗长矣！"赵岐注："病，罢也。"

[2]痡(pū)，《说文》"病也"，其本义为疲惫。《诗·周南·卷耳》："陟彼砠矣，我马瘏矣，我仆痡矣，云何吁矣。"毛传："吁，忧也。"云，句首语气助词，无实义。

[3]瘏(tú)，《说文》"病也"，其本义为疲惫，书证见痡字注释。

[4]虺隤，连绵词，又作虺隤，疲惫的样子。《诗·周南·卷耳》："陟彼崔嵬，我马虺隤。"

[5]玄黄，连绵词，疲惫的样子。《诗·周南·卷耳》："陟彼高冈，我马玄黄。"以上四个被释词均见于《诗·周南·卷耳》，在此释条中一并解说。

[6]劬(qú)劳，连绵词，辛苦。《诗·小雅·蓼莪》："哀哀父母，生我劬劳。"

[7] 咎(jiù)，《说文》"灾也"，其本义为灾祸，引申为过失。《诗·小雅·伐木》："宁适不来，微我有咎。"此句意谓，宁可他凑巧不来，不是我有过失。微，非，不是。

[8] 顇(cuì)，《说文》"顠顇也"，其本义为憔悴，相因引申为辛苦。《汉书·五行志之下》："或尽顇事国。"

[9] 瘽(qín)，《说文》"病也"，其本义为疾病。邵晋涵正义："瘽为劳剧之病也。"

[10] 瘉(yù)，《说文》"病瘳也"，按之古籍，其本义为疾病，引申为痛苦。《诗·小雅·正月》："父母生我，胡俾我瘉？"毛传："瘉，病也。"

[11] 鳏(guān)，《说文》"鱼也"，郑樵注："鳏，即瘝也。"同瘝，表示劳苦之义。《书·康诰》："王曰：'呜呼！小子封，恫瘝乃身，敬哉！'"

[12] 戮，《说文》"杀也"，其本义为杀戮，引申为羞辱。《公羊传·庄公三十二年》："不从吾言，而不饮此，则必为天下戮笑。"

[13] 瘶(shǔ)，《说文》未收，按之古籍，其本义为忧愁。《诗·小雅·正月》："哀我小心，瘶忧以痒。"朱熹集传："瘶忧，幽忧也。"幽忧即深忧，忧愁。

[14] 癵(luán)，《说文》未收，按之读音与字形，其本义为瘦。《说文》："脔，臞也。"脔、癵字形相承，读音相同，在瘦的义项上，脔、癵当为古今字。过瘦则蕴藏着疾病之义，而其义又未明确显示义项中，可知在此释条中将癵解说到隐含义素。

[15] 瘗(lǐ)，《说文》未收，按之字形与读音，当从疒、里声。《说文》瘗下云："一曰病也。"瘗字本义当为疾病。

[16] 痒(yáng)，《说文》"疡也"，按之古籍，其本义当为生病。书证见瘶字注释。

[17] 疧，当作疧(qí)，《说文》"病也"，其本义为患病。《诗·小雅·无将大车》："无思百忧，祇自疧矣。"

[18] 疵，《说文》"病也"，其本义为疾病。《素问·本病论》："民病瘟疫，疵发风生。"引申为过失。《书·大诰》："天降威，知我国有疵，民不康。"孔传："谓三叔流言，故禄父知我国有病疵。"

[19] 闵，《说文》"吊在门也"，其本义为哀怜，引申为患病。《荀子·礼

论》:"纮纩听息之时,则夫忠臣孝子亦知其闵已。"俞樾平议:"亦知其闵已,犹言亦知其病已。"从哀怜又引申为忧虑。《孟子·公孙丑上》:"宋人有闵其苗之不长而揠之者。"

[20]逐,《说文》"追也",其本义为追赶,假借为腹病名称,后作疛(zhǒu)。《吕氏春秋·尽数》:"精不流则气郁,郁处头则肿为风,处腹则为张为疛。"

[21]疚(jiù),《说文》未收,按之古籍,其本义为患病。《诗·大雅·云汉》:"鞫哉庶正,疚哉冢宰。"郑玄笺:"鞫,穷也。"冢宰,宰相。疚又从患病引申为忧愁。《诗·周颂·闵予小子》:"闵予小子,遭家不造,嬛嬛在疚。"不造,不幸。嬛嬛(qióng),孤独无依。

[22]癗(mèi),《说文》未收,按之古籍,其本义为患病。《诗·卫风·伯兮》:"愿言思伯,使我心癗。"愿言即睠然,深切地思念。

[23]瘥(cuó),《说文》"瘉也",按之古籍,其本义为疾病。《左传·昭公十九年》:"郑国不天,寡君之二三臣札瘥夭昏。"杜预注:"大死曰札,小疫曰瘥,短折曰夭,未名曰昏。"

[24]痱(féi),《说文》未收,按之古籍,其本义当为疾病,俗称中风。《灵枢经·热病》:"痱之为病也,身无席者,四肢不收,智乱不甚,其言微知,可治。"

[25]瘅(dǎn),或作癉,《说文》"劳病也",其本义为劳苦。《诗·大雅·板》:"上帝板板,下民卒瘅。"陆德明释文:"瘅,沈本作癉。"

[26]瘵(zhài),《说文》"病也",其本义为辛苦。《诗·大雅·瞻卬》:"邦靡有定,士民其瘵。"

[27]瘼(mò),《说文》"病也",其本义为辛苦。《诗·小雅·四月》:"乱离瘼矣,爰其适归。"适,往。

[28]瘠(jì),《说文》未收,按之古籍,其本义为患病。《礼记·玉藻》:"亲瘠,色容不盛,此孝子之疏节也。"

七〇、恙[2]、写[3]、悝[4]、盱[5]、繇[6]、惨[7]、恤[8]、罹[9]，忧[1]也。

此释条义训为忧虑、忧患，多词共训，义项与义素并释。

[1]忧，《说文》"和之行也"，其本义为忧虑。《诗·魏风·园有桃》："心之忧矣，其谁知之？"忧从忧虑引申为忧患。《国语·晋语六》："且唯圣人能无外患，又无内忧。"

[2]恙，《说文》"忧也"，其本义为忧虑。《战国策·齐策四》："岁亦无恙邪？民亦无恙邪？王亦无恙邪？"

[3]写，《说文》"置物也"，其本义为放置，引申为除掉。《诗·邶风·泉水》："驾言出游，以写我忧。"此释条因《诗经》连言为训，"以写我忧"，将"写"释为"忧"。

[4]悝(lǐ)，《说文》"一曰病也"，其本义当为忧患。《诗·大雅·云汉》："瞻卬昊天，云如何里。"陆德明释文："里，如字，忧也。本亦作㾖，《尔雅》作悝，并同。"

[5]盱(xū)，《说文》"张目也"，其本义为张目，借为忧虑，后作吁。《诗·小雅·都人士》："我不见兮，云何盱矣！"

[6]繇(yóu)，《说文》"随从也"，其本义为随从，借为忧虑之义。《方言》卷十："愮，忧也。"在忧虑的义项上，繇、愮为古今字。

[7]惨，《说文》"毒也"，其本义为狠毒，引申为忧愁。《诗·陈风·月出》："舒夭绍兮，劳心惨兮。"朱熹集传："惨，当作懆，忧也。"

[8]恤，《说文》"忧也"，其本义为忧虑。《易·晋》："悔亡，失得勿恤；往吉，无不利。"

[9]罹，《说文》"心忧也"，按之古籍，其本义为遭受，引申为忧患。《诗·王风·兔爰》："我生之后，逢此百罹。"

七一、伦[2]、勚[3]、邛[4]、敕[5]、勤[6]、愉[7]、庸[8]、癉[9]，劳[1]也。

此释条义训为劳作、辛苦、疲劳、忧虑、功劳、慰劳，多词共训，六义同条。

[1]劳，《说文》"剧也"，按之古籍，其本义当为劳作。《书·金縢》：

"昔公勤劳王家，惟予冲人弗及知。"劳从劳作引申为辛苦。《易·兑》："说以生民，民忘其劳。"劳又从辛苦引申为疲劳。《左传·僖公三十二年》："劳师以袭远，非所闻也。"劳从疲劳又引申为忧虑。《诗·邶风·燕燕》："瞻望弗及，实劳我心。"劳从劳作引申为功劳。《诗·大雅·民劳》："无弃尔劳，以为王休。"劳从功劳又引申为慰劳。《左传·桓公五年》："夜，郑伯使祭足劳王，且问左右。"

[2]伦，其义训众说纷纭，莫衷一是，存疑。

[3]勚(yì)，《说文》"劳也"，其本义为辛苦。《诗·小雅·雨无正》："正大夫离居，莫知我勚。"毛传："勚，劳也。"居，住所。正，官吏。

[4]邛(qióng)，《说文》"邛地在济阳县"，其本义为县名，借为忧虑之义。《诗·小雅·巧言》："匪其止共，维王之邛。"毛传："邛，病也。"共后作恭，恭敬，忠于职守。维，通"为"，因此。

[5]敕，当作勑(lài)，《说文》"劳也"，其本义为慰劳。段玉裁注："此当为劳勑也，浅人删一字耳。《孟子》放勋曰：'劳之来之。'《诗序》曰：'万民离散，不安其居，宣王能劳来还定安集之。'皆勑之省，俗作倈。"段氏之说正确，唯有在慰劳之义上，先借用来，后造勑，来、勑、倈均为古今字，用来非省借。

[6]勤，《说文》"劳也"，其本义为劳作。《书·大禹谟》："朕宅帝位，三十有三载，耄期倦于勤。"宅，处。于，介词，引进动作的原因，相当于"因为"。勤从劳作引申为辛苦。《诗·周颂·赉》："文王既勤止，我膺受之。"膺，承受。勤又从辛苦引申为慰问。《书·康诰》："周公咸勤，乃洪大诰治。"洪，代，代替。勤从辛苦还引申为忧虑。《楚辞·远游》："惟天地之无穷兮，哀人生之长勤。"

[7]愉，无释词劳相应义训，误。

[8]庸，《说文》"用也"，其本义为采用，展转引申为辛苦。《诗·王风·兔爰》："我生之初，尚无庸；我生之后，逢此百罹。"罹，祸患。庸从辛苦又引申为功劳。《左传·昭公四年》："告之以文辞，董之以武师，虽齐不许，君庸多矣。"杜预注："庸，功也。"

[9]癉(dàn)，其本义为劳苦、辛苦。参见释诂第一第六九条注[25]。

七二、劳[2]、来[3]、强[4]、事[5]、谓[6]、翦[7]、篲[8]，勤[1]也。

此释条义训为劳作、辛苦、慰问、忧虑、尽力，多词共训，义项与义素并释。

[1]勤，本义为劳作，引申为辛苦、慰劳、忧虑，书证已详见上条注释。勤还从劳作引申为尽力。《左传·宣公十二年》："民生在勤，勤则不匮。"

[2]劳，本义为劳作，引申为辛苦、慰问、忧虑，书证已详见上条注释。

[3]来，本义为小麦，借为慰劳之义，参见上条注[5]。

[4]强(qiǎng)，《说文》"蚚也"，其本义为米中小黑虫，借为尽力之义。《孟子·梁惠王下》："强为善而已矣。"

[5]事，《说文》"职也"，其本义为职务，引申为劳苦。《论语·颜渊》："先事后得，非崇德与？"俞樾《群经平议·论语二》："《尔雅·释诂》：'事，勤也。'然则'先事'犹'先劳'也。"

[6]谓，《说文》"报也"，其本义为评论，展转引申为尽力。《晏子春秋·内篇谏下》："故节于身，谓于民。"

[7]翦(jiǎn)，《说文》"羽生也"，其本义为初生的羽毛，引申为修剪，再引申为尽力。《左传·襄公八年》："敝邑之众，夫妇男女不遑启处以相救也，翦焉倾覆，无所控告。"杜预注："翦，尽也。"

[8]篲(huì)，《说文》未收，按之古籍与字形，其本义为竹扫帚，引申为扫。枚乘《七发》："凌赤岸，篲扶桑，横奔似雷行。"扫则辛苦，恰好说明其中蕴藏着辛苦的义素，而其义又未见之于义项中，说明此释条将篲也解说到隐含义素。

七三、悠[2]、伤[3]、忧[4]，思[1]也。

此释条义训为思念、忧伤，多词共训，二义同条。

[1]思，《说文》"容也"，其本义为思念。《诗·小雅·我行其野》："不思旧姻，求尔新特。"特，匹，配偶。思又从思念引申为忧伤。《礼记·乐

记》:"亡国之音哀以思,其民困。"

[2]悠,《说文》"忧也",其本义为思念。《诗·周南·关雎》:"悠哉悠哉,辗转反侧。"毛传:"悠,思也。"

[3]伤,《说文》"创也",其本义为创伤,引申为忧伤。《诗·小雅·采薇》:"行道迟迟,载饥载渴。我心伤悲,莫知我哀。"

[4]忧,《说文》"和之行也",其本义为忧虑,引申为忧伤。《诗·秦风·晨风》:"未见君子,忧心如醉。"

七四、怀[2]、惟[3]、虑[4]、愿[5]、念[6]、恕[7],思[1]也。

此释条义训为思念、忧伤、思虑,多词共训,三义同条。

[1]思,本义为思念,引申为忧伤,书证已详见上条。思从思念又引申为思虑。《论语·为政》:"学而不思则罔,思而不学则殆。"

[2]怀,《说文》"念思也",按之古籍,其本义为胸怀,引申为思念。《诗·豳风·东山》:"不可畏也,伊可怀也。"怀又从思念引申为忧伤。《诗·邶风·终风》:"寤言不寐,愿言则怀。"毛传:"怀,伤也。"

[3]惟,《说文》"凡思也",其本义为思虑。《楚辞·九章·抽思》:"数惟荪之多怒兮,伤余心之忧忧。"

[4]虑,《说文》"谋思也",其本义为思虑。《论语·卫灵公》:"人无远虑,必有近忧。"

[5]愿,《说文》"大头也",按之古籍,其本义当为思念。《诗·卫风·伯兮》:"愿言思伯,甘心首疾。"郑玄笺:"愿,念也。"愿言,从闻一多之说,即眷然,深切的样子。

[6]念,《说文》"常思也",其本义为思念。《诗·秦风·小戎》:"言念君子,温其在邑。"

[7]恕,《说文》"饥饿也,一曰忧也",从其一曰,其本义为忧思,引申为忧伤。《诗·小雅·小弁》:"我心忧伤,恕焉如捣。"

七五、禄[2]、祉[3]、履[4]、戬[5]、祓[6]、禧[7]、禠[8]、祜[9]，福[1]也。

此释条义训为幸福，多词共训，义项与义素并释。

[1]福，《说文》"祐也"，按之古籍，其本义为幸福。《荀子·仲尼》："福事至则和而理，祸事至则静而理。"

[2]禄，《说文》"福也"，其本义为幸福。《诗·大雅·既醉》："其胤维何？天被尔禄。"毛传："禄，福也。"胤（yìn），后代。

[3]祉（zhǐ），《说文》"福也"，其本义为幸福。《诗·小雅·六月》："吉甫燕喜，既多受祉。"

[4]履，《说文》"足所依也"，按之古籍，其本义为践踏，通禄，幸福。《诗·周南·樛木》："乐只君子，福履绥之。"毛传："履，禄也。"绥，安，安定，福、履同义连用。

[5]戬（jiǎn），《说文》"灭也"，其本义为消灭，借为幸福之义。《诗·小雅·天保》："天保定尔，俾尔戬穀。"戬、穀同义连用，均为幸福。

[6]祓（fú），《说文》"除恶祭也"，其本义为除恶求福的祭祀。《左传·襄公二十九年》："祓殡而禭，则布币也。"杜预注："先使巫祓除殡之凶邪而行禭礼。"在除恶求福的祭祀中，直接显示幸福的义素，可见此释条将祓解说到明显义素。

[7]禧（xī），《说文》"礼吉也"，桂馥义证："吉，徐锴本作告，告神致福也。"据此，其本义当为告神求福，其义项中明确显示幸福之义，说明此释条将禧解说到明显义素。

[8]禠（sī），《说文》"福也"，其本义当为幸福。张衡《东京赋》："冯相观祲，祈禠禳灾。"

[9]祜（hù），《说文》"上讳"，许慎回避汉朝皇帝名讳而不释，其实祜的本义为厚福。《诗·商颂·烈祖》："嗟嗟烈祖，有秩斯祜。"嗟，叹词。烈，功业。在厚福的义项中明确显示幸福之义，说明此释条将祜解说到明显义素。

七六、禋[2]、祀[3]、祠[4]、烝[5]、尝[6]、禴[7]，祭[1]也。

此释条义训为祭祀，多词共训，义项与义素并释。

[1]祭，《说文》"祭祀也"，其本义为祭祀。《论语·八佾》："祭如在，祭神如神在。"

[2]禋(yīn)，《说文》"洁祭也"，其本义为升烟求福的祭祀，引申为祭祀。《左传·隐公十一年》："吾子孙其覆亡之不暇，而况能禋祀许乎？"

[3]祀，《说文》"祭无已也"，其本义为永久的祭祀，引申为祭祀。《左传·文公二年》："祀，国之大事也。"

[4]祠，《说文》"春祭曰祠，品物少，多文词也"，其本义为春祭，引申为祭祀。《书·伊训》："伊尹词于先王，奉嗣王祗见厥祖。"

[5]蒸，本作烝，《说文》"火气上行也"，其本义为冬祭，引申为祭祀，后作蒸。屈原《天问》："何献蒸肉之膏，而后帝不若。"

[6]尝，《说文》"口味之也"，其本义为辨别滋味，引申为秋天的祭祀。《尔雅·释天》："秋祭为尝。"在秋天的祭祀的义项中明确显示祭祀之义。又泛指祭祀。《礼记·月令》："天子亲往，乃尝鱼，先荐寝庙。"

[7]禴(yuè)，又作礿，《说文》"夏祭也"，其本义为夏祭。《诗·小雅·天保》："禴祠烝尝，于公先王。"在夏祭的义项中明确显示祭祀之义，说明此释条将禴解说到明显义素。

七七、俨[2]、恪[3]、祇[4]、翼[5]、諲[6]、恭[7]、钦[8]、寅[9]、熯[10]，敬[1]也。

此释条义训为恭敬，多词共训，一义贯条。

[1]敬，《说文》"肃也"，其本义为恭敬。《易·坤》："君子敬以直内，义以方外。"

[2]俨，《说文》"昂头也"，按之古籍，其本义当为恭敬。《礼记·曲礼上》："毋不敬，俨若思。"郑玄注："俨，矜庄貌。人之坐思，貌必俨然。"

[3]恪(kè)，《说文》未收，按之古籍与字形，其本义当为恭敬。《书·盘庚上》："先王有服，恪谨天命。"服，事。

[4]祗(zhī)，《说文》"敬也"，其本义为恭敬。《书·费誓》："祗复之，我商赉汝。"商，通"赏"，赏赐。

[5]翼，《说文》"翅也"，其本义为翅膀，展转引申为恭敬。《诗·小雅·六月》："有严有翼，共武之服。"

[6]諲(yīn)，通禋，《说文》"洁祀也"，其本义为升烟祭天，引申为恭敬。《左传·桓公六年》："亲其九族，以致其諲祀。"

[7]恭，《说文》"肃也"，其本义为恭敬。《论语·子路》："居处恭，执事敬。"

[8]钦，《说文》"欠皃"，按之古籍，其本义为恭敬。《书·尧典》："乃命羲和，钦若昊天。"孔传："钦，敬也。"

[9]寅，《说文》"髕也，正月阳气动，去黄泉欲上出，阴尚不足"，按之古籍，其本义为恭敬。《书·尧典》："寅宾出日，平秩东作。"宾，导，引导。平，辨，辨别。秩，次序。作，始，开始。

[10]熯(rǎn)，《说文》"乾皃"，其本义为干燥，借为恭敬之义。《诗·小雅·楚茨》："我孔熯矣，式礼莫愆。"孔颖达疏："言我孝子甚能恭敬矣。"熯，后作戁(nǎn)。熯、戁为古今字。孔，甚。式，句首语气助词。愆，差错。

七八、朝[2]、旦[3]、夙[4]、晨[5]、晙[6]，早[1]也。

此释条义训为早晨，多词共训，义项与义素并释。

[1]早，《说文》"晨也"，其本义为早晨。《诗·召南·小星》："肃肃宵征，夙夜在公。"肃肃，匆忙的样子。宵，夜晚。征，行路。

[2]朝，《说文》"旦也"，其本义为早晨。《诗·小雅·何草不黄》："哀我征夫，朝夕不暇。"暇，闲暇。

[3]旦，《说文》"明也"，其本义为早晨。《书·太甲上》："先王昧爽丕显，坐以待旦。"显，通"宪"，思考。

[4]夙，《说文》"早敬也"，按之古籍，其本义当为早晨。《书·舜典》："夙夜惟寅，直哉惟清。"孔传："夙，早也。言早夜敬思其职。"惟，宜。

[5]晨，《说文》"房星，为民田时者"，按之古籍，其本义当为早晨。

《诗·小雅·庭燎》:"夜如何其？夜乡晨，庭燎有辉。"其(jī)，疑问语气词。乡，接近。辉(xūn)，烟火缭绕的样子。

[6]晙(jùn)，《说文新附》"明也"，其本义为明亮。在明亮的义项中蕴藏着早晨之义，而其义没有明确显示于义项中，说明此释条将晙解说到隐含义素。

七九、颁[2]、竢[3]、替[4]、戾[5]、厎[6]、止[7]、徯[8]，待[1]也。

此释条义训为等候、停止，多词共训，二义同条。

[1]待，《说文》"竢也"，其本义为等候。《左传·隐公元年》:"多行不义必自毙，子姑待之。"等待则要先停止，于是在等待的义项中蕴藏着停止之义，而其义又未见诸义项中，可见此释条释词待同时又使用隐含义素停止解说义训。

[2]颁，《说文》"待也"，其本义为等候。《汉书·翟方进传》:"下车立，颁过，乃就车。"在等待之义上，先借用须，后作颁，须、颁为古今字。

[3]竢，《说文》"待也"，其本义为等候。《楚辞·离骚》:"冀枝叶之峻茂兮，愿竢时乎吾将刈。"

[4]替，《说文》"废，一偏下也"，其本义为废弃，引申为停止。《庄子·则阳》:"夫圣人未始有天，未始有人，未始有始，未始有物，与世偕行而不替。"

[6]厎(dǐ)，《说文》"柔石也"，其本义为细磨刀石，引申为停止。《诗·小雅·小旻》:"我视谋犹，伊于胡厎？"犹，谋略，谋、犹同义连用。伊，句首语气助词，无实义。胡，何，什么。

[7]止，《说文》"下基也"，按之古籍，参之字形，其本义为脚，引申为停止。《易·艮》:"时止则止，时行则行，动静不失其时，其道光明。"

[8]徯(xī)，《说文》"待也"，其本义为等候。《书·仲虺之诰》:"徯予后，后来其苏。"后，国君。

八〇、噊[2]、幾[3]、烖[4]、殆[5]，危[1]也。

此释条义训为畏惧、危险、接近、诡诈，多词共训，义项与义素并释。

[1]危，《说文》"在高而惧也"，其本义为恐惧。《战国策·西周策》："夫本末更盛，虚实有时，窃为君危之。"危从恐惧引申为危险。《左传·昭公十八年》："小国忘守则危，况有灾乎？"从危险又引申为接近。《楚辞·离骚》："阽余身而危死兮，览余初其犹未悔。"又借为诡诈，后作诡。《管子·大匡》："卫国之教，危傅（薄）以利。"俞樾平议："危，当读为诡。"

[2]噊(yù)，《说文》"危也"，其本义为危险，又通"谲"（jué），诡诈。《韩非子·孤坟》："主失势而臣得国，主更称蕃臣，而相室剖符，此人臣之所以噊主之便私也。"

[3]幾(jī)，《说文》"微也"，其本义为细微的迹象，引申为危险。《书·顾命》："王曰：'呜呼！疾大渐，惟幾，病日臻。'"渐，进，进展。病，重病。臻，至、到。引申为接近。《易·小畜》："月幾望。"

[4]烖(zāi)，同灾，《说文》"天火曰烖"，其本义为自然火灾，引申泛指祸害，又引申为伤害。《诗·大雅·召旻》："溥斯害矣，职兄斯弘，不烖我躬？"溥，普遍。斯，这。躬，身、自身。伤害的义项中自然蕴藏着危险，而其义又没有显示在义项中，说明此条将烖解说到隐含义素。

[5]殆，《说文》"危也"，其本义为危险。《诗·小雅·正月》："民今方殆，视天梦梦。"梦梦，昏暗不明的样子。殆从危险引申为恐惧。《管子·度地》："人多疾病而不止，民乃恐殆。"恐、殆同义连用，均为恐惧。

八一、譏[2]，汔[1]也。

此释条义训为接近，独词为训，一义贯条。

[1]汔(qì)，《说文》"水涸也"，其本义为水干涸，引申为接近。《诗·大雅·民劳》："民亦劳止，汔可小康。"郑玄笺："汔，幾也。"《说文》引《诗·大雅·民劳》作"迄可小康"，说明汔、迄异文而义同。亦、止均为语气助词，无实义。劳，辛苦。康，安康。

[2]譏(qí)，《说文》"甛也，讫事之乐也"，其本义为古代宴饗接近结束时所演奏的乐曲，引申为接近。《集韵》："譏，近也。"郝懿行义疏："譏，即幾也。"段玉裁注："见幾、研幾，字当作幾；庶幾、幾近，字当作譏。幾行而譏废矣。"

八二、治[2]、肆[3]、古[4]，故[1]也。

此释条义训为过去、杀戮、本来、因此，多词共训，四义同条。

[1]故，《说文》"使为之也"，其本义为事理，引申为过去。《左传·昭公十三年》："蔓成然故事蔡公。"又从过去引申为本来。《晏子春秋·内篇杂上五》："婴故老耄无能也，请毋服壮者之事。"从过去又引申为杀戮。《穀梁传·文公十八年》："冬，十月，子卒。子卒不日，故也。"范宁注："故，杀也。不称杀，讳也。"从过去又虚化为因此。《论语·先进》："求也退，故进之；由也兼人，故退之。"

[2]治，当作始，《说文》"女之初也"，其本义为开始，引申为过去。《左传·庄公十一年》："始吾敬子；今子，鲁囚也，吾弗敬子矣。"

[3]肆，《说文》未收，按之古籍，其本义当为陈尸示众，引申为杀戮。《书·秦誓中》："今商王受力行无度，播弃犁老，昵比罪人，淫酗肆虐。"受，商纣王名。犁，老。淫，过度。从杀戮虚化为因此。《书·大禹谟》："肆予以尔众士，奉辞罚罪。"孔传："肆，故也。"以，带领、率领。

[4]古，《说文》"故也"，其本义为过去。《易·系辞下》："古者包犧氏之王天下也，仰则观象于天，俯则观法于地。"引申为开始，从开始引申为本来。《马王堆汉墓帛书·老子乙本·道经》："将欲歙（禽）之，必古张之。"古从本来又虚化为因此。《盂鼎》："惟殷边矦田雩，殷正百辟率肆于酒，古丧师。"

八三、肆[2]、故[3]，今[1]也。

此释条义训为现在、因此，二词共训，二义同条。

[1]今，《说文》"是时也"，其本义为现在。《诗·鲁颂·有駜》："自今以始，岁其有。"今从现在引申为因此。《书·汤誓》："夏德若兹，今朕必往。"

[2]肆，本义为陈尸示众，引申为杀戮，又引申为因此，书证均见上条。肆还有现在之义。《书·多士》："肆尔多士，非我小国敢弋殷命。"弋，取代。

[3]故，本义为事理，引申为因此，详见上条。

八四、惇[2]、亶[3]、祜[4]、笃[5]、掔[6]、仍[7]、肶[8]、埤[9]、竺[10]、腹[11]，厚[1]也。

此释条义训为厚、丰厚、忠厚、重视、增益、多，多词共训，义项与义素并释。

[1]厚，《说文》"山陵之厚也"，其本义为物体两面距离大，与薄相对。《诗·小雅·正月》："谓天盖高，不敢不局；谓地盖厚，不敢不蹐。"局，弯曲；蹐（jí），小步走。厚从本义引申为丰厚。《墨子·尚贤上》："蓄禄不厚，则民不信。"又从本义引申为忠厚。《论语·学而》："慎终追远，民德归厚矣。"厚又从忠厚引申为重视。《墨子·尚贤中》："厚于货者，不能分人以禄。"厚又从丰厚又引申为增益。《国语·晋语一》："彼得其情以厚其欲。"韦昭注："厚，益也。"厚又从增益引申为多。《左传·宣公二年》："晋灵公不君，厚敛以彫墙。"

[2]惇，《说文》"厚也"，其本义为忠厚。《书·舜典》："惟时柔远能迩，惇德允元，而难任人蛮夷率服。"惇从忠厚引申为重视。《书·武成》："惇信明义，崇德报功。"

[3]亶（dǎn），《说文》"多穀也"，其本义为粮食贮存多，引申为忠厚。《国语·周语下》："於缉熙！亶厥心，肆其靖之。"韦昭注："亶，厚也。"

[4]祜（hù），《说文》"上讳"，祜为汉安帝之名，许氏讳而不释，其实

祜本义为厚福。《诗·小雅·信南山》："曾孙寿考，受天之祜。"在厚福的义项中具有丰厚之义，而其义又明确显示在义项中，说明此释条将祜解说到明显义素。

[5]笃，《说文》"马行顿迟"，其本义为马行顿迟，引申为忠厚。《诗·唐风·椒聊》："彼其之子，硕大且笃。"

[6]掔(qiān)，《说文》"固也，读若《诗》：'赤舄掔掔'"，其本义为牢固。依《说文》，古本《诗·豳风·狼跋》作"公孙硕肤，赤舄掔掔。"器物增益辅助零件，必然更加牢固，因此在坚固的义项中蕴藏着增益之义，而其义未见诸义项中，说明此释条将掔解说到隐含义素。

[7]仍，《说文》"因也"，其本义为沿袭，引申为频繁。《国语·国语下》："晋仍无道而鲜胄，其将失之矣。"韦昭注："仍，数也。"频繁必多，则义项必然蕴藏着多之义，而其义又未见之于义项中，说明此释条也将仍解说到隐含义素。

[8]肶(pí)，《说文》未收，按之古籍，其本义当为反刍类动物的胃，借为厚赐之义。《诗·小雅·采菽》："乐只君子，福禄膍之。"郑玄笺："《韩诗》作肶。"据此膍、肶通用。在厚赐的义项中蕴藏着丰厚之义，而其义又明确显示在义项中，说明此释条将肶解说到明显义素。

[9]埤(pí)，《说文》"增也"，其本义为增加。《诗·邶风·北门》："王事适我，政事一埤益我。"

[10]竺(zhú)，《说文》"厚也"，其本义为忠厚。《书·微子之命》："予嘉乃德，曰笃不忘。"曰，句首语气肋词，无实义。

[11]腹，《说文》"厚也"，其本义为厚。《礼记·月令》："冰方盛，水泽腹坚，命取冰。"

八五、载[2]、谟[3]、食[4]、诈[5]，伪[1]也。

此释条义训为欺骗、假装、施行、虚伪，多词共训，义项与义素并释。

[1]伪，《说文》"诈也"，其本义为欺骗。《书·周官》："恭俭惟德，无载尔伪。"惟，为、是。载，做。尔，那些。伪从欺骗引申为假装。《孟

子·万章下》："然则舜伪喜者与？"伪又从假装引申为施行。《逸周书·史记》："昔有林氏、上衡氏争权，林氏再战而胜，上衡氏伪义弗克，俱身死国亡。"王念孙《读书杂志·逸周书四》："伪读曰为。"伪从假装引申为虚伪。《易·系辞下》："情伪相感而利害生。"孔颖达疏："情为真情，伪为虚伪。"

[2]载，《说文》"乘也"，按之古籍，其本义为乘坐车、船等交通工具，引申为施行。《书·皋陶谟》："亦言，其人有德，乃言曰：'载采采。'"亦，检验，后作迹。采采，动宾结构，检验其事。

[3]谟，《说文》"议谋也"，其本义为谋略。《书·皋陶谟》："允迪厥德，谟明弼谐。"允，确实。迪，履行。弼，辅佐。谋略要施行，在谋略的义项中蕴藏着施行之义，而其义又未明确显示于义项中，说明此释条将谟解说到隐含义素。

[4]食，《说文》"一米也"，按之古籍与字形，其本义为饭食，展转引申为虚伪。《逸周书·皇门》："媚夫有迩无远，乃食盖善夫。"郝懿行义疏："言佞媚之人，以饰诈作伪，掩盖善士。"

[5]诈，《说文》"欺也"，其本义为欺骗。《左传·宣公十五年》："我无尔诈，尔无我虞。"从欺骗引申为假装。《汉书·佞幸传·董贤》："（王）莽疑其诈死，有司奏请发（董）贤棺。"

八六、话[2]、猷[3]、载[4]、行[5]、讹[6]，言[1]也。

此释条义训为话语、助词，多词共训，义项与义素并释。

[1]言，《说文》"直言曰言，论难曰语"，其本义为说话，引申为话语。《书·盘庚上》："王播告之修，不匿厥指，王用丕钦，罔有逸言，民用丕变。"播，公布。修，布告。指，旨意。丕，大、非常。逸，过错。言又为语气助词，用于句首或句中，无实义。《诗·卫风·氓》："言既遂矣，至于暴矣。"又《邶风·泉水》："驾言出游，以写我忧。"

[2]话，《说文》"合会善言也"，其本义为话语。《诗·大雅·抑》："慎尔出话，敬尔威仪。"

[3]猷，古字作猶，《说文》"玃属"，按之古籍，其本义当为兽名，假

借为谋略之义，虚化引申为语气助词，用于句首。《书·盘庚上》："格汝众，予告汝训汝，猷黜乃心，无傲从康。"格，来。黜，除去。从，放纵，后作纵。

[4]载，《说文》"乘也"，其本义为乘坐车、船等交通工具，详见上条。虚化引申为句首或句中语气助词。《诗·鄘风·载驰》："载驱载驰，归唁卫侯。"毛传："载，辞也。"驱、驰，赶马快跑。唁，慰问死者的家属。归，回国。又《大雅·江汉》："时靡有争，王心载宁。"

[5]行，《说文》"人之步趋也"，其甲骨文形体象十字路口之形，其本义当为道路，展转引申为话语。郭璞注："今江东通谓语为行。"

[6]讹，《说文》作"譌"，"譌言也"，其本义为讹误，引申为谣言。《诗·小雅·沔水》："民之讹言，宁莫之惩。"在谣言的义项中，明确显示话语之义，说明此释条将讹解说到明显义素。宁，却。

八七、遘[2]、逢[3]，遇[4]也；遘、逢、遇，逻[5]也；遘、逢、遇、逻，见[1]也。

此释条义训为遇到，多词共训，一义贯条。

[1]见，《说文》"视也"，其本义为看见，引申为遇到。《左传·桓公元年》："宋华父督见孔父之妻于路。"

[2]遘(gòu)，《说文》"遇也"，其本义为遇到。《楚辞·严忌〈哀时命〉》："哀时命之不及古人兮，夫何予生之不遘时。"王逸注："遘，遇也。"

[3]逢，《说文》"遇也"，其本义为遇到。《楚辞·天问》："帝乃降观，下逢伊挚。"

[4]遇，《说文》"逢也"，其本义为遇到。《论语·阳货》："孔子时其亡也，而往拜之，遇诸涂。"按之古籍，其本义当为遇到。

[5]逻(è)，《说文》未收，按之古籍，其本义当为遇到。《列子·黄帝》："是故逻物而不慴。"

按：此释条包括三个形态，其被释词递相增益，义训相同。

八八、显[2]、昭[3]、觐[4]、钊[5]、觌[6]，见[1]也。

此释条义训为看见、显露、显示，多词共训，义项与义素并释。

[1]见，《说文》"视也"，其本义为看见。《易·艮》："行其庭，不见其人。"见，从看见引申为求见，拜见。《孟子·梁惠王上》："孟子见梁惠王。"见从看见又引申为显露。《易·乾》："见龙在田，利见大人。"见又从显露引申为显示。《韩非子·喻老》："庄王不为小害善，故有大名；不蚤见示，故有大功。"在显露、显示之义上，见均读 xiàn，后作现。

[2]显，《说文》"头明饰也"，其本义为头明饰，引申为明显，又引申为看见。《诗·周颂·敬之》："敬之敬之，天维显思，命不易哉！"毛传："显，见也。"显又从看见引申为显露。《逸周书·常训》："哀乐不时，四徵不显，六极不服，八政不顺。"

[3]昭，《说文》"日明也"，其本义为光明，引申为显示。《左传·桓公二年》："故昭令德以示子孙。"

[4]觐(jìn)，《说文》"诸侯秋朝曰觐"，其本义为诸侯秋天朝见天子，后泛指朝见天子。《诗·大雅·韩奕》："韩侯入觐，以其介圭，入觐于王。"以，持、拿。在朝见天子的义项中，明显列有看见之义，说明此释条将觐解说到明显义素。觐又从朝见天子，引申为拜见。《左传·昭公十六年》："宣子私觐于子产以玉与马。"觐又从拜见引申为显示。《书·立政》："以觐文王之耿光，以扬武王之大烈。"孔传："所以见祖之光明，扬父之大业。"耿，光辉。烈，功业。

[5]钊，《说文》"刓也"，其本义为磨损，通"昭"，则有拜见之义。郭璞注引逸《书》："钊我周王。"

[6]觌(dí)，《说文》"见也"，其本义为看见。《易·丰》："窥其户，阒其无人，三岁不觌。"觌从看见引申为显示。《国语·周语中》："武不可觌，文不可匿，觌武无烈，匿文不昭。"

八九、监[2]、瞻[3]、临[4]、沕[5]、觐[6]、相[7]，视[1]也。

此释条义训为看、考察，多词共训，义项与义素并释。

[1]视，《说文》"瞻也"，其本义为看。《易·履》："眇能视，跛能履。"视从看引申为考察。《论语·为政》："视其所以，观其所由。"

[2]监，《说文》"临下也"，其本义为照视。《书·酒诰》："古人有言曰：'人无于水监，当于民监。'"在监视的义项中，明显列入看之义，说明此释条将监解说到明显义素。监从照视引申为考察。《国语·齐语》："今夫商，群萃而州处，察其四时，而监其乡之资，以知其市之贾。"韦昭注："监，视也。视其贵贱有无。"

[3]瞻，《说文》"临视也"，其本义为向上看。《诗·邶风·雄雉》："瞻彼日月，悠悠我思。"瞻从向上看引申为向远看。《诗·邶风·燕燕》："瞻望弗及，泣涕如雨。"瞻、望均为向远看，同义连用。在向上看、向远看中都明列看之义，说明此释条将瞻解说到明显义素。瞻从向上看、向远看引申为考察。《礼记·月令》："瞻肥瘠，察物色，必比类。"

[4]临，《说文》"监临也"，其本义为居上临下，即从上向下看、监视。《诗·大雅·大明》："上帝临汝，无贰尔心。"在监视的义项中，也明确列入看之义，说明此释条也将临解说到明显义素。

[5]沕(lì)，同莅，《说文》未收，按之古籍，其本义当为监视。《周礼·春官·大宗伯》："凡祀大神，享大鬼，祭大示，帅执事而卜日宿，眂涤濯，沕玉器。"郑玄注："沕，视也。"在监视的义项中明确列入看之义，说明此释条也将沕解说到明显义素。

[6]觐，本或作覛，《说文》"诸侯三年相聘曰觐"，其本义为古代诸侯每三年行聘问相见之礼，同"眺"，为相远处看。眺，《说文》"目不正也"，按之古籍，其本义为向远看。《礼记·月令》："是月也，毋用火南方，可以居高明，可以远眺望。"在向远看的义项中，明确列入看之义，说明此释条将眺解说到明显义素。眺从向远看引申为看见。《国语·齐语》："而重为之皮币，以骤聘眺于诸侯，以安四邻。"韦昭注："眺，视也。"

[7]相(xiàng)，《说文》"省视也"，其本义为考察。《诗·大雅·公刘》："相彼阴阳，观其流泉。"

九〇、鞠[2]、讻[3]、溢[4]，盈[1]也。

此释条义训为充满、众多、旺盛，多词共训，三义同条。

[1]盈，《说文》"满器也"，其本义为充满。《诗·周南·卷耳》："采采卷耳，不盈顷筐。"盈从充满引申为众多。《墨子·经下》："说在盈否知，知之否之，足用也。"孙诒让间诂引张云："盈，犹多也。"盈从充满又引申为旺盛。《左传·庄公十年》："彼竭我盈，故克之。"

[2]鞠(jū)，《说文》"踏鞠也"，其本义为古代一种用革制的皮球，引申为众多。《诗·小雅·节南山》："昊天不傭，降此鞠讻。"傭，均，公平。讻，祸乱。

[3]讻(xiōng)，又作訩，衍文。阮元校勘："讻当为衍文。……此殆因郭注引《诗》'降此鞠讻'，正文遂衍'讻'字。"

[4]溢，《说文》"器满也"，其本义为水满向外流出，引申为充满。《孟子·离娄上》："巨室之所慕，一国慕之；一国之所慕，天下慕之，故沛然德教溢乎四海。"溢从充满引申为旺盛。《列子·天瑞》："其在少壮，则血气飘溢，欲虑充起。"

九一、孔[2]、魄[3]、哉[4]、延[5]、虚[6]、无[7]、之[8]、言[9]，间[1]也。

此释条义训为间隙、中间，多词共训，义项与义素并释。

[1]间，《说文》作"閒"，《说文》"隙也"，其本义为间隙。《庄子·养生主》："彼节者有间，而刀刃者无厚。"间从间隙引申为中间。《孟子·梁惠王上》："七八月之间旱，则苗槁矣。"

[2]孔，《说文》"通也"，按之古籍，其本义当为孔穴。《列子·仲尼》："子心六孔流通，一孔不达。"孔穴则易成间隙，显然在孔穴的义项中蕴藏着间隙之义，而其义又未明列义项中，说明此释条将孔解说到隐含义素，揭示其具体意义。

[3]魄，《说文》"阴神也"，其本义为阴神，通"霸"，表示每月初始见的月亮。《书·康诰》："惟三月哉生魄，周公初基作新大邑于东国洛。"哉，开始。基，谋划。月初的月光不亮，古人以为月亮有间隙，其中蕴藏

着间隙之义，而其义又没有明确显示于义项中，说明此释条将魄解说到隐含义素，揭示其具体意义。

[4]哉，《说文》"言之间也"，其本义为语气助词，相当于"啊"，用于语句之间。《论语·先进》："孝哉，闵子骞！"哉用于语句之间，则揭示其抽象意义。

[5]延，《说文》"长行也"，按之古籍，其本义当为长，引申为间断。《书·大诰》："天降割于我家，不少延。"在间断的义项中明列间隙之义，说明此释条将延解说到明显义素，揭示其具体意义。

[6]虚，《说文》"大丘也"，其本义为土山，反向引申则有间隙之义。《孙子·虚实》："水之行避高而趋下，兵之行避实而击虚。"此则揭示其具体意义。

[7]无，《说文》"亡也"，参之古文形体，其本义当为巫师跳舞，假借为间隙。《老子》第十一章："三十辐共一毂，当其无，有车之用。"此亦揭示其具体意义。

[8]之，《说文》"出也"，参之古文形体，其本义当为前往；到……去。虚化引申为结构助词，用于语句之间，表示相应的语法意义。《书·秦誓》："人之有技，若己有之。"前"之"用于主语、谓语之间，使其变为主谓短语，也揭示其抽象意义。

[9]言，《说文》"直言曰言，论难曰语"，其本义为说话，虚化引申为语气助词，用于语句之间。《诗·邶风·泉水》："驾言出游，以写我忧。"言为语气助词，用于句中的调节音节，也揭示其抽象意义。

按：此释条使用释词"间"的间隙、中间二义，分别表示具体意义与抽象意义。

九二、瘗[2]、幽[3]、隐[4]、匿[5]、蔽[6]、窜[7]，微[1]也。

此释条义训为隐藏、昏暗，多词共训，二义同条。

[1]微，《说文》"隐行也"，其本义为隐藏。《左传·哀公十六年》："白公奔山而缢，其徒微之。"微又从隐蔽引申为昏暗。《诗·邶风·柏舟》："日诸月微，胡迭而微？"

[2]瘞(yì),《说文》"幽薶也",其本义为埋物祭地,引申为隐藏。《汉书·贡禹传》:"昭帝幼弱,霍光专事,不知礼正,妄多臧金钱财物,鸟兽鱼鳖牛马虎豹生禽,凡百九十物,尽瘞臧之。"

[3]幽,《说文》"隐也",其本义为隐藏。《礼记·儒行》:"儒有博学而不穷,笃行而不倦,幽居而不婬,上通而不困。"幽又从隐蔽引申为昏暗。《楚辞·离骚》:"惟夫党人之偷乐兮,路幽昧以险隘。"王逸注:"幽昧,不明也。"

[4]隐,《说文》"蔽也",其本义为隐蔽,引申为隐藏。《易·坤》:"天地变化,草木蕃;天地闭,贤人隐。"

[5]匿(nì),《说文》"亡也",其本义为隐藏。《书·盘庚上》:"王播告之修,不匿厥指。"

[6]蔽,《说文》"蔽蔽,小艸也",按之古籍,其本义当为隐藏。《管子·内业》:"全心在中,不可蔽匿。"

[7]竄(cuàn),《说文》"坠也",徐锴系传作"匿也",其本义为隐藏。《国语·晋语二》:"弃宠求广土而竄伏焉。"韦昭注:"竄,隐也。"

九三、讫[2]、徽[3]、妥[4]、怀[5]、安[6]、按[7]、替[8]、戾[9]、底[10]、废[11]、尼[12]、定[13]、曷[14]、遏[15],止[1]也。

此释条义训为来到、停止、阻止、废弃,多词共训,义项与义素并释。

[1]止,《说文》"下基也",按之古籍,参之字形,其本义当为脚,引申为来到。《诗·鲁颂·泮水》:"鲁侯戾止,言观其旂。"戾、止均为至,同义连用。旂,绣龙纹的大旗。止从来到又引申为停止。《易·蒙》:"山下有险,险而止。"止又从停止引申为阻止。《战国策·齐策三》:"孟尝君将入秦,止者千数而弗听。"从阻止又引申为废弃。《汉书·武帝纪》:"秋,止禁巫祠道中者。"颜师古注:"今此总禁百姓巫觋,于道中祠祭者耳。"

[2]讫,《说文》"止也",其本义为停止。《穀梁传·僖公九年》:"毋雍泉,毋讫籴。"籴(dí),买进粮食。

[3]徽,《说文》"袤幅也,一曰三纠绳也",按之古籍,其本义为绳索,

展转引申为停止。陆机《挽歌》之三:"悲风徽行轨,倾云结流蔼。"李善注引《尔雅》曰:"徽,止也。"

[4]妥,《说文》未收,段玉裁注:"妥,安也",其本义当为安定,引申为安坐。《仪礼·士冠礼》:"妥而后传言。"郑玄注:"妥,安坐也。"要安坐则必先停止,其义又没有在义项中直接显示出来,说明此释条将妥解说到隐含义素。

[5]怀,《说文》"念思也",按之古籍,其本义为心怀,引申为来到。《诗·齐风·南山》:"既曰归止,曷又怀止?"郑玄笺:"怀,来也。"曰、止均为语气助词,分别用于句中与句尾。

[6]安,《说文》"静也",其本义为安定,引申为安静,从安静又引申为停止。《战国策·秦策五》:"贾愿出使四国,必绝其谋而安其兵。"高诱注:"安,停止。"安用为使动,使其兵停止行动。

[7]按,《说文》"下也",其本义为用手向下压,引申为阻止。《诗·大雅·皇矣》:"爰整其旅,以按徂旅。"爰,于是。徂,往。旅,通"莒"(jǔ),古国名。

[8]替,《说文》"废,一偏下也",其本义为废弃。《楚辞·离骚》:"余虽好修姱以鞿羁兮,謇朝谇而夕替。"

[9]戾(lì),《说文》"曲也",其本义为弯曲,展转引申为来到。《诗·小雅·小宛》:"宛彼鸣鸠,翰飞戾天。"宛,宛宛,小而短尾的样子。翰,高。戾从来到又引申为停止。《书·康诰》:"今惟民不静,未戾厥心,迪屡未同。"迪,启发、开导。戾,用如使动,使其心停止怨恨。

[10]底,《说文》"山居也",段注校为"止尻",其本义当为止住,引申为来到。《国语·周语上》:"日月底于大庙。"韦昭注:"底,至也。"

[11]废,《说文》"屋顿也",其本义为坍塌,引申为停止。《论语·雍也》:"力不足者,中道而废。"

[12]尼,《说文》"从后近之",其本义为亲近,借为停止之义。《墨子·号令》:"务色谩正,淫嚣不静,当路尼众,舍事后就踰时不宁,其罪射。"射,刑罚,以箭穿耳。

[13]定,《说文》"安也",其本义为安定,引申为停止。《诗·小雅·采薇》:"岂敢定居,一月三捷。"

[14] 曷，《说文》"何也"，其本义为疑问代词"何"，音 hé，借为阻止之义，音 è，后作遏。《诗·商颂·长发》："武王载旆，有虔秉钺，如火烈烈，则莫敢我曷。"武王，指商汤。载，开始。旆，通"发"，出发。秉，持、拿着。钺，大斧。

[15] 遏（è），《说文》"微止也"，其本义为阻止。《诗·大雅·民劳》："式遏寇虐，憯不畏明。"郑玄笺："遏，止也。"寇，掠夺。虐，暴虐。憯，曾。明，法令。

九四、豫[2]、射[3]，厌[1]也。

此释条义训为厌弃，二词共训，一义贯条。

[1] 厌（yàn），《说文》"笮也"，按之古籍，其本义为满足，引申为厌弃。《左传·隐公十一年》："天而既厌周德矣，吾其能与许争乎？"

[2] 豫，《说文》"象之大者"，其本义为大象，假借为快乐，反向引申为厌弃之义。《庄子·应帝王》："无名人曰：'去，汝鄙人也，何问之不豫也！'"王先谦集解引俞樾曰："豫，厌也。此怪天根之多问，犹云何不惮烦也。"

[3] 射（yì），《说文》"弓弩发于身而中于远也"，其本义为开弓射箭，借为厌弃之义。《诗·周颂·清庙》："不显不承，无射于人斯。"陆德明释文："射，音亦，厌也。"

九五、烈[2]、绩[3]，业[1]也。

此释条义训为功业，二词共训，一义贯条。

[1] 业，《说文》"大版也，所以饰悬钟鼓"，其本义为悬挂钟鼓的大版，引申为功业。《易·系辞上》："盛德大业，至矣哉！"

[2] 烈，《说文》"火猛也"，其本义为火势猛，引申为光明，再引申为功业。《诗·周颂·武》："於皇武王，无竞维烈。"於，啊。皇，伟大。无，莫，没有谁。竞，强。维，其。

[3] 绩，《说文》"缉也"，其本义为将麻类纤维搓成绳、捻成线，引申

为功业。《书·禹贡》:"原隰厎绩,置于猪野。"

九六、绩[2]、勋[3],功[1]也。

此释条义训为功业,二词共训,一义贯条。

[1]功,《说文》"以劳定国也",其本义为功业。《周礼·夏官·司勋》:"凡有功者,铭书于王之太常。"

[2]绩,本义为将麻类纤维搓成绳、捻成线,引申为功业,其书证已详见上条。

[3]勋,《说文》"能成王功也",其本义为功业。《书·大禹谟》:"尔尚一乃心,其克有勋。"

九七、功[2]、绩[3]、质[4]、登[5]、平[6]、明[7]、考[8]、就[9],成[1]也。

此释条义训为完成、成功、成绩、成熟、讲和、平定、诚信,多词共训,七义同条。

[1]成,《说文》"就也",其本义为完成。《诗·大雅·灵台》:"庶民攻之,不日成之。"成从完成引申为成功。《左传·宣公十二年》:"其为先君宫,告成事而已,武非吾功也。"成又从成功引申为成绩。《史记·刘敬叔孙通列传》:"夫儒者难与进取,可与守成。"成又从完成引申为成熟。《国语·晋语七》:"其稟而不材,是穀不成也。"韦昭注:"不成,谓秕也。"成从完成引申为讲和。《战国策·赵策》:"割诸侯之地以与秦成。"成又从完成引申为平定。《春秋·桓公二年》:"王会齐侯、陈侯、郑伯于稷,以成宋乱。"成又从讲和引申为诚信,后作诚。《韩非子·功名》:"近者结之以成,远者誉之以名。"陈奇猷集释引陶鸿庆曰:"成当作诚。"

[2]功,《说文》"以劳定国也",其本义为功业。《书·旅獒》:"为山九仞,功亏一篑。"

[3]绩,《说文》"缉也",其本义为将麻类纤维搓成绳、捻成线,引申为功业。《书·尧典》:"允厘百工,庶绩咸熙。"

[4]质,《说文》"以物相赘也",其本义为抵押,展转引申为诚信。《左

传•昭公十六年》:"楚子闻蛮氏之乱也,与蛮子之无质也。"杜预注:"质,信也。"

[5]登,《说文》"上车也",按之古籍,其本义当为登上,展转引申为成熟。《孟子•滕文公上》:"五谷不登,禽兽偪人。"登从成熟再引申为完成。《礼记•月令》:"(季春之月)蚕事既登,分蚕称丝效功。"

[6]平,《说文》"语平舒也",其本义为安舒,引申为平定。《诗•大雅•江汉》:"四方既平,王国庶定。"平又从平定引申为讲和。《左传•隐公六年》:"夏,盟于文,始平于齐。"

[7]明,《说文》"照也",其本义为明亮,展转引申为成熟。《诗•周颂•臣工》:"於皇来牟,将受厥明。"於,叹词,啊。皇,美好。来牟,小麦。

[8]考,《说文》"老也",其本义为高寿,引申为完成。《春秋•隐公五年》:"考仲子之宫,初献六羽。"

[9]就,《说文》"就高也",其本义为趋向,引申为完成。《诗•大雅•常武》:"不留不处,三事就绪。"不,语气助词,无实义。留,通刘,杀。处,吊,安抚。事,通司,三事,即三司。

九八、梏[2]、梗[3]、较[4]、颋[5]、庭[6]、道[7],直[1]也。

此释条义训为正直、挺直,多词共训,义项与义素并释。

[1]直,《说文》"正见也",其本义为不弯曲,引申为正直。《荀子•不苟》:"身之所长,上虽不知,不以悖君;身之所短,上虽不知,不以取赏;长短不饰,以情自竭,若是则可谓直士矣。"直从不弯曲又引申为挺直。《孟子•滕文公下》:"且夫枉尺而直寻者,以利言也;如以利,则枉寻直尺而利,亦可为与?"

[2]梏(gù),《说文》"手械也",其本义为戴在手上的刑具,通"觉",正直。《诗•大雅•抑》:"有觉德行,四国顺之。"毛传:"觉,直也。"《礼记•缁衣》引《诗》"觉"作"梏"。

[3]梗,《说文》"山枌榆",其本义为刺榆,引申为正直。《商君书•赏刑》:"强梗焉,有常刑而不赦。"

[4]较(jué)，《说文》未收，按之古籍，其本义当为车厢两旁横木，引申为正直。《尚书大传》卷二："更曰：'觉兮较兮，吾大命格兮。'"郑玄注："较兮，谓直道者也。"

[5]颋(tǐng)，《说文》"狭头颋也"，其本义当为头挺直貌，郝懿行义疏："训直者，头容直也。"其义项明确显示挺直之义，则此释条将颋解说到明显义素。

[6]庭，《说文》"宫中也"，其本义当为房屋正室，展转引申为挺直。《诗·小雅·大田》："播厥百榖，既庭且硕，曾孙是若。"硕，大。若，顺、顺从、顺适。

[7]道，《说文》"所行道也"，其本义为道路，展转引申为正直。《荀子·不苟》："君子大心则敬天而道，小心则畏义而节。"梁启雄释引《尔雅·释诂》："道，直也。"

九九、密[2]、康[3]，静[1]也。

此释条义训为安静，二词共训，一义贯条。

[1]静，《说文》"审也"，按之古籍，其本义当为安静。《诗·邶风·柏舟》："静言思之，不能奋飞。"

[2]密，《说文》"山如堂者"，其本义为形状像堂屋的山，展转引申为安静。《诗·周颂·昊天有成命》："成王不敢康，夙夜基命宥密。"

[3]康，《说文》"穅或省"，依郭沫若《甲骨文字研究》，其本义当为安乐，引申为安静。《逸周书·谥法》："安乐抚民曰康。"

一〇〇、豫[2]、宁[3]、绥[4]、康[5]、柔[6]，安[1]也。

此释条义训为安宁、安逸、安抚，多词共训，三义同条。

[1]安，《说文》"静也"，按之古籍与字形，其本义当为安定，引申为安宁。《诗经·小雅·谷风》："将安将乐，汝转弃予。"从安宁又引申为安逸。《论语·学而》："君子食无求饱，居无求安。"安又从安宁引申为安抚。《书·皋陶谟》："都！在知人，在安民。"人，特指官吏。

[2]豫，《说文》"象之大者"，其本义为大象，借为安逸之义。《书·太甲中》："王懋乃德，视乃烈祖，无时豫怠。"

[3]宁，《说文》"愿词也"，参之字形，其本义当为安宁。《书·大禹谟》："野无遗贤，万邦咸宁。"

[4]绥，《说文》"车中把也"，其本义为登车使用的绳索，引申为安抚。《诗·大雅·民劳》："惠此中国，以绥四方。"

[5]康，《说文》"穅或省"，依郭沫若《甲骨文字研究》，其本义当为安乐，引申为安宁。《诗·大雅·民劳》："民亦劳止，汔可小康。"汔(qì)，接近。亦、止，均为语气助词，无实义。

[6]柔，《说文》"木曲直也"，其本义为木质软和，引申为安抚。《书·舜典》："食哉惟时，柔远能迩。"惟，是，这。能，善。迩，近。

一〇一、平[2]、均[3]、夷[4]、弟[5]，易[1]也。

此释条义训为平坦、平易，多词共训，义项与义素并释。

[1]易，《说文》"蜥易、蝘蜓、守宫也"，其本义为蜥蜴，假借为平坦之义。《战国策·秦策二》："自殽塞、谿谷，地形险易尽知。"引申为喜悦。《诗·小雅·何人斯》："尔还而入，我心易也。"

[2]平，《说文》"语平舒也"，其本义为安舒，引申为平坦。《易·泰》："无平不陂，无往不复。"陂(bēi)，斜坡。

[3]均，《说文》"平，徧也"，按之古籍，其本义当为制造陶器的转轮，引申为均匀，再引申为等同。《国语·楚语下》："君有二臣，或可赏也，或可戮也。君王均之，君臣惧矣。"韦昭注："均，同也。言赏罚无别，故惧。"地面平坦，其上下距离等同，因此在等同的义项中蕴藏着平坦之义，而其义又未见之于义项中，说明此释条将均解说到隐含义素。

[4]夷，《说文》"平也。从大，从弓，东方之人也"，按之字形与古籍，其本义当为东方少数民族，展转引申为平坦。《诗·周颂·天作》："彼徂矣，岐有夷之行，子孙保之。"徂，往、到。行，路。保，安定。

[5]弟，《说文》"韦束之次弟也"，其本义为次第，展转引申为快乐，音 tì，后作悌。《诗·小雅·青蝇》："岂弟君子，无信谗言。"郑玄笺："岂

弟，和易也。"《左传·僖公十二年》："《诗》曰：'恺悌君子，神所劳矣。'"杜预注："恺，乐也；悌，易也。"

一〇二、矢[2]，弛[1]也。

此释条义训为施行、毁坏，独词为训，二义同条。

[1]弛，《说文》"弓解也"，其本义为放松弓弦，展转引申为施行。《礼记·孔子闲居》："弛其文德，协此四国。"郑玄注："弛，施也。"弛又从放松弓弦引申为毁坏。《国语·鲁语上》："文王欲弛孟文子之宅。"

[2]矢，《说文》"弓弩矢也"，其本义为竹或木制成的箭，借为施行之义，后作施。《诗·大雅·江汉》："矢其文德，洽此四国。"毛传："矢，施也。"矢又借为毁坏之义。《诗·大雅·皇矣》："陟我高冈，无矢我陵。"

一〇三、弛[2]，易[1]也。

此释条义训为蔓延、和乐，独词为训，二义同条。

[1]易，《说文》"蜥易、蝘蜓、守宫也"，其本义为蜥蜴，引申为蔓延。《左传·隐公六年》："恶之易也，如火之燎原。"王引之述闻："易者延也，谓恶质蔓延也。"易有和乐之义，详见前条。

[2]弛，其本义为放松弓弦，通"施"，有蔓延之义。郝懿行义疏："经典弛、施二字多通用。……弛为施之假借，易亦移之假借。古读施如易，亦读如移。"《诗·周南·葛覃》："葛之覃兮，施于中谷。"毛传："施，移也。"施通"易"，有和乐之义。《诗·小雅·何人斯》："尔还而入，我心易也。"韩诗作"我心施也。"

一〇四、希[2]、寡[3]、鲜[4]，罕[1]也；鲜，寡也。

此释条义训为少，展转为训，一义贯条。

[1]罕，《说文》"网也"，其本义为捕鸟用的长柄小网，借为少之义。《论语·子罕》："子罕言利与命与仁。"

[2]希,《说文》未收,按之古籍,其本义当为少。《老子》第七十章:"知我者希,则我者贵。"

[3]寡,《说文》"少也",其本义为少。《易·谦》:"君子以裒多益寡,称物平施。"裒(póu),减去。

[4]鲜,《说文》"鱼名,出貉国",其本义为鱼名,借为少之义。《诗·大雅·荡》:"靡不有初,鲜克有终。"

按:此释条包括两个形态,其义训一脉相承。

一〇五、酬[2]、酢[3]、侑[4],报[1]也。

此释条义训为报答,多词共训,一义贯条。

[1]报,《说文》"当罪人也",其本义为判罪,引申为报答。《诗·卫风·木瓜》:"投我以木瓜,报之以琼琚。"

[2]酬,《说文》"主人进客也",其本义为敬酒,相因引申为报答。《左传·昭公二十七年》:"为惠已甚,吾无以酬之,若何?"

[3]酢(zuò),《说文》"醶也",按之古籍,其本义为敬酒,引申为报答。《诗·小雅·楚茨》:"报以介福,万寿攸酢。"介,大。攸,所。

[4]侑(yòu),《说文》为姷的或体,释为"耦也",《玉篇》"劝也",其本义为劝饮食,引申为报答。《国语·晋语四》:"王飨醴,命公胙侑。"韦昭注:"谓既食,以束帛侑公。"

一〇六、毗刘[2],暴乐[1]也。

此释条义训为树木枝叶脱落、稀疏的样子,独词为训,一义贯条。

[1]暴乐(bó luò),树木枝叶脱落、稀疏的样子。

[2]毗(pí)刘,树木枝叶脱落、稀疏的样子。郝懿行义疏:"毗刘、暴乐,盖古方俗之语,不论其字,唯取其声。"

一〇七、觊髳[2]，莆蘺[1]也。

此释条义训为草木众多的样子，独词为训，一义贯条。

[1]莆（fú）蘺，草木众多的样子。
[2]觊髳(míng méng)，草木众多的样子。
按：以上两个释条释词与被释词均为连绵词。

一〇八、蛊[2]、韜[3]、贰[4]，疑[1]也。

此释条义训为疑惑、怀疑，多词共训，二义同条。

[1]疑，《说文》"惑也"，其本义为疑惑。《左传·桓公十一年》："卜以决疑。不疑何卜？"引申为怀疑。《礼记·檀弓下》："殷人作誓而民始畔，周人作会而民始疑。"

[2]蛊(gǔ)，《说文》"腹中虫也"，其本义为毒虫，引申为疑惑。《墨子·非儒下》："孔丘盛容饰以蛊世，弦歌鼓舞以聚徒。"在此句中，蛊用于使动，使人疑惑，即迷惑。

[3]韜(tāo)，《说文》未收，按之古籍，其本义当为疑惑。《左传·昭公二十六年》："天道不韜，不贰其命，若之何禳之？"杜预注："韜，疑也。"

[4]贰，《说文》"副益也"，其本义为副职，展转引申为怀疑。《书·大禹谟》："任贤勿贰，去邪勿疑，疑谋勿成，百志惟熙。"

按：此释条义训为疑惑、怀疑，彼此有名词、动词之别。

一〇九、桢[2]、翰[3]、仪[4]，榦[1]也。

此释条义训为筑墙的木柱、主干，多词共训，义项与义素并释。

[1]榦，《说文》"筑墙耑木也"，其本义为筑墙的木柱。《书·费誓》："鲁人三郊三遂，峙乃桢榦。"郊，近郊；遂，远郊。峙，准备。榦从本义引申为主干。《淮南子·主术训》："故枝不得大于榦，末不得强于本。"

[2]桢(zhēn),《说文》"刚木也",其本义为坚木,引申为筑墙的木柱。扬雄《太玄·廓》:"次二,金榦玉桢,廓于城。"桢从本义引申为主干。《诗·大雅·文王》:"王国克生,维周之桢。"克,能。维,为、是。桢,支柱,用于比喻义。

[3]翰(hàn),《说文》"天鸡,赤羽也",其本义为锦鸡,通"榦",有支柱之义。《诗·小雅·桑柔》:"之屏之翰,百辟为宪。"屏,屏障。辟,诸侯。宪,法则、典范。

[4]仪,《说文》"度也",按之古籍与字形,其本义为人的仪表,展转引申为准则。《墨子·天志》:"置此以为法,立此以为仪,将以量度天下之王公大人、卿大夫之仁与不仁,譬之犹分黑白也。"准则为立国的支柱,则准则的义项中蕴藏着支柱之义,而其义又未明列于义项中,说明此释条将仪解说到隐含义素。

一一〇、弼[2]、棐[3]、辅[4]、比[5],俌[1]也。

此释条义训为辅佐,多词共训,一义贯条。

[1]俌(fǔ),《说文》"辅也",其本义为辅佐。朱骏声通训定声:"俌,经传多以辅为之。"《集韵》:"俌,助也。通作辅。"《古今逸史·三坟·归藏易》:"相君俌位惟忠。"

[2]弼,《说文》"辅也",其本义为辅佐。《书·毕命》:"弼亮四世,正色率下。"

[3]棐(fěi),《说文》"辅也",其本义为辅佐。《书·大诰》:"天棐忱辞,其考我民。"孔传:"言我周家有大化,诚辞为天所辅,其成我民矣。"忱,一作谌,诚信。考,成,成全。

[4]辅,《说文》"人颊车也",按之古籍,考之字形,其本义当为车轮上夹毂的横木,引申为辅佐。《书·汤誓》:"尔尚辅予一人,致天之罚,予其大赉汝。"致,用。赉,赏赐。

[5]比,《说文》"密也",其本义为亲近,引申为辅佐。《国语·齐语》:"桓公召而与之语,訾相其质,足以比成事。"韦昭注:"比,辅也。"訾,考虑。

一一一、疆[2]、界[3]、边[4]、卫[5]、圉[6]，垂[1]也。

此释条义训为边疆，多词共训，义项与义素并释。

[1]垂，《说文》"远边也"，其本义为边疆。《公羊传·宣公十二年》："寡人无良，边垂之臣，以干天祸。"

[2]疆，《说文》作"畺"，释为"界也"，其本义为边界，引申为疆界。《左传·桓公十七年》："于是齐人侵鲁疆，疆吏来告。"

[3]界，《说文》"境也"，其本义为边界。《诗·周颂·思文》："无此疆尔界，陈常于时夏。"在这里，疆、界均解说为边界，而边疆为靠近边界的地方，则边界与边疆之义相关，说明边界为边疆的义素，而边界之义又明显反映在义项中，说明此释条将疆、界解说到明显义素。

[4]边，《说文》"行垂崖也"，其本义为边疆。《国语·吴语》："勾践用帅二三之老，亲委重罪，顿颡于边。"韦昭注："边，边境。"

[5]卫，《说文》"宿卫也"，其本义为守卫，引申为边疆。《周礼·春官·巾车》："以封四卫。"郑玄注："四卫，四方诸侯守卫者，蛮服以内。"

[6]圉(yǔ)，《说文》"囹圉也，所以拘罪人"，其本义为牢狱，引申为边疆。《左传·隐公十一年》："寡人之使吾子居此，不唯许国之为，亦聊以固吾圉。"杨伯峻注："圉，音语，边疆也。"

一一二、昌[2]、敌[3]、疆[4]、应[5]、丁[6]，当[1]也。

此释条义训为相当、抵挡、遇到、恰当、盛壮、应当，多词共训，六义同条。

[1]当，《说文》"田相值也"，其本义为对着，引申为相当。《左传·昭公二十三年》："列国之卿当小国之君，周旧制也。"当从相当引申为抵挡。《左传·桓公五年》："郑子元请为左拒，以当蔡人、卫人；为右拒，以当陈人。"当从对着引申为遇到。《国语·晋语下》："当之者戕焉，于晋何害？"又引申为盛壮之义。王引之《经义述闻·尔雅上》："当字又有盛壮之义……丁、当一声之转。"《管子·揆度》："老者谯之，当壮者遗之边戍。"郭沫若等集校："（闻）一多按：当壮即丁壮。"当又展转引申为恰当，音dàng。

《韩非子·二柄》："臣不得越官而有功，不得陈言而不当。"又引申为应当之义。《晏子春秋·内篇杂上四》："昔者婴之所以当诛者宜赏，之所以当赏者宜诛，是故不敢受。"

[2] 昌，《说文》"美言也"，其本义为恰当。《书·皋陶谟》："禹拜昌言曰：'俞！'"

[3] 敌，《说文》"仇也"，其本义为仇敌，引申为抵挡。《左传·哀公十五年》："大子闻之，惧，下石乞、孟黡敌子路。"敌又从抵挡引申为相当。《孙子·谋攻》："故用兵之法，十则围之，五则攻之，倍则分之，敌则能战之，少则能逃之。"

[4] 彊，《说文》"弓有力也"，其本义为硬弓，引申为强壮。《书·洪范》："身其康彊，子孙其逢吉。"

[5] 应，《说文》"当也"，其本义为应当。《诗·周颂·赉》："文王既勤止，我应受之。"毛传："应，当也。"展转引申为抵挡。《吕氏春秋·察微》："宋华元率师应之大棘。"

[6] 丁，《说文》"夏时万物皆丁实"，参之古文形体，其本义为钉子，引申为遇到之义。《诗·大雅·云汉》："耗斁下土，宁丁我躬。"耗，损害。斁（dù），败坏。丁又引申为盛壮之义。《淮南子·人间训》："丁壮者引弦而战。"

一一三、淩[2]、肩[3]、摇[4]、动[5]、蠢[6]、迪[7]、俶[8]、厉[9]，作[1]也。

此释条义训为兴起、开始、振作、做、动、担任，多词共训，义项与义素并释。

[1] 作，《说文》"起也"，其本义为兴起。《易·系辞下》："包牺氏没，神农氏作。"作从兴起引申为开始。《老子》第三十六章："天下难事，必作于易；天下大事，必作于细。"作又从兴起引申为振作。《左传·庄公十年》："一鼓作气，再而衰，三而竭。"作又从兴起引申为动。《墨子·尚同中》："使人之股肱，助己动作。"作又从兴起同时引申为做。《书·洪范》："无有作恶，遵王之路。"作又从做引申为担任。《书·舜典》："伯禹作司空。"

[2]浡(bó),《说文》未收,按之古籍,其本义当为兴起的样子。《孟子·梁惠王上》:"天油然作云,沛然下雨,则苗浡然兴之矣。"在义项中明显包括兴起之义,说明此释条将浡解说到明显义素。

[3]肩,《说文》"髆也",其本义为肩膀,引申为担任。《左传·襄公二年》:"郑成公疾,子驷请息肩于晋。"杜预注:"欲辟楚役,以负担喻。"

[4]摇,《说文》"动也",其本义为动。《荀子·解蔽》:"水动而景摇。"

[5]动,《说文》"作也",其本义为动。《论语·雍也》:"知者动,仁者静。"

[6]蠢,《说文》"虫动也",其本义为虫动,引申为妄动。《诗·小雅·采芑》:"蠢尔蛮荆,大邦为雠。"在妄动的义项中明确显示动之义,说明此释条解说被释词的明显义素。

[7]迪,《说文》"道也",其本义为道理,引申为动。《书·多方》:"尔乃迪屡不静,尔心未爱。"爱,顺从。

[8]俶(chù),《说文》"善也,一曰始也",其本义当为开始。《诗·周颂·良耜》:"畟畟良耜,俶载南亩。"利,锋利。载,从事。俶从开始引申为动。《诗·大雅·崧高》:"有俶其城,寝庙既成。"有,句首语气助词,无实义。

[9]厉,《说文》"旱石也",其本义为磨刀石,展转引申为振作。《管子·七法》:"兵弱而士不厉,则战不胜而守不固。"

一一四、兹[2]、斯[3]、咨[4]、告[5]、已[6],此[1]也。

此释条义训为近指代词"这",多词共训,一义贯条。

[1]此,《说文》"止也",其本义为代词,表示近指,相当于"这"。《诗·周颂·振鹭》:"在彼无恶,在此无斁。"恶(wù),怨恨。斁(yì),讨厌。

[2]兹,《说文》作"茲",释为"艸木多益",其本义为草木滋盛,借为近指代词,相当于"这"。《诗·大雅·泂酌》:"挹彼注兹,可以餴饎。"挹(yì),舀。餴(fēn),蒸。饎(chì),酒食。

[3]斯,《说文》"析也",其本义为劈开,借为代词,表示近指,相当于"这"。《论语·子罕》:"逝者如斯夫!不舍昼夜。"

[4]咨(zī),《说文》"谋事曰咨",其本义为咨询,借为指示代词,表示近指,相当于"这"。魏佚名《孔羡碑》:"咨可谓命世大圣,千载之师表者已。"

[5]訾(zī),《说文》"苛也",其本义为诋毁,借为代词,表示近指,相当于"这"。郭璞注:"訾、已皆方俗异语。"

[6]已,《说文》未收,按之古籍,其本义当为停止,借为代词,表示近指,相当于"这"。《论语•阳货》:"饱食终日,无所用心,难矣哉!不有博弈者乎?为之,犹贤乎已。"

一一五、嗟[2]、咨[3],䂓[1]也。

此释条义训为叹词,二词共训,一义贯条。

[1]嗟(jiē),《说文》未收,按之古籍,其本义为叹词,表示赞叹、悲伤等。《诗•魏风•陟岵》:"父曰:'嗟!予子于役,夙夜无已。'"《楚辞•九章》:"嗟尔幼志,有以异兮。"

[2]咨,《说文》"谋事曰咨",其本义为咨询,借为叹词,多表赞赏,相当于啧。《书•尧典》:"帝曰:'咨,汝羲暨和。'"孔传:"咨,嗟。"

[3]䂓(jiē),同嗟,叹词。䂓、嗟为古今字。扬雄《太玄•乐》:"上九,极乐之岁,不移日而悲,则哭泣之䂓资。"

一一六、闲[2]、狎[3]、串[4]、贯[5],习[1]也。

此释条义训为熟习、习惯,多词共训,二义同条。

[1]习,《说文》"数飞也",其本义为鸟频频试飞,引申为熟习。《管子•正世》:"圣人者,明于治乱之道,习于人事之终始者也。"习又从熟习引申为习惯。《商君书•战法》:"民习以力攻难,难故轻死。"

[2]闲,《说文》"阑也",其本义为用于遮拦阻隔的栅栏,假借为熟习,后作娴,闲、娴为古今字。《诗•秦风•驷驖》:"游于北园,四马既闲。"毛传:"闲,习也。"

[3]狎,《说文》"犬可习也",其本义为驯养,引申为亲近,再引申为

熟悉。《国语·周语中》:"此赢者阳也,未狃君政,故未承命。"阳,人名。

[4]串,《说文》未收,参之古文形体,其本义为连贯、将物品贯穿在一起,通"贯",有习惯之义。《荀子·大略》:"国法禁拾遗,恶民之串以无分得也。"杨倞注:"串,习也。"

[5]贯,《说文》"钱贝之贯",其本义为古代穿钱的绳索,展转引申为习惯,后作惯。《孟子·滕文公下》:"我不贯与小人乘,请辞。"赵岐注:"贯,习也。"

一一七、曩[2]、尘[3]、伫[4]、淹[5]、留[6],久[1]也。

此释条义训为长久、滞留,多词共训,义项与义素并释。

[1]久,《说文》"以后灸之",段玉裁改为"从后灸之也",其本义为灸灼,引申为滞留。《左传·昭公二十四年》:"寡君以为盟主之故,是以久子。"久又从滞留引申为长久。《诗·邶风·旄丘》:"何其久也,必有以也。"

[2]曩(nǎng),《说文》"曏也",其本义为以前。《庄子·齐物论》:"曩子行,今子止;曩子坐,今子起。"成玄英疏:"曩,昔也,向也。"以前表示时间已经过去很长时间,说明在以前的义项中蕴藏着长久之义,而其义又没有明列于义项中,可见此释条将曩解说到隐含义素。

[3]尘,《说文》"鹿行扬土也",其本义当为尘土,展转引申为长久。《文选·张衡〈思玄赋〉》:"美襞积以酷烈兮,允尘邈而难亏。"旧注:"尘,久也。"

[4]伫(zhù),《说文新附》"久立也",按之古籍,其本义为长立,引申为长久。《诗·邶风·燕燕》:"瞻望弗及,伫立以泣。"

[5]淹,《说文》"水",其本义为水名,引申为滞留。《左传·宣公十二年》:"将郑是训定,岂敢求罪于晋,二三子无淹久矣。"淹又从滞留引申为长久。《左传·宣公十二年》:"王师淹病矣,君请勿许也。"何休注:"淹,久也。"

[6]留,《说文》"止也",其本义为停留,引申为滞留。《易·旅》:"君子以明慎用刑,而不留狱。"留又从滞留引申为长久。《礼记·儒行》:"悉

数之乃留，更仆未可终也。"

一一八、逮[2]、及[3]、暨[4]，与[1]也。

此释条义训为比得上、介词"同"、连词"和"，多词共训，三义同条。

[1]与，《说文》"党与也"，其本义为党与，引申为比得上。《荀子·天论》："望时而待之，孰与应时而使之！"与又从比得上虚化引申为介词，引进动作的对象，相当于"同"。《诗·邶风·击鼓》："执子之手，与子偕老。"与再从介词虚化引申为连词，相当于"和"。《易·说卦》："立天之道曰阴与阳，立地之道曰柔与刚，立人之道曰仁与义。"

[2]逮，《说文》"唐逮也，及也"，其本义为到，展转引申为比得上。《荀子·尧问》："魏武侯谋事而当，群臣莫能逮。"

[3]及，《说文》"逮也"，其本义为追上，引申为比得上。《战国策·齐策一》："君美甚，徐公何能及君也。"及又从比得上虚化引申为介词，引进关涉的对象，相当于"同"。《左传·僖公四年》："屈完及诸侯盟。"及又从介词虚化引申为连词，相当于"和"。《诗·豳风·七月》："六月食郁及薁，七月亨葵及菽。"

[4]暨(jì)，《说文》"日颇见也"，其本义为太阳刚出现在地平线上，虚化引申为连词，相当于"和"。《书·尧典》："帝曰：'咨，汝羲暨和。'"

一一九、骘[2]、假[3]、格[4]、陟[5]、跻[6]、登[7]，陞[1]也。

此释条义训为升起、登上，多词共训，义项与义素并释。

[1]陞，又作升，《说文》"十龠也"，按之古籍，其本义当为升起。《诗·小雅·天保》："如月之恒，如日之升。"升从升起又引申为登上。《论语·先进》："由也，升堂矣，未入于室也。"

[2]骘(zhì)，《说文》"牡马也"，其本义为公马，引申为安定。《书·洪范》："惟天阴骘下民，相协厥居。"孔传："骘，定也。天不言而默定下民。"安定则生活条件上升，说明其中蕴藏升起之义，而其义又未明显列入义项，

恰好显示此释条将骘解说到隐含义素。

[3]假，《说文》"非真也"，按之古籍，其本义当为借贷，借为升起之义。《淮南子·齐俗训》："今欲学期道，不得其养气处神，而放其一吐一吸，时诎时伸，其不能乘云升假，亦明矣。"

[4]格，《说文》"木长皃"，其本义为树木的长枝条，引申为升起。《书·吕刑》："乃命重黎，绝地天通，罔有降格。"

[5]陟，《说文》"登也"，其本义为登上。《诗·商颂·殷武》："陟彼景山，松柏丸丸。"丸丸，光滑的样子。

[6]跻(jī)，《说文》"登也"，其本义为登上。《诗·豳风·七月》："跻彼公堂，称彼兕觥。"

[7]登，《说文》"上车也"，按之古籍，其本义当为登上。《易·明夷》："初登于天，后入于地。"

一二〇、挥[2]、盝[3]、歇[4]、涸[5]，竭[1]也。

此释条义训为干涸、穷尽，多词共训，义项与义素并释。

[1]竭，《说文》"负举也"，其本义为承载，借为干涸之义。《诗·大雅·召旻》："池之竭矣，不云自频？泉之竭矣，不云自中？"云，句中语气助词，无实义。频，《鲁诗》作滨，水边。竭又从干涸引申为穷尽。《左传·庄公十年》："夫战，勇气也。一鼓作气，再而衰，三而竭。"

[2]挥，《说文》"奋也"，其本义为抛洒。《礼记·曲礼上》："饮玉爵者弗挥。"郑玄注："振去馀酒曰挥。"器皿中水经抛洒则器皿干涸，可知抛洒的义项中蕴藏着干涸之义，而其义又未见于义项中，说明此释条将挥解说到隐含义素。

[3]盝(lù)，《说文》未收，按之古籍，其本义当为渗漏，以滤去水。《周礼·考工记·幌氏》："清其灰而盝之，而挥之。"渗漏则水干涸，可知渗漏的义项中蕴藏着干涸之义，而其义未明确显示于义项中，说明此释条将盝解说到隐含义素。

[4]歇，《说文》"息也"，其本义为鼻息，引申为穷尽。《左传·襄公二十九年》："齐国之政，将有所归，未获所归，难未歇也。"杜预注："歇，

尽也。"

[5]涸,《说文》"渴也",其本义为干涸。《礼记·月令》:"(仲秋之月)杀气浸盛,阳气日衰,水始涸。"涸又从干涸引申为穷尽。《管子·牧民》:"错国于不倾之地,积于不涸之仓。"尹知章注:"涸,竭也。"

一二一、抎[2]、拭[3]、刷[4],清[1]也。

此释条义训为擦拭,多词共训,一义贯条。

[1]清,《说文》"朖也,澂水之皃",其本义为清澈,引申为清洁。《文选·班固〈东京赋〉》:"京室密清。"器物、环境经擦拭则清洁,因此在清洁的义项中蕴藏着擦拭之义,而其又没有明确显示于义项中,说明此释条的释词清以隐含义素解说被释词,其义训很难把握。

[2]抎(zhèn),《说文》"给也",其本义为赈济,引申为擦拭。《礼记·丧大记》:"浴用絺巾,抎用浴衣。"孔颖达疏:"抎,拭也。用生时浴衣拭尸肉,令燥也。"

[3]拭,《说文》未收,按之古籍与字形,其本义当为擦拭。《仪礼·聘礼》:"贾人北面坐,拭圭。"

[4]刷,《说文》"刮也",其本义为刮,引申为擦拭。《晏子春秋·内篇谏上》:"公刷涕而顾晏子。"

一二二、鸿[2]、昏[3]、於[4]、显[5]、间[6],代[1]也。

此释条义训为交替,多词共训,义项与义素并释。

[1]代,《说文》"更也",其本义为代替,引申为交替。《楚辞·离骚》:"日月忽其不淹兮,春与秋其代序。"

[2]鸿,《说文》"鸿鹄也",按之古籍,其本义为大雁。《易·渐》:"鸿渐于干。"干,岸、水边。大雁为候鸟,秋天往南飞,春天往北飞,显示季节交替,因此其义项中蕴藏交替之义,而其义没有明确列于义项中,说明此释条解说到隐含义素。

[3]昏,《说文》"日冥也",其本义为天刚黑的时候。《诗·陈风·东

门之杨》："昏以为期，明星煌煌。"期，约定。明星，启明星。黄昏时刻为白天、黑夜交替时期，其中蕴藏着交替之义，而其义又没有明确显示于义项中，说明此释条将昏解说到隐含义素。

[4]於，《说文》为乌的重文，其本义为乌鸦，取其飞翔的形体，假借为介词，引进人或事物，使之与动词、形容词组合，于是在语法上就有交接功能，其中暗自隐含交替之义，而其义又未显示于义项中，说明此释条将於解说到隐含义素。

[5]显，《说文》"头明饰也"，其本义为头明饰，引申为明显。《诗·周颂·维天之命》："於乎不显，文王之德之纯。"不，丕，大。两"之"均为结构助词，前"之"用于定语与中心词之间，相当于"的"；后"之"用于主谓之间取消句子独立性，可不译。事物变化过程中，若有交替现象出现，就非常明显，于是在义项中隐含交替之义，而其义又没有明列于义项中，说明此释条将显解说到隐含义素。

[6]间，《说文》作"閒"，释为"隙也"，其本义为空隙，展转引申为交替。《书·益稷》："笙镛以间，鸟兽跄跄；《箫韶》九成，凤皇来仪。"

一二三、饁[2]、饟[3]，馈[1]也。

此释条义训为送食物给人，二词共训，一义贯条。

[1]馈(kuì)，《说文》"饷也"，其本义为送食物给人。《周礼·天官·膳夫》："凡王之馈，食用六谷，膳用六牲。"

[2]饁(yè)，《说文》"饷田也"，其本义为给耕作者送食物。《国语·晋语五》："冀缺耨，其妻饁之。"

[3]饟(xiǎng)，《说文》"周人谓饷曰饟"，饟后作饷，其本义为送食物给人。《诗·周颂·良耜》："或来瞻女，载筐及筥，其饟伊黍。"或，有人。方曰筐，圆曰筥。伊，是。

一二四、迁[2]、运[3]，徙[1]也。

此释条义训为迁移，二词共训，一义贯条。

[1]徙，《说文》"迻也"，迻同移，其本义为迁移。《周礼·地官·比长》："徙于国中及郊，则从而授之。"

[2]迁，《说文》"登也"，其本义为向上迁移，引申为迁移。《诗·卫风·氓》："以尔车来，以我贿迁。"毛传："迁，徙也。"

[3]运，《说文》"迻徙也"，其本义为迁移。《墨子·大取》："诸以居运命者，苟入于其中者，皆是也。"孙诒让间诂引清毕沅曰："居运者，言居住或运徙。"

一二五、秉[2]、拱[3]，执[1]也。

此释条义训为执持、掌管，二词共训，二义同条。

[1]执，《说文》"捕罪人也"，其本义为逮捕，引申为执持。《诗·邶风·简兮》："左手执籥，右手秉翟。"执、秉相对成文，其义均为执持。执又从执持引申为掌管。《左传·僖公二十七年》："于是乎大蒐以示之礼，作执秩以正其官。"杜预注："执秩，主爵秩之官。"

[2]秉，《说文》"禾束也"，其本义为禾束，引申为执持。《书·顾命》："一人冕，秉锐，立于侧阶。"冕(miǎn)，礼帽。锐，形容词用如名词，锐利的兵器。秉又从执持引申为掌管。《诗·小雅·节南山》："秉国之钧，四方是维。"钧，制作陶器所用的转轮，比喻国家政权。维，维持。

[3]拱，《说文》"敛手也"，其本义为抱拳，引申为执持。《国语·吴语》："行头皆官师，拥铎拱稽。"韦昭注："拱，执也。"稽，通"棨"(qǐ)，有缯衣的戟。铎，铃铛。

一二六、廞[2]、熙[3]，兴[1]也。

此释条义训为兴起、作，二词共训，二义同条。

[1]兴，《说文》"起也"，其本义为起来，引申为兴起。《易·同人》：

"伏戎于莽，升其高陵，三岁不兴。"引申为作、举行。《周礼·地官·舞师》："凡小祭祀，则不兴舞。"

[2]廞(xīn)，《说文》"陈舆服于庭"，其本义为陈设，引申为作、演奏。《周礼·春官·笙师》："大丧，廞其乐器，及葬，奉而藏之。大旅，则陈之。"郑玄注："廞，兴也，兴谓作之。"

[3]熙，《说文》"燥也"，其本义为晒干，引申为兴起。《书·尧典》："允厘百工，庶绩咸熙。"《史记·五帝本纪》作"众功皆兴。"允，用。厘，规定。百工，百官。庶，众。功，事业。

一二七、卫[2]、蹶[3]、假[4]，嘉[1]也。

此释条义训为美好，多词共训，义项与义素并释。

[1]嘉，《说文》"美也"，其本义为美好。《书·大禹谟》："嘉言罔攸伏，野无遗贤，万邦咸宁。"野，特指国都以外的乡村。

[2]卫，《说文》"宿卫也"，其本义为守卫。《国语·齐语》："筑五鹿、中牟、盖与、杜丘，以卫诸夏之地。"韦昭注："卫，蔽扞也。"守卫之地生活必美好，其中蕴藏着美好之义，而其义又没有列入义项，说明此释条将卫解说到隐含义素。

[3]蹶，《说文》"僵也"，其本义为跌倒，音jué，借为骚动之义，音guì。蹶重叠为蹶蹶，则为勤勉的样子。《诗·唐风·蟋蟀》："好乐无荒，良士蹶蹶。"毛传："蹶蹶，动而敏于事。"人勤勉就会向美好目标努力奋进，可见在勤勉的义项中自然蕴藏着美好之义，而其义又没有明确显示于义项中，说明此释条将蹶解说到隐含义素。

[4]假，《说文》"非真也"，按之古籍，其义当为借贷，通"嘉"，则为美好之义。《诗·周颂·雝》："假哉皇考，绥予孝子。"绥，安抚。

一二八、废[2]、税[3]、赦[4]，舍[1]也。

此释条义训为安置、停止、释放、赦免、舍弃，多词共训，五义同条。

[1]舍，《说文》"市居曰舍"，其本义为客舍，引申为安置。《穀梁传·庄公二十四年》："娶仇人子弟，以荐舍于前，其义不可受也。"范宁注："荐，进。舍，置。"舍又从安置引申为停止。《论语·子罕》："逝者如斯夫，不舍昼夜。"舍又从停止引申为释放。《孟子·梁惠王上》："舍之，吾不忍其觳觫。"舍同时从停止引申为赦免。《周礼·秋官·司圜》："能改者，上罪三年而舍，中罪二年而舍。"郑玄注："舍，释之也。"孙诒让正义："释之谓免其罪。"舍同时从停止引申为舍弃。《书·汤誓》："我后不恤我众，舍我穑事，而割正夏？"穑，秋收，这里指农业。割害，指讨伐夏桀。

[2]废，《说文》"屋倾也"，其本义为坍塌，引申为停止。《礼记·中庸》："君子遵道而行，半途而废，吾弗能已矣。"废又从停止引申为舍弃。《管子·白心》："不可常居也，不可废舍也，随变断事也。"废又从停止引申为安置。《庄子·徐无鬼》："于是为之调瑟，废一于堂，废一于室。"成玄英疏："废，置也。"

[3]税，《说文》"租也"，其本义为田赋，引申为停止。《韩非子·十过》："昔者卫灵公将之晋，至濮水之上，税车而放马，设舍以宿。"税从停止又引申为释放。《左传·庄公九年》："管仲请囚，鲍叔受之，及堂阜而税之。"

[4]赦，《说文》"置也"，其本义为赦免。《易·解》："君子以赦过宥罪。"赦又从赦免引申为释放。《左传·襄公十一年》："庚辰，赦郑囚，皆礼而归之。"赦又从赦免引申为舍弃。《左传·宣公十二年》："左右曰：'不可许也，得国无赦。'"

一二九、棲遲[2]、憩[3]、休[4]、苦[5]、欸[6]、齂[7]、呬[8]，息[1]也。

此释条义训为叹息、停止、休息，多词共训，义项与义素并释。

[1]息，《说文》"喘也"，其本义为气息，引申为叹息。《楚辞·离骚》："长太息以掩涕兮，哀民生之多艰。"息从叹息引申为停止。《易·乾》："天行健，君子以自强不息。"息又从停止引申为休息。《墨子·非乐上》："民有三患：饥者不得食，寒者不得衣，劳者不得息。"

[2]棲遲，连绵词，表示休息，棲为栖之或体。《诗·陈风·衡门》："衡门之下，可以棲遲。"毛传："棲遲，游息也。"

[3]憩（qì），又作憇，《说文》未收，按之古籍，其本义为休息。《诗·召南·甘棠》："蔽芾甘棠，勿翦勿败，召伯所憩。"翦（jiǎn），后作剪。败，毁坏。

[4]休，《说文》"息止也"，其本义为休息。《诗·周南·汉广》："南有乔木，不可休息。"息，句尾语气词，无实义。休从休息又引申为停止。《战国策·魏策一》："人民之众，车马之多，日夜行不休已，无以异与三军之众。"

[5]苦，《说文》"大苦，苓也"，其本义为苦菜，通"盬"，则有停止之义。《诗·唐风·鸨羽》："王事靡盬，不能艺黍稷。"艺，种植。靡（mí），没有。

[6]欸（kuì），同喟，《说文》"大息也"，其本义为叹息。《论语·子罕》："颜渊喟然叹曰：'仰之弥高，钻之弥坚，瞻之在前，忽焉在后。'"

[7]齂（xiè），《说文》"卧息也"，其本义为鼻息。卧床休息才有鼻息，可见鼻息的义项中蕴藏着休息之义，而其义又没有明确显示于义项中，说明此释条将齂解说到隐含义素。

[8]呬（xì），《说文》"东夷谓息曰呬"，其本义为喘息。《诗·大雅·绵》："混夷駾矣，维其喙矣。"混夷，即昆夷，古代西方少数民族。駾（tuì），受惊奔逃。喙，气喘，今本《诗经》作"呬"，其上古音均为晓母双声，其义相通。喘息与休息密切相关，可知在喘息的义项中蕴藏着休息之义，而其义又未显示于义项中，说明此释条将呬解说到隐含义素。

一三〇、供[2]、峙[3]、共[4]，具[1]也。

此释条义训为供给，多词共训，一义贯条。

[1]具，《说文》"共置也"，其本义为备办，引申为供给。《书·盘庚中》："兹予有乱政同位，具乃贝玉。"孙星衍疏："言有乱政之臣之位，惟知共具货币以致民俗奢侈。"同位，同事，指乱政的臣下。贝玉，指货币。

[2]供，《说文》"设也"，按之古籍，其本义当为供给。《书·费誓》："甲戌，我惟筑，无敢不供；汝则有无余刑，非杀。"余，释放，后作舍。

[3]峙，《说文》未收，按之古籍，其本义当为耸立，通"庤"，有供给之义。《书·费誓》："甲戌，我惟征徐戎，峙乃糗粮，无敢不逮，汝则有大刑。"糗（qiǔ），炒熟的米麦。

[4]共，《说文》"同也"，其本义为共同使用，展转引申为供给。《左传·僖公三十年》："若舍郑以为东道主，行李之往来，共其乏困，君亦无所害。"

一三一、怃[2]、怜[3]、惠[4]，爱[1]也。

此释条义训为仁爱、喜爱、怜惜，多词共训，三义同条。

[1]爱，《说文》"行皃"，按之古籍与字形，其本义当为仁爱。《左传·昭公二十年》："及子产卒，仲尼闻之，出涕曰：'古之遗爱也。'"爱从仁爱引申为喜爱。《诗·小雅·隰桑》："心乎爱矣，遐不谓矣？"遐，通何，什么。爱又从仁爱引申为怜惜。《左传·僖公二十二年》："若爱重伤，则如勿伤；爱其二毛，则如服焉。"

[2]怃（wǔ），《说文》"怃抚也"，其本义为抚爱，即喜爱。郭璞注："怃，郑韩语。今江东通呼为怜。"

[3]怜，《说文》"哀也"，今简化作怜，其本义为怜悯。《商君书·兵守》："壮男壮女过老弱之军，则老使壮悲，弱使强怜。"怜又从怜惜引申为喜爱。《战国策·赵策》："老臣贱息舒祺，最少，不肖；而臣衰，窃爱怜之，愿令得黑衣之数，以卫王宫。"

[4]惠，《说文》"仁也"，其本义为仁爱。《书·皋陶谟》："安民则惠，

黎民怀之。"蔡沈集传："惠,仁之爱也。"

一三二、娠[2]、蠢[3]、震[4]、戁[5]、妯[6]、骚[7]、感[8]、讹[9]、蹶[10],动[1]也。

此释条义训为活动、触动、震动、骚动,多词共训,义项与义素并释。

[1]动,《说文》"作也",其本义为动,引申为活动。《庄子·天地》:"其动止也,其死生也,其废起也,此又非能所以也。"动从活动引申为触动。《孟子·离娄上》:"至诚而不动者,未之有也;不诚,未有能动者也。"动又从触动引申为震动。《诗·商颂·长发》:"敷奏其勇,不震不动。"《左传·昭公八年》:"作事不时,怨讟动于民,则有非言之物而言。"讟(dú),怨言。

[2]娠(shēn),《说文》"女妊身动也",其本义为怀孕。《左传·哀公元年》:"后缗方娠,逃出自窦,归于有仍,生少康焉。"杜预注："娠,怀身也。"怀孕则身动,其中蕴藏着活动之义,而其义又未直接显示在义项中,说明此释条将娠解说到隐含义素。

[3]蠢,《说文》"虫动也",其本义为虫动,引申为活动。《庄子·天地》:"蠢动而相使,不以为赐。"蠢又从活动引申为骚动。《书·大诰》:"有大艰于西土,西土人亦不静,越兹蠢。"孔传："四国作大难于京师,西土人亦不安,于此蠢动。"

[4]震,《说文》"劈历振物者",其本义为疾雷,引申为震动。《国语·周语上》:"幽王二年,西周三川皆震。"韦昭注："地震故三川亦动也。"

[5]戁(nǎn),《说文》"敬也",其本义为恭敬,引申为畏惧。《诗·商颂·长发》:"不戁不竦,百禄是总。"毛传："戁,恐;竦,惧也。"总,聚集。畏惧则内心震动,其中蕴藏着震动之义,而其义又没有明确列于义项中,说明此释条将戁解说到隐含义素。

[6]妯(chōu),《说文》"动也",其本义当为骚动。《诗·小雅·鼓钟》:"鼓钟伐鼛,淮有三洲,忧心且妯。"

[7]骚,《说文》"扰也",其本义为骚动。《诗·大雅·常武》:"徐方

绎骚,震惊徐方。"毛传:"骚,动也。"绎骚,均为骚动,同义连用。

[8]感,《说文》"动人心也",其本义为感动,引申为触动。《庄子·山木》:"睹一异鹊,感周之颡而集于栗林。"

[9]讹,《说文》作"譌","譌言也",其本义为讹误,引申为活动。《诗·小雅·无羊》:"或降于阿,或饮于池,或寝或讹。"阿,山坡。讹又从活动引申为触动。《诗·小雅·节南山》:"式讹尔心,以畜万邦。"郑玄笺:"讹,化也。"

[10]蹶,《说文》"僵也",其本义为跌倒,音jué,借为骚动之义,音guì。《诗·大雅·板》:"天之方蹶,无然泄泄。"毛传:"蹶,动也。"泄泄(yì),亦作呭呭,多嘴的样子。蹶从骚动又引申为触动。《诗·大雅·绵》:"虞芮质厥成,文王蹶厥生。"质,评断。成,议和。厥,其,他们。生,性,本性。

一三三、覆[2]、察[3]、副[4],审[1]也。

此释条义训为考察,多词共训,义项与义素并释。

[1]审,《说文》作"宷",释为"悉也",其本义为详知,引申为考察。《周礼·考工记·百工》:"或审曲面执,以饬五材,以辨民器。"

[2]察,《说文》"覆也",其本义为详审,引申为考察。《论语·卫灵公》:"众恶之,必察焉;众好之,必察焉。"

[3]覆,《说文》"覂也",其本义为倒出,引申为考察。《周礼·考工记·弓人》:"覆之而角至,谓之句弓。"郑玄注:"覆,犹察也。"

[4]副(pì),《说文》"判也",其本义为剖分。《诗·大雅·生民》:"不坼不副,无灾无害。"坼(chè),裂开。剖分则便于考察,可见其义项中蕴藏着考察之义,而考察之义又未明确显示义项中,说明此释条将副解说到隐含义素。

一三四、契[2]、灭[3]、殄[4]，绝[1]也。

此释条义训为断绝、灭绝，多词共训，义项与义素并释。

[1]绝，《说文》"断丝也"，其本义为断绝。《论语·卫灵公》："在陈绝粮，从者病，莫能兴。"绝又从断绝引申为灭绝。《书·甘誓》："有扈氏威侮五行，怠弃三正，天用剿绝其命。"孔传："剿，截也。截绝，谓灭之。"

[2]契，《说文》"大约也"，其本义为证券，引申为刻划。《吕氏春秋·察今》："楚人有涉江者，其剑自舟中坠于水，遽契其舟，曰：'是吾剑之所从坠。'"不停地刻划物体则易折断，于是刻划的义项中自然蕴藏着断绝之义，而其义又未直接显示于义项中，说明此释条将契解说到隐含义素。

[3]灭，《说文》"尽也"，其本义为消灭，引申为灭绝。《周礼·夏官·大司马》："外内乱，鸟兽行，则灭亡。"此灭用于使动，使之灭亡。

[4]殄（tiǎn），《说文》"尽也"，其本义为灭绝。《书·毕命》："商俗靡靡，利口惟贤，馀风未殄，公其念之哉？"孔颖达疏："余风至今未绝，公其念绝之哉？"

一三五、郡[2]、臻[3]、仍[4]、迺[5]、侯[6]，乃[1]也。

此释条义训为第二人称代词"你"、副词"屡次"、连词"于是"、语气助词，多词共训，四义同条。

[1]乃，《说文》"曳词之难也"，其本义为竭尽，借为对称代词，相当于"你"。《书·康诰》："朕心朕德，惟乃知。"孔传："我心我德，惟汝所知。"乃还借为副词屡次。《国语·吴语》："吴晋争长未成，边遽乃至，以越乱告，吴王惧。"乃还借为连词，相当于"于是"。《书·舜典》："玄德升闻，乃命以位。"乃还借为语气助词。《书·大禹谟》："帝德广运，乃圣乃神，乃武乃文。"

[2]郡，《说文》"周制，天子地方千里，分为百县，县有四郡"，其本义为地方行政单位，借为屡次之义。《法言·孝至》："龙堆以西，大漠以北，郡劳王师，汉家不为也。"

[3]臻，《说文》"至也"，其本义为到、来到，引申为屡次。《墨子·尚

同中》:"飘风苦雨,荐臻而至者,此天之降罚也。"

[4]仍,《说文》"因也",其本义为沿袭,引申为屡次。《国语·国语下》:"晋仍无道而鲜胄,其将失之矣。"韦昭注:"仍,数也。"仍又从屡次借为于是之义。《诗·大雅·常武》:"铺敦淮濆,仍执醜虏。"

[5]迺(nǎi),《说文》未收,按之古籍,当为乃的今字,常用作对称代词。《汉书·陈平传》:"事兄伯如事迺父,事嫂如事迺母。"颜师古注:"迺,汝也。"又用作连词,相当于"于是"。《国语·晋语四》:"公曰:'是君子之言也。'迺出阳人。"又常用作语气助词。《诗·大雅·绵》:"迺立皋门,皋门有伉;迺立应门,应门将将。"皋门,即郭门,城门。应门,宫殿正门。

[6]侯,《说文》未收,按之古籍,其本义当为箭靶,借为连词,相当于"于是"。《诗·大雅·文王》:"商之孙子,其丽不亿。上帝既命,侯于周服。"不,语气助词,无实义。侯又借为语气助词。《诗·小雅·正月》:"瞻彼中林,侯薪侯蒸。"郑玄笺:"侯,维也。"薪,粗树枝;蒸,细树枝。

一三六、迪[2]、繇[3]、训[4],道[1]也。

此释条义训为道理、开导,多词共训,二义同条。

[1]道,《说文》"所行道也",其本义为道路,引申为道理。《易·说卦》:"是以立天之道曰阴与阳,立地之道曰柔与刚,立人之道曰仁与义。"道从道理又引申为开导,在此义上后作導,今简化作导。《庄子·天子方》:"其谏我也似子,其道我也似父。"

[2]迪,《说文》"道也",其本义为道理。《楚辞·九章·怀沙》:"易初本迪兮,君子所鄙。"蒋骥注:"易初本迪,谓变易其初时本然之道也。"迪从道理引申为开导。《书·太甲上》:"旁求俊彦,启迪后人。"旁,广泛。俊彦,才智出众的贤人。

[3]繇(yóu),《说文》"随从也",其本义为随从,通"猷",道理。《汉书·叙传上》:"谟先圣之大繇兮,亦邻德而助信。"颜师古注:"繇,道也。"

[4]训,《说文》"说教也",其本义为开导。《书·高宗肜日》:"乃训

于王曰：'惟天监下民，典厥义。'"义，适宜。训又从开导引申为道理。《诗·大雅·烝民》："古训是式，威仪是力。"两"是"均为结构助词，使动词的宾语前置。力，努力做到。

一三七、佥[2]、咸[3]、胥[4]，皆[1]也。

此释条义训为普遍、一起、都，多词共训，三义同条。

[1]皆，《说文》"俱词也"，其本义为普遍。《诗·周颂·丰年》："为酒为醴，烝畀祖妣。以洽百礼，降福孔皆。"皆从普遍又引申为一起。《仪礼·聘礼》："大夫奉束帛入，三揖皆行，至于阶。"皆又从"一起"引申为副词"都"。《论语·颜渊》："四海之内，皆兄弟也。"

[2]佥，《说文》"皆也"，其本义为都。《书·大禹谟》："朕志先定，询谋佥同。"

[3]咸，《说文》"皆也"，其本义为普遍。《国语·鲁语上》："小赐不咸，独恭不优；不咸，民不归也；不优，神弗福也。"咸又从普遍引申为一起。《诗·鲁颂·閟宫》："敦商之旅，克咸厥功。"郑玄笺："咸，同也。"敦，通"㪟"，㪟残，即消灭。旅，军队。厥功，他们的功劳，在这里用如动词，建树他们的功绩。咸又从"一起"引申为"都"。《书·尧典》："允厘百工，庶绩咸熙。"

[4]胥，《说文》"蟹醢也"，其本义为蟹酱，展转引申为范围副词，相当于"都"。《诗·小雅·角弓》："尔之远矣，民胥然矣。"郑玄笺："胥，皆也。"

一三八、育[2]、孟[3]、耆[4]、艾[5]、正[6]、伯[7]，长[1]也。

此释条义训为年长、排行第一、官长、生育、养育，多词共训，五义同条。

[1]长，《说文》"久远也"，按之字形与古籍，其本义为长，与短相对，引申为年长。《论语·先进》："以吾一日长乎尔，毋吾以也。"长又从年长引申为排行第一。《庄子·盗跖》："尧杀长子，舜流母弟。"长又从年长引

申为官长。《孟子·梁惠王下》："君行仁政，斯民亲其上，死其长矣。"长又从年长引申为生育。《庄子·天道》："天不产而万物化，地不长而万物育。"长又从成长引申为养育。《左传·昭公十四年》："长孤幼，养老疾。"

[2]育，《说文》"养子使作善也"，其本义为生育。《易·渐》："夫征不复，妇孕不育。"育从生育引申为养育。《易·蒙》："君子以果行育德。"

[3]孟，《说文》"长也"，其本义为排行居长的称谓。《左传·隐公元年》："惠公元妃孟子。"孔颖达疏："孟、仲、叔、季，兄弟姊妹长幼之别字也。孟、伯俱长也。"

[4]耆(qí)，《说文》"老也"，其本义为六十岁的老人。《礼记·曲礼上》："六十曰耆，指使。"

[5]艾，《说文》"冰台也"，其本义为艾蒿，引申为养育。《诗·小雅·鸳鸯》："君子万年，福禄艾之。"

[6]正，《说文》"是也"，其本义为正中，引申为官长。《老子》第四十五章："清静为天下正。"高亨注："正，长也，君也。"

[7]伯，《说文》"长也"，其本义为统领一方诸侯的官长。《左传·僖公十九年》："诸侯无伯。"杜预注："伯，长也。"引申为排行第一。《仪礼·士冠礼》："伯，某甫，仲、叔、季，唯其所当。"郑玄注："伯、仲、叔、季，长幼之称。"

一三九、艾[2]，歷[1]也。

此释条义训为经历，独词为训，一义贯条。

[1]歷，《说文》"过也"，其本义为经历。歷，今简化作历。《书·毕命》："既历三纪，世变风移。"纪，上古以十二年为一纪。

[2]艾，其本义为艾蒿，引申为年长，引申为经历。《诗·周颂·访落》："於乎悠哉，朕未有艾。"马瑞辰传笺通释："《尔雅·释诂》：'艾，历也。''历，数也。'……历当读为阅历之历。"

一四〇、厤[2]、秭[3]、算[4]，数[1]也。

此释条义训为计算、数目，多词共训，义素与义项并释。

[1]数，《说文》"计也"，其本义为计算，音 shǔ。《左传·隐公五年》："归而饮至，以数军实。"引申为数目，音 shù。《庄子·秋水》："号物之数谓之万。"

[2]厤(lì)，《说文》"治也"，其本义为研治，引申为计算，后作曆。《书·尧典》："乃命羲和，钦若昊天，历象日月星辰，敬授人时。"曆又引申为数目。《管子·海王》："终月大男食盐五升有半，大女食盐三升少半，吾子食盐二升少半，此其大曆也。"

[3]秭(zǐ)，《说文》"五稯为秭"，其本义当为量词，引申为数目。郭璞注："今以十亿为秭。"《诗·周颂·丰年》："亦有高廪，万亿及秭。"毛传："数亿至亿曰秭。"郑玄笺："万亿及秭，以言穀数多。"

[4]算，《说文》"数也"，其本义为计算。《汉书·律曆志上》："数者，一、十、百、千、万也，所以算数事物，顺性命之理。"

一四一、歷[2]，傅[1]也。

此释条义训为靠近，独词为训，一义贯条。

[1]傅，《说文》"相也"，其本义为辅佐，引申为靠近。《左传·隐公十一年》："郑伯伐许。庚辰，傅于许。"杜预注："傅于许城下。"

[2]歷，《说文》"过也"，其本义为经历，引申为靠近。歷，今简化作历。《楚辞·远游》："历太皓以右转兮，前飞廉以启路。"太皓、飞廉均为神名。

一四二、艾[2]、歷[3]、觊[4]、胥[5]，相[1]也。

此释条义训为察看、治理，多词共训，二义同条。

[1]相，《说文》"省视也"，其本义为察看。《书·无逸》："相小人，厥父母勤劳稼穑，厥子乃不知稼穑之艰难。"孔传："视小人不孝者，其父

母躬勤艰难，而子不知其劳。"相又从察看引申为治理。《左传·昭公二十年》："公鸟死，季公亥与公思展与公鸟之臣申夜姑相其室。"杜预注："相，治也。"

[2]艾，《说文》"冰台也"，其本义为艾蒿，借为治理之义。《诗·小雅·小旻》："民虽靡膴，或哲或谋，或肃或艾。"膴(wǔ)，众多。哲，明智。

[3]歷，《说文》"过也"，其本义为经历，引申为察看。歷，今简化作历。《礼记·郊特牲》："简其车赋，而历其卒伍。"

[4]覛(mì)，《说文》"邪视也"，其本义为邪视，引申为察看。《国语·国语上》："古者，太史顺时覛土。"

[5]胥(xū)，《说文》"蟹醢也"，其本义为蟹酱，借为察看之义。《诗·大雅·绵》："爰及姜女，聿来胥宇。"郑玄笺："于是与其妃大姜自来相可居者。"爰，就。聿，句首语气助词，无实义。宇，住处。

一四三、乂[2]、乱[3]、靖[4]、神[5]、弗[6]、淈[7]，治[1]也。

此释条义训为治理，多词共训，义项与义素并释。

[1]治，《说文》"水，出东莱曲城阳丘山，南入海"，其本义为古水名，展转引申为治理。《易·系辞下》："上古结绳而治，后世圣人易之以书契。"

[2]乂(yì)，《说文》"芟草也"，其本义为割草，引申为治理。《书·尧典》："下民其咨，有能俾乂？"其，同之，结构助词，取消句子独立性。俾(bǐ)，使。

[3]乱，《说文》"治也"，其本义为治理。《书·顾命》："眇眇予末小子，其能而乱四方，以敬忌天威。"

[4]靖(jìng)，《说文》"立竫也"，其本义为安定，引申为治理。《国语·周语下》："自后稷之始基靖民，十五王而文始文之。"

[5]神，《说文》"天神引出万物者也"，其本义为天神，展转引申为治理。《孟子·尽心上》："夫君子所过者化，所存者神。"焦循正义引何休曰："尧舜在唐虞，则唐虞之民皆化；孔子在鲁国，则鲁国三月大治。"

[6]弗，《说文》"挢也"，其本义为矫正，通"祓"，则为除灾求福。《诗·大

雅·生民》："克禋克祀，以弗无子。"郑玄笺："弗之言祓也……以祓除无子之疾，而得其福也。"禋(yīn)，洁祀，升烟以祭。克，能。除灾求福就是要整治无子的灾祸，可知其义项中蕴藏着治理之义，而其义又没有明确显示于义项中，说明此释条将弗解说到隐含义素。

[7]淈(gǔ)，《说文》"浊也"，其本义为混淆，引申为治理。朱骏声通训定声："淈"字下引《诗》"淈此群醜"，今本《诗·鲁颂·泮水》作"屈此群醜"。郑玄笺："屈，治也。"

一四四、颐[2]、艾[3]、育[4]，养[1]也。

此释条义训为养育、保养，多词共训，二义同条。

[1]养，《说文》"供养也"，其本义为供养，引申为养育。《书·大禹谟》："德惟善政，政在养民。"引申为保养。《庄子·养生主》："吾闻庖丁之言，得养生焉。"

[2]颐，《说文》"顄也"，其本义为下巴，引申为保养。《易·颐》："观颐，自求口实。"引申为养育。《易·颐》："象曰：山下有雷，颐。"高亨注："山下有雷，是天暖之时，是天地养万物之时，时以封卦名曰颐。"

[3]艾，《说文》"冰台也"，其本义为艾蒿，引申为养育。《诗·小雅·南山有台》："乐只君子，保艾尔后。"毛传："艾，养；保，安也。"

[4]育，《说文》"养子使作善也"，其本义当为生育，引申为养育。《诗·小雅·蓼莪》："拊我畜我，长我育我。"拊(fǔ)，抚摸。畜(xù)，养育。

一四五、汏[2]、浑[3]、陨[4]，坠[1]也。

此释条义训为落下，多词共训，义项与义素并释。

[1]坠，《说文新附》"陊也"，其本义为落下。《楚辞·九章·国殇》："旌蔽日兮敌若云，矢交坠兮士争先。"

[2]汏，当作汰，《说文》"淅瀸也"，其本义为淘洗，后代古籍均作汰。《仪礼·士丧礼》："祝淅米于堂。"郑玄注："淅，汏也。"淘洗米豆则其沙石自然落下，于是其中蕴藏着落下之义，而其义又没有明确列入义项，

说明此释条将汰解说到隐含义素。

[3]浑,《说文》"混流声也",按之古籍,其本义当为浑水奔流的声音。《文选·张协〈七命〉》:"溟海浑濩涌其后,嵰谷嘲嶆张其前。"李善注引《说文》:"浑,流声也。"浑浊之水奔流,则难免泥沙俱下,其中蕴藏着落下之义,而其义又没有明确显示于义项中,说明此释条也将浑解说到隐含义素。

[4]陨,《说文》"从高下也",其本义为落下。《春秋·庄公七年》:"夜中,星陨如雨。"

一四六、际[2]、接[3]、翜[4],捷[1]也。

此释条义训为敏捷、到达,多词共训,二义同条。

[1]捷,《说文》"猎也,军获得也",按之古籍与字形,其本义为战胜,引申为敏捷。《吕氏春秋·贵卒》:"吴起之智可谓捷矣。"捷又从敏捷引申为到达。《列子·说符》:"昔者人言有知不死之道者,燕君使人受之,不捷,而言者死。"

[2]际,《说文》"壁会也",其本义为墙缝,展转引申为到达。《淮南子·原道训》:"高不可际,深不可测。"高诱注:"际,至也。"

[3]接,《说文》"交也",其本义为交往,通"捷",则有敏捷之义。《荀子·大略》:"先事虑事谓之接,接则事优成。"杨倞注:"接读为捷,速也。"

[4]翜(shà),《说文》"捷也,飞之疾也",其本义为敏捷。段玉裁注:"今俗语霎时者,当作此。"

一四七、毖[2]、神[3]、溢[4],慎[1]也。

此释条义训为谨慎,多词共训,一义贯条。

[1]慎,《说文》"谨也",其本义为谨慎。《易·坤》:"慎不害也。"孔颖达疏:"曰其谨慎,不与物竞,故不被害也。"

[2]毖(bì),《说文》"慎也",其本义为谨慎。《诗·大雅·桑柔》:"为谋为毖,乱况斯削。"毛传:"毖,慎也。"

[3]神，《说文》"天神，引出万物也"，其本义为天神，通"慎"，则有谨慎之义。《逸周书·宝典》："行之以神，振之以宝，顺之以事，明众以备。"朱右曾校释："神，慎也。"

[4]溢，《说文》"器满也"，其本义为水满向外流出，引申为充满，再引申为谨慎。《诗·周颂·维天之命》："文王之德之纯，假以溢我。"陈奂传疏："假以溢我，言以嘉美之道，戒慎于我。"假，通嘉，美好。

一四八、郁陶[2]、繇[3]，喜[1]也。

此释条义训为快乐，二词共训，义项与义素并释。

[1]喜，《说文》"乐也"，其本义为快乐。《诗·郑风·风雨》："既见君子，云胡不喜？"

[2]郁陶(yùyáo)，连绵词，喜而未畅。《礼记·檀弓下》："人喜则斯陶。"郑玄注："陶，郁陶也。"孔颖达疏："郁陶者，心初悦而未畅之意也。"在喜而未畅的义项中，明确显示快乐之义，说明此释条将郁陶解说到明显义素。

[3]繇(yóu)，《说文》"随从也"，其本义为随从，借为快乐之义。郭璞注："《礼记》曰：'人喜则斯陶，陶斯咏，咏斯犹。'犹即繇也，古今字耳。"《庄子·逍遥游》："宋荣子犹然笑也。"陆德明释文："崔、李云：犹，笑貌。"

一四九、馘[2]、穧[3]，获[1]也。

此释条义训为俘获、收割，二词共训，义项与义素并释。

[1]获，《说文》"猎所获也"，其本义为猎取野兽，引申为俘获。《荀子·强国》："子伐将而伐蔡，克蔡，获蔡侯。"获又从俘获引申为收割庄稼，后作穫，今均简化作获。《荀子·富国》："今是土而生五谷也，人善治之，则亩数盆，一岁而再获之。"

[2]馘(guó)，《说文》"军战断耳也"，其本义为将俘获的敌人杀死割取左耳。《诗·大雅·皇矣》："执讯连连，攸馘安安。"毛传："馘，获也。

不服者杀而献其左耳曰馘。"执，捕捉。讯，俘虏。连连，连续不断的样子。安安，从容不迫的样子。

[3]穧(jì)，《说文》"获刈也"，其本义为收割庄稼，引申为割倒而未捆的农作物。《诗·小雅·大田》："彼有不获稚，此有不敛穧。"孔颖达疏："穧，禾之铺而未束者。"在割而未捆的义项中，直接列入收割之义，说明此释条将穧解说到明显义素。

一五〇、阻[2]、艰[3]，难[1]也。

此释条义训为艰难，二词共训，一义贯条。

[1]难，《说文》未收，按之古籍，其本义为艰难。《书·说命中》："礼烦则乱，事神则难。"孔传："事神礼烦，则乱而难行。"

[2]阻，《说文》"险也"，其本义为险要，引申为艰难。《书·舜典》："黎民阻饥，汝后稷，播时百谷。"孔传："阻，难也。"

[3]艰，《说文》"土艰治也"，其本义为土难治，引申为艰难。《书·说命中》："非知之艰，行之惟艰。"

一五一、剡[2]、略[3]，利[1]也。

此释条义训为锋利，二词共训，一义贯条。

[1]利，《说文》"銛也"，其本义为锋利。《荀子·劝学》："金就砺则利，木受绳则直。"

[2]剡(yǎn)，《说文》"锐利也"，其本义为锋利。《楚辞·桔颂》："曾枝剡棘，圆果抟兮。"曾，层。抟(tuán)，圆圆的。

[3]𠟊 (lüè)，为劂之籀文，《说文》释为"刀剑刃"，引申为锋利，古籍则作略。《诗·周颂·载芟》："有略其耜，俶载南亩。"俶、载均为开始，同义连用。

一五二、允[2]、任[3]、壬[4]，佞[1]也。

此释条义训为奸佞，多词共训，一条贯条。

[1]佞，《说文》"巧谄高材也"，其本义为奸佞。《论语·先进》："子曰：'是故恶夫佞者。'"

[2]允，《说文》"信也"，其本义为诚信，反向引申为奸佞。《书·多士》："惟天不畀允罔固乱，弼我，我其敢求位？"

[3]任，《说文》"符也"，其本义为保举，引申为奸佞。《书·舜典》："柔远能迩，惇德允元，而难任人，蛮夷率服。"能，善待。惇，厚，厚待、亲近。允，相信、信任。元，善良。率，遵循。

[4]壬(rén)，《说文》"位北方也"，按之古籍，其本义为盛大，至于天干名称，则为借义。引申为奸佞。《书·皋陶谟》："能哲而惠，何忧乎驩兜？何迁乎有苗？何畏乎巧言令色孔壬？"哲，明智。惠，仁爱。孔，甚。壬，奸佞。

一五三、俾[2]、拼[3]、抨[4]，使[1]也。

此释条义训为使，多词共训，一义贯条。

[1]使，《说文》"伶也"，其本义为命令，引申为使。《诗·郑风·狡童》："维子之故，使我不能餐兮！"维，因为。

[2]俾(bǐ)，《说文》"益也"，其本义为裨益，引申为使。《诗·邶风·绿衣》："我思古人，俾无訧矣。"古人，故人，指亡故的妻子。訧，过错。

[3]拼(bēng)，同抨，见《一切经音义》卷十二。

[4]抨(bēng)，《说文》"撣也"，其本义为开弓射丸，借为使之义。《汉书·扬雄传》："抨雄鸠以作媒兮，何日离而曾不壹隅。"颜师古注："抨，使也。"

一五四、俾[2]、拼、抨、使[3]，从[1]也。

此释条义训为顺从、放纵，多词共训，二义同条。

[1]从，《说文》"随行也"，其本义为跟随，引申为顺从，音 cóng。《墨子·号令》："不从令者斩。"从又从顺从反向引申为放纵，音 zòng，后作纵。《礼记·曲礼上》："敖不可长，欲不可从。"郑玄注："从，放纵也。"

[2]俾，本义为裨益，已详见上条，俾又通比，有顺从之义。《礼记·乐记》："王此大邦，克顺克俾。"郑玄注："俾当为比，声之误也。择善而从曰比。"

[3]使，本义为命令，已详见上条，引申为顺从。《诗·小雅·雨无正》："云不可使，得罪于天子；亦云可使，怨及朋友。"郑玄笺："不可使者，不正不从也；可使者，虽不正从也。"使又从顺从引申为放纵。《史记·季布栾布列传》："复有言其勇，使酒难近。"司马贞索隐："因酒纵性谓之使酒，即酗酒也。"

一五五、儴[2]、仍[3]，因[1]也。

此释条义训为沿袭，二词共训，一义贯条。

[1]因，《说文》"就也"，其本义为依靠，引申为沿袭。《论语·为政》："殷因于夏礼，所损益可知也。"

[2]儴(ráng)，《说文》未收，按之古籍，其本义当为沿袭。陆贾《新语·至德》："儴道者众归之，恃刑者民畏之。"

[3]仍，《说文》"因也"，其本义为沿袭。《书·顾命》："华玉，仍几。"华玉，五彩玉。几，几案。

一五六、董[2]、督[3]，正[1]也。

此释条义训为端正、纠正，二词共训，二义同条。

[1]正，《说文》"是也"，其本义为正中，引申为纠正。《论语·学而》："君子食无求饱，居无求安，敏于事而慎于言，就有道而正焉，可谓好学

也已。"又引申为端正。《论语·乡党》:"君赐食,必正席先尝之。"杨伯峻注:"正,使端正。"

[2]董,《说文》未收,按之古籍,其本义当为监督,引申为端正。《楚辞·九章·涉江》:"余将董道而不豫兮,固将重昏而终身。"董道,纠正先前走过的道路。

[3]督,《说文》"察也",其本义为察看,引申为纠正。《逸周书·本典》:"能督民过者,德也。"

一五七、享[2],孝[1]也。

此释条义训为祭祀,独词为训,一义贯条。

[1]孝,《说文》"善事父母者",其本义为孝顺,引申为祭祀。《论语·泰伯》:"禹,吾无间然矣。菲酒食而致孝乎鬼神,恶衣服而致美乎黻冕,卑宫室而尽力乎沟洫。"菲,薄。黻冕,礼服。沟洫,沟渠。

[2]享,《说文》"献也",其本义为进献,引申为祭祀。《书·泰誓下》:"郊社不修,宗庙不享。"孔颖达疏:"不享,谓不祭祀也。"

一五八、珍[2]、享[3],献[1]也。

此释条义训为进献,二词共训,一义贯条。

[1]献,《说文》"宗庙犬名羹献,犬肥者以献之",其本义为祭祀用犬,引申为进献。《周礼·天官·内府》:"凡四方之币献之金玉、齿革、兵器,凡良货贿入焉。"币,财物。贿,赠送。

[2]珍,《说文》"宝也",其本义为珍宝,引申为进献。《文选·扬雄〈羽猎赋〉》:"移珍来享。"李善注引犍为舍人《尔雅注》:"献珍物曰珍,献食物曰享。"

[3]享,其本义为进献,已见上条。《诗·商颂·殷武》:"昔有成汤,自彼氐羌,莫敢不来享。"郑玄笺:"享,献也。"

一五九、纵[2]、缩[3]，乱[1]也。

此释条义训为扰乱，二词共训，义项与义素并释。

[1]乱，《说文》"治也"，其本义为治理，反向引申为扰乱。《论语·卫灵公》："小不忍，则乱大谋。"

[2]纵，《说文》"缓也"，其本义为松缓，引申为放纵。《书·太甲中》："欲败度，纵败礼，以速戾于厥躬。"速，招来。戾，罪过。厥，句中语气助词，无实义。在放纵的义项中蕴藏着扰乱之义，而其义又未见之于义项中，说明此释条将纵解说到隐含义素。

[3]缩，《说文》"乱也"，按之古籍，其本义当为缠束，展转引申为榨取。《国语·楚语上》："若于目观则美，缩于财用则匮，是聚民利以自封而瘠民也，胡美之为？"韦昭注："缩，言取也。封，厚也。"榨取民财则容易激发民众反抗，扰乱社会秩序，因此在榨取的义项中蕴藏着扰乱之义，而其义又没有明确显示于义项中，说明此释条将缩也解说到隐含义素。

一六○、探[2]、篡[3]、俘[4]，取[1]也。

此释条义训为得到，多词共训，义项与义素并释。

[1]取，《说文》"捕取也"，其本义为捕取，引申为得到。《楚辞·天问》："女岐无合，夫焉取九子？"无合，没有结婚。女岐，星名。

[2]探，《说文》"远取之也"，其本义为探究。《易·系辞上》："探赜索隐，钩深致远。"在探求的义项中，蕴藏得到之义，说明此释条将探解说到隐含义素。

[3]篡，《说文》"屰而夺取曰篡"，其本义为强行得到。《墨子·兼爱中》："今家主独知爱其家，而不爱人之家，是以不惮举其家以篡人之家。"举，破坏、损害。在强行得到的义项中，包括得到之义，说明此释条将篡解说到明显义素。

[4]俘，《说文》"军所获也"，其本义为战争中以武力捕获的敌人，引申为擒获，再引申为得到。《书·汤誓》："夏师败绩，汤遂从之，遂伐三朡，俘厥宝玉。"孔传："俘，取也。"

一六一、徂[2]、在[3]，存[1]也。

此释条义训为问候、存在、思念，二词共训，三义同条。

[1]存，《说文》"恤问也"，其本义为问候。《战国策·秦策五》："无一介之使以存之。"存从问候引申为存在。《公羊传·隐公三年》："有天子存。"何休注："存，在也。"存从存在又引申为思念。《诗·郑风·出其东门》："虽则如云，匪我思存。"

[2]徂(cú)，《说文》"往也"，其本义为往，展转引申为思念，《诗经》作且。《诗·郑风·出其东门》："虽则如荼，匪我思且。"陆德明释文："且音徂，《尔雅》云：'存也。'"朱熹集传将此且解释为语气助词，然而此句远承上章"虽则如云，匪我思存"，彼此句式相同，词语对应，说明思存、思且均为同义连用，还是陆说为上，朱说则欠妥。

[3]在，《说文》"存也"，其本义为存在。《论语·学而》："父在，观其志；父没，观其行。"在又从存在引申为问候。《左传·襄公二十六年》："寡人淹恤在外，二三子皆使寡人朝夕闻卫侯之言，吾子独不在寡人。"杜预注："在，存问之。"

一六二、在[2]、存[3]、省[4]、士[5]，察[1]也。

此释条义训为考察，多词共训，义项与义素并释。

[1]察，《说文》"覆也"，其本义为详审，引申为考察。《左传·庄公十八年》："小大之狱，虽不能察，必以情。"

[2]在，其本义为存在，已详见上条。在从存在引申为考察。《书·舜典》："在璇玑玉衡，以齐七政。"璇、玑、玉衡为北斗七星的名称，玉衡为其杓，璇、玑为其柄。七件政事指祭祀、班瑞、东巡、南巡、西巡、北巡、归格艺祖。

[3]存，其本义为问候，已详见上条。存又从问候引申为考察。《孟子·离娄上》："存乎人者，莫良于眸子，眸子不能掩其恶。"焦循正义："盖察人之善恶也。"

[4]省(xǐng)，《说文》"视也"，其本义为察看，引申为考察。《论语·学

而》:"吾日三省吾身:为人谋而不忠乎?与朋友交而不信乎?传不习乎?"

[5]士,《说文》"事也",按之古籍,其本义为未婚青年男子,展转引申为法官。《书·舜典》:"帝曰:'皋陶,蛮夷猾夏,寇贼奸宄,汝作士,五刑有服。'"孔传:"士,理官也。"孔颖达疏引郑玄云:"士,察也,主察狱讼之事。"猾,侵犯、扰乱。寇,抢劫。贼,杀人。奸,在外作乱;宄(guǐ),在内作乱。士为法官,职在考察刑事案件,其义项蕴藏着考察之义,而其义又没有明确显示于义项中,说明此释条将士解说到隐含义素。

一六三、烈[2]、枿[3],馀[1]也。

此释条义训为剩余,二词共训,解说明显义素:区别义素。

[1]馀,《说文》"饶也",其本义为丰足,引申为剩余。《诗·秦风·权舆》:"今也每食无馀。"

[2]烈,《说文》"火猛也",其本义为火势猛,借为被砍伐剩余的树木重生的枝叶,其字后作栵,烈、栵为古今字。《诗·大雅·皇矣》:"修之平之,其灌其栵。"平,治理。此句结构奇特,谓语并列在前,主语并列在后,解说仍依从原句语序。王引之述闻:"栵,读为烈。烈,枿也,斩而复生者也。"王氏之说可为有力旁证。

[3]枿(niè),其字古籍又作蘖,《说文》均未收,按之古籍,其本义当为被砍伐的树木重生的枝叶。《诗·商颂·长发》:"苞有三蘖,莫遂莫达。"苞,本,指树根。遂、达均形容草木生长旺盛。

按:在此释条中,烈、枿均采取被砍伐剩余的树木重生枝叶之义,其义项中均包括剩余之义,说明此释条将烈、枿均解说到明显义素。

一六四、迓[2],迎[1]也。

此释条义训为迎接,独词为训,一义贯条。

[1]迎,《说文》"逢也",按之古籍,其本义当为迎接。《孟子·梁惠王下》:"亦万乘之国,伐万乘之国,箪食壶浆,以迎王师。"

[2]迓(yà),《说文》未收,按之古籍与字形,其本义当为迎接。《书·盘

庚中》："予迓续乃命于天，予岂汝威？用奉畜汝众。"汝威，即威汝，宾语前置。奉，助。畜，养。奉畜汝众，二动共宾。

一六五、元[2]、良[3]，首[1]也。

此释条义训分别为人头与首领，二词共训，义项与义素并释。

[1]首，《说文》"百也，古文首也"，其本义为人头。《诗·邶风·静女》："爱而不见，搔首踟蹰。"引申为首领。《易·乾》："见群龙无首，吉。"

[2]元，《说文》"始也"，按之古籍与字形，其本义为人头。《左传·哀公十一年》："公使大使固归国子之元。"杜预注："元，首也。"

[3]良，《说文》"善也"，其本义为善良。《诗·小雅·角弓》："民之无良，相怨一方。"民当作人。心地善良则民众拥戴，堪为首领，于是善良的义项中蕴藏着首领的义素，而其义并未直接显露在义项中，说明在这里解说其隐含义素。

一六六、荐[2]、挚[3]，臻[1]也。

此释条义训为来到、屡次，二词共训，二义同条。

[1]臻，《说文》"至也"，其本义为到、来到。《诗·邶风·泉水》："遄臻于卫，不瑕有害。"瑕，通"何"，什么。遄（chuán），快。臻从来到引申为屡次。《易·坎》："象曰：'水洊至，习坎。'"洊，屡次，后作荐。《释文》引京房"荐"作臻。可知，臻有屡次之义。

[2]荐(jiàn)，《说文》"兽之所食艹"，其本义为兽畜吃的草，引申为草垫，再引申为屡次。《诗·大雅·云汉》："天降丧乱，饥馑荐臻。"

[3]挚，《说文》"握持也"，其本义为握持，引申为来到。《书·西伯戡黎》："大命不挚，今王其如台？"台，通"何"。如台，即如何，怎么办。

一六七、赓[2]、扬[3]，续[1]也。

此释条义训为继续、继承，二词共训，二义同条。

[1]续，《说文》"连也"，其本义为连接，引申为继续。《管子·禁藏》："其商人通贾，倍道兼行，夜以续日，千里而不远者，利在前也。"又引申为继承。《诗·小雅·斯干》："似续妣祖，筑室百堵。"似，通嗣，继承。妣(bǐ)，称已故的母亲。堵，一面墙，这里代指一间房子。

[2]赓(gēng)，《说文》列为续之古文，实则赓、续音义均异，应为两字。按之古籍，赓的本义当为继续。《书·益稷》："乃赓载歌曰：'元首明哉，股肱良哉，庶事康哉！'"元首，指君王，即舜。股肱，分别为大腿与臂上，后引申指兄弟，这里指臣下。

[3]扬，《说文》"飞举也"，其本义为飞起，展转引申为继承。《逸周书·祭公》："扬文武大勋，弘成康昭考之烈。"

一六八、祔[2]、祪[3]，祖[1]也。

此释条义训为祭祀，二词共训，解说明显义素：共同义素。

[1]祖，《说文》"始庙也"，其本义为祖庙，引申为祭祀名，出行前祭祀路神。《诗·大雅·烝民》："仲山甫出祖。"郑玄笺："祖者，将行者行軷之祭也。"

[2]祔(fù)，《说文》"后死者合食于先祖"，其本义为后死者神主依附先祖而在祖庙举行的祭祀。《仪礼·既夕礼》："卒哭，明日以其班祔。"郑玄注："班，次也。祔，犹属也。祭昭穆之次而属之。"

[3]祪(guǐ)，《说文》未收，《玉篇》"毁庙之祖也"，按之古籍，其本义当为毁庙的神主附于祖庙的祭祀。以上祔、祪的义项中均包括祭祀之义，说明此释条将祔、祪均解说到明显义素。

一六九、即[2]，尼[1]也。

此释条义训为接近，独词为训，一义贯条。

[1]尼，《说文》"从后近之"，其本义为接近。《尸子》卷下："悦尼而来远。"尼与远相对成文，词义相反，分别为接近、疏远之义，均用如使动，各带宾语。

[2]即，《说文》"即食也"，其本义为就食，引申为接近。《诗·卫风·氓》："匪来贸丝，来即我谋。"

一七〇、尼[2]，定[1]也。

此释条义训为停止，独词为训，一义贯条。

[1]定，《说文》"安也"，其本义为安定，引申为停止。《荀子·儒效》："反而定三革，偃五兵。"三革指铠甲、头盔、盾牌。五兵指刀、剑、矛、戟、箭。

[2]尼，本义为接近，已详见上条，借为停止。《山海经·大荒北经》："其所歍所尼，即为泽源。"郭璞注："尼，止也。"歍(wū)，呕吐。

一七一、迩[2]、幾[3]、暱[4]，近[1]也。

此释条义训为距离近、接近、亲近、浅显，多词共训，四义同条。

[1]近，《说文》"附也"，其本义为距离近。《墨子·经说下》："行者必先近而后远。"近又从距离近引申为接近。《韩非子·难二》："景公过晏子曰：'子宫小，近市，请徙子家豫章之圃。'"近又从接近引申为亲近。《书·五子之歌》："皇祖有训：民可近，不可下。"近又从接近引申为浅显。《孟子·尽心下》："言近而指远，善言也。"

[2]迩，《说文》"近也"，其本义为距离近。《诗·郑风·东门之墠》："其室则迩，其人甚远。"迩又从距离近引申为接近。《书·仲虺之诰》："惟王不迩声色，不殖货利。"迩又从接近引申为浅显。《诗·小雅·小旻》："维

迩言是听，维迩言是争。"维，与惟通用，相当于副词"只"，在此句中，结构助词与"是"配合，使宾语"迩言"置于动词之前。

[3]幾，《说文》"微也"，其本义为细微的迹象，引申为接近。《国语·晋语四》："时日及矣，公子幾矣。"韦昭注："幾，近也。言重耳得国时日近。"

[4]暱，《说文》"日近也"，其本义为亲近。《左传·襄公二年》："若背之，是弃力与言，其谁暱我？"

一七二、妥[2]、安[3]，坐[1]也。

此释条义训为坐下，二词共训，一义贯条。

[1]坐，《说文》"止也"，其本义为坐下。《礼记·玉藻》："退则坐取屦。"孔颖达疏："坐，跪也。"古人席地而坐，坐时两膝着地，臀部压在脚跟上。古代的坐与今天的跪相似，因此孔颖达才以跪释之。

[2]妥，《说文》"安也"，其本义为安定，引申为坐。《诗·小雅·楚茨》："以妥以侑，以介景福。"侑(yòu)，敬酒。以，又。介，助。景，大。

[3]安，《说文》"静也"，按之古籍与字形，其本义为安定，再引申为坐。《逸周书·度邑》："安，予告汝。"朱右曾校释："安，坐也。"

一七三、貉[2]、绾[3]，纶[1]也。

此释条义训为缠束，二词共训，义项与义素并释。

[1]纶(lún)，《说文》"青丝绶也"，其本义为青丝绶带，引申为绳索。《礼记·缁衣》："王言如丝，其出如纶。"孔颖达疏："纶粗于丝。"绳索常用来缠束物品，因此在绳索的义项中蕴藏着缠束之义，说明在此释条中释词纶使用隐含义素释义。

[2]貉，当作络，涉下条"貉、嘆、定也"而误。《说文》："络，絮也。"依其说，络的本义为丝絮，引申为缠束。《楚辞·招魂》："秦篝齐缕，郑绵络些。"

[3]绾，当作缩，形近而误。《说文》："缩，乱也。"按之古籍，其本义当为缠束。《诗·大雅·绵》："其绳则直，缩版以载。"孔颖达疏："缩

者，束物之名。用绳束板，故谓之缩。"版，木板，后作板。载，通"栽"，树立。

一七四、貊[2]、嘿[3]、安[4]，定[1]也。

此释条义训为安定、安静，多词共训，二义同条。

[1]定，《说文》"安也"，其本义为安定。《易·家人》："正家而天下定矣。"定又从安定引申为安静。《诗·小雅·采薇》："我戍未定，靡使归聘。"聘，探问。

[2]貊(mò)，《说文》"北方豸种"，其本义为古代北方少数民族的蔑称，假借为安静，《诗经》又作貃，貃、貊通用。《诗·大雅·皇矣》："维此王季，帝度其心，貊其德音。"维，与惟通用，只有。

[3]嘿(mò)，《说文》未收，按之古籍，其本义当为清静。《吕氏春秋·首时》："饥马盈厩，嘿然，未见刍也。"高诱注："嘿然，无声。"

[4]安，《说文》"静也"，按之古籍，其本义为安定。《左传·襄公十一年》："居安思危。"安又从安定引申为清静。《易·系辞下》："君子安其身而后动。"

一七五、伊[2]，维[3]也；伊、维，侯[1]也。

此释条义训为语气助词，展转相训，一义贯条。

[1]侯，《说文》未收，按之古籍，其本义为箭靶，借为语气助词，或用于句首，或用于句中。《诗·小雅·六月》："侯谁在矣？张仲孝友。"又《诗·小雅·十月之交》："择三有事，亶侯多藏。"事，通"司"，有事即有司。亶(dǎn)，实在。

[2]伊，《说文》"殷圣人阿衡，尹治天下者"，其本义当为伊尹，借为语气助词，或用于句首，或用于句中。《诗·小雅·正月》："有皇上帝，伊谁云憎？"有，名词词头，无实义。伊、云，均为语气助词，分别用于句首、句中，无实义。《书·文侯之命》："惟祖惟父，其伊恤朕躬。"恤，忧。其，表示祈使语气。

[3]维，《说文》"车盖维也"，其本义为系物大绳，借为语气助词，或用于句首，或用于句中。《诗·召南·鹊巢》："维鹊有巢，维鸠居之。"《易·解》："君子维有解，吉。"孔颖达疏："维，辞也。"

一七六、时[2]、寔[3]，是[1]也。

此释条义训为近指代词"这"，二词共训，一义贯条。

[1]是，《说文》"直也"，按之古籍，其本义为正确，借为近指代词，相当于"这"。《论语·述而》："子于是日哭，则不歌。"

[2]时，《说文》"四时也"，其本义为季节，借为近指代词，相当于"这"。《书·尧典》："百姓昭明，协和万邦，黎民于变时雍。"

[3]寔(shí)，《说文》"止也"，其本义当为停止，借为近指代词，相当于"这"。《国语·晋语五》："赵穿攻公于桃园，逆公子黑臀而立之，寔为成公。"

一七七、卒[2]、猷[3]、假[4]、辍[5]，已[1]也。

此释条义训为停止、完毕、废弃，多词共训，义项与义素并释。

[1]已，《说文》未收，按之古籍，其本义当为停止。《诗·郑风·风雨》："风雨如晦，鸡鸣不已。"郑玄笺："已，止也。"已又从停止引申为完毕。《汉书·艺文志》："每一书已，（刘）向辄条其篇目，撮其指意，录而奏之。"已又从停止引申为废弃。《孟子·尽心上》："于其不已而已者，无所不已。"赵岐注："已，弃也。"

[2]卒，《说文》"隶人给事者衣为卒"，其本义为古代供隶役穿的衣服，借为完毕之义。《礼记·奔丧》："三日五哭，卒，主人出送宾。"

[3]猷，古字作"猶"，《说文》"玃属"，其本义为兽名，假借为谋略，通"酋"，则有完成之义。《诗·大雅·卷阿》："俾尔弥尔性，似先公酋矣。"郑玄笺："嗣先君之功而终成之。"

[4]假，《说文》"非真也"，按之古籍，其本义当为借贷，通格，则借

为来到之义。《诗·商颂·玄鸟》："四海来假，来假祁祁。"祁祁，众多的样子。来到则必停止，说明来到的义项中蕴藏着停止之义，而其义又未见之于义项，可知此释条将假解说到隐含义素。

[5]辍，《说文》"车小缺复合者"，按之古籍，其本义当为停止。《穀梁传·文公七年》："晋先蔑奔秦，不言出在外也。辍战而奔秦，以是为逃军也。"范宁注："辍，止也。"辍从停止又引申为废弃。《荀子·天论》："天不为人之恶寒也辍冬，地不为人恶辽远也辍广。"

一七八、求[2]、酋[3]、在[4]、卒[5]、就[6]，终[1]也。

此释条义训为终止、完成，多词共训，二义同条。

[1]终，《说文》"絿丝也"，其本义为把丝缠紧，引申为穷尽，再引申为终止。《易·系辞下》："《易》之为书也，原始要终以为质也。"原，追溯。要，归纳。终从终止引申为完成。《左传·昭公十二年》："百事不终。"杜预注："百事不成。"

[2]求，《说文》"裘，皮衣也。求，古文省衣"，从其说，求本义为皮衣，借为终止之义。《诗·大雅·下武》："王配于京，世德作求。"郑玄笺："作，为；求，终也。"配，秉承。世德，世代积德。

[3]酋，采取完成之义，书证详见上条。

[4]在，《说文》"存也"，其本义为存在，借为终止之义。《书·吕刑》："非天不中，惟人在命。"曾运乾正读："在，终也。"中，公正。惟，只。

[5]卒，其本义为古代供隶役穿的衣服，已详见上条，借为终止之义。《诗·邶风·日月》："父兮母兮，畜我不卒。"郑玄笺："卒，终也。"畜，养育。

[6]就，《说文》"就高也"，其本义为趋向，引申为完成。《荀子·富国》："事必不就，功必不立。"又引申为终止。《国语·越语下》："先人就世，不穀即位。"

一七九、崩[2]、薨[3]、无禄[4]、卒[5]、徂[6]、落[7]、殪[8]，死[1]也。

此释条义训为死亡，多词共训，义项与义素并释。

[1]死，《说文》"澌也，人所离也"，其本义为死亡。《荀子·大略》："事生，饰欢也；送死，饰哀也。"

[2]崩，《说文》"山坏也"，其本义为山塌陷，比喻帝王死。《书·大诰》："武王崩，三监及淮夷叛。"

[3]薨(hōng)，《说文》"公侯殡也"，其本义为诸侯死亡。《论语·宪问》："君薨，百官总己以听于冢宰三年。"

[4]无禄，又称不禄，为士阶层死的讳称。《礼记·曲礼下》："天子死曰崩，诸侯曰薨，大夫曰卒，士曰不禄，庶人曰死。"孔颖达疏："不禄者，士禄以代耕，而今遂死，是不终其禄。"

[5]卒，《说文》"隶人给事者衣为卒"，其本义为古代供隶役穿的衣服，借为大夫之死，书证已见上。后泛为死亡之称。

[6]徂，《说文》为逞的或体。《说文》："逞，往也。逞，齐语。逞，或从彳。"徂之本义为往……去，引申为死。《六书故·人九》："徂，人死因谓之徂，生者来而死者往也。"《史记·伯夷列传》："于嗟徂兮，命之衰矣。"司马贞索隐："徂者，往也，死也。"又《后汉书·桥玄传》："徂没之后，路有经由，不以斗酒只鸡过相沃酹，车过三步，腹痛勿怨。"

[7]落，《说文》"凡艸曰零，木曰落"，其本义为树叶脱落，引申为死亡。《国语·吴语》："使吾甲兵钝獘，民人离落，而日以憔悴。"韦昭注："落，殒也。"

[8]殪(yì)，《说文》"死也"，其本义为死亡。《左传·隐公九年》："衷戎师，前后击之，尽殪。"衷，通"中"，从中间断开。

释言第二

一、殷[2]、齐[3]，中[1]也。

此释条义训为中间，二词共训，一义贯条。

[1]中，《说文》"内也"，其本义为内里、里面，引申为中部。《书·召诰》："王来绍上帝，自服于土中。"

[2]殷，《说文》"作乐之盛称殷"，其本义为乐舞，引申为盛大、众多等义，再引申为居中、中间。《周礼·秋官·大行人》："凡诸侯之邦交，岁相问也，殷相聘也，世相朝也。"郑玄注："殷，中也。"

[3]齐，《说文》"禾麦吐穗上平也"，其本义为整齐，引申为相等，再引申为中间。《列子·周穆王》："四海之齐，谓中央之国。"

二、斯[2]、誃[3]，离[1]也。

此释条义训为离开，二词共训，一义贯条。

[1]離，《说文》"離黄，仓庚也"，其本义为鸟名，黄鹂，假借为离开之义，今简化作离。《易·乾》："进退无恒，非离群也。"

[2]斯，《说文》"析也"，其本义为劈开，引申为离开。《列子·黄帝》："华胥氏之国……不知斯齐国几千万里。"张湛注："斯，离也。"

[3]誃(chǐ)，《说文》"离别也"，其本义为离开。郝懿行义疏："誃台，犹离宫别馆也。"

三、谡[2]、兴[3]，起[1]也。

此释条义训为起来、发起，二词共训，二义同条。

[1]起，《说文》"能立也"，其本义为起立、起来。《左传·宣公十四年》："楚子闻之，投袂而起。"《孟子·尽心上》："孟子曰：'鸡鸣而起，孳孳为善者，舜之徒也。'"引申为发起。《左传·昭公二十六年》："冬十月丙申，王起师于滑。"杜预注："起，发也。"

[2]谡(sù)，《说文》未收，其本义当为起来。《仪礼·士虞礼》："祝入，尸谡。"郑玄注："谡，起也。"

[3]兴，《说文》"起也"，其本义为起来。《诗·卫风·氓》："夙兴夜寐，靡有朝矣。"引申为发起。《左传·哀公二十六年》："大尹兴空泽之士千甲。"陆德明释文："兴，发也。"

四、还[2]、复[3]，返[1]也。

此释条义训为返回，二词共训，一义贯条。

[1]返，《说文》"还也"，其本义为返回。《晏子春秋·内篇谏上》："景公畋于署梁，十有八日而不返。"

[2]还，《说文》"复也"，其本义为返回。《左传·隐公四年》："诸侯之师败郑徒兵，取禾而还。"

[3]复，《说文》"往来也"，其本义为返回。《左传·桓公五年》："淳于公如曹，度其国危，遂不复。"杜预注："国有危难，不能自安，故出朝而遂不还。"

五、宣[2]、徇[3]，徧[1]也。

此释条义训为周遍，二词共训，一义贯条。

[1]徧，《说文》"帀也"，其本义为周遍。《书·舜典》："望于山川，徧于群神。"

[2]宣，《说文》"天子宣室也"，其本义为天子的宽大宫室，引申为宽

大，再引申为周遍。《诗·大雅·桑柔》:"秉心宣犹，考慎其相。"郑玄注:"宣，徧。"

[3]徇，《说文》未收，邵晋涵正义:"徇，本作旬。"旬之本义为十天，引申为周遍。《诗·大雅·江汉》:"王命召虎，来旬来宣。"朱熹集传:"旬，徧。……徧治其事，以布王命。"

六、馹[2]、遽[3]，传[1]也。

此释条义训为驿站的车马，二词共训，一义贯条。

[1]传（zhuàn），《说文》"遽也"，其本义为驿站的车马。《左传·成公五年》:"晋侯以传召伯宗。"杜预注:"传，驿。"

[2]馹（rì），《说文》"驿传也"，其本义为驿站的车马。《左传·文公十六年》:"楚子乘馹，会师于临品。"杜预注:"馹，传车也。"

[3]遽，《说文》"传也"，其本义为驿站的车马。《左传·僖公三十三年》:"郑商人弦高，将市于周，遇之……且使遽告于郑。"杜预注:"遽，传车。"孔颖达疏引孙炎曰:"传车，驿马也。"

七、蒙[2]、荒[3]，奄[1]也。

此释条义训为覆盖，二词共训，一义贯条。

[1]奄，《说文》"覆也"，其本义为覆盖。《淮南子·修务训》:"万物至众，而知不足以奄之。"高诱注:"奄，盖之也。"

[2]蒙，《说文》"王女也"，其本义为菟丝子，草名，引申为覆盖。《诗·鄘风·君子偕老》:"蒙彼绉絺，是绁袢也。"

[3]荒，《说文》"芜也"，其本义为荒芜，引申为覆盖。《诗·周南·樛木》:"南有樛木，葛藟荒之。"毛传:"荒，奄也。"

八、告[2]、谒[3]，请[1]也。

此释条义训为请求，二词共训，一义贯条。

[1]请，《说文》"谒也"，其本义为拜见，引申为请求。《左传·隐公元年》："（武姜）爱公叔段，欲立之。亟请于武公，公弗许。"

[2]告，《说文》"牛触人，角箸横木，所以告人也"，按之古籍，其本义为祭告上天，引申为告诉，再引申为请求。《国语·鲁语上》："国有饥馑，卿出告籴，古之制也。"韦昭注："告，请也。"

[3]谒，《说文》"白也"，其本义为禀告，引申为请求。《左传·昭公十六年》："韩宣子有环，其一在郑商。宣子谒诸郑伯，子产弗与。"

九、肃[2]、噰[3]，声[1]也。

此释条义训为声音，二词共训，解说明显义素：共同义素。

[1]声，《说文》"音也"，其本义为乐音，引申为声音。《孟子·梁惠王上》："闻其声，不忍食其肉。"

[2]肃，《说文》"持事振敬也"，其本义为恭敬，这里当为肃肃，形容鸟振动羽毛的声音。《诗·小雅·鸿雁》："鸿雁于飞，肃肃其羽。"毛传："肃肃，羽声也。"

[3]噰，《说文》未收，这里当为噰噰，同雝雝，形容鸟和鸣的声音。《诗·邶风·匏有苦叶》："雝雝鸣雁，旭日始旦。"毛传："雝雝，雁声和也。"

按：在鸟振动羽毛的声音与鸟和鸣的声音中，均明确显示声音之义，说明此释条解说被释词肃、噰的明显义素。

一〇、格[2]、怀[3]，来[1]也。

此释条义训为来到，二词共训，一义贯条。

[1]来，《说文》"周所受瑞麦来麰，一来二缝，象芒束之形"，其本义当为小麦，借为来到之义。《诗·小雅·采薇》："昔我往矣，杨柳依依；

今我来思，雨雪霏霏。"

[2]格，《说文》"木长皃"，其本义为树木的长枝条，假借为来到之义。《书·尧典》："格！汝舜。"孔传："格，来。"

[3]怀，《说文》"念思也"，参之金文形体，其本义当为怀里、胸前，引申为思念，再引申为到、来之义。《诗·大雅·大明》："维此文王，小心翼翼。昭事上帝，聿怀多福。"

一一、畛[2]、厎[3]，致[1]也。

此释条义训为致意与施行，二词共训，二义同条。

[1]致，《说文》"送诣也"，其本义为送去，引申为致意。《诗·小雅·楚茨》："工祝致告，徂赉孝孙。"郑玄笺："祝以此故致神意，造主人，使受嘏。"引申为施行。《商君书·修权》："数如严令而不敬其刑，则民傲死。"

[2]畛，《说文》"井田间陌也"，其本义为田间道路，假借为祝告、致意。《礼记·曲礼下》："临诸侯，畛于鬼神，曰：'有天王某甫。'"郑玄注："畛，致也。祝告致于鬼神辞也。"

[3]厎(dǐ)，旧读 zhǐ，《说文》"柔石也"，其本义为质细的磨刀石，引申为施行。《书·舜典》："询事考言，乃言厎可绩。"蔡沈集传："厎，致也。"

一二、恀[2]、怙[3]，恃[1]也。

此释条义训为依赖，二词共训，一义贯条。

[1]恃，《说文》"赖也"，其本义为依赖。《诗·小雅·蓼莪》："无父何怙！无母何恃！"在此句中，怙、恃相对成文，其义均为依赖。

[2]恀(shì)，《说文》未收，按之古籍与字形，其本义为依赖。《荀子·非十二子》："其冠进，其衣缝，其衣愻。俭然，恀然。"杨倞注："恀然，恃尊长之貌。"

[3]怙，《说文》"恃也"，其本义为依赖。《左传·定公四年》："无怙富，无恃宠。"在此句中，怙、恃也相对成文，其义均为依赖。

一三、律[2]、遹[3]，述[1]也。

此释条义训为遵循，二词共训，一义贯条。

[1]述，《说文》"循也"，其本义为遵循。《诗·邶风·日月》："胡能有定？报我不述。"毛传："述，循也。"郑玄笺："不循，不循礼也。"

[2]律，《说文》"均布也"，其本义为古代定音或测量候气的竹管、玉管、铜管，引申为音律、法令，而音律、法令均为必须依据准则，于是引申为遵循。《礼记·中庸》："上律天时，下律水土。"

[3]遹，《说文》"回避也"，其本义为邪僻，根除邪僻才能走上正道，于是引申为遵循。《书·康诰》："今民将在祗遹乃文考，绍闻衣德言。"孔传："今治民将在敬循汝文德之父，继其所闻，报服其德行言以为政教。"在，观察。祗，恭敬。考，父亲。绍，努力。衣，通"殷"，指殷商。

一四、俞[2]、畣[3]，然[1]也。

此释条义训为表示肯定意义的应对副词，二词共训，一义贯条。

[1]然，《说文》"烧也"，其本义为燃烧，假借为表示肯定意义的应对副词。《论语·微子》："（长沮）曰：'是鲁孔丘之徒与？'（子路）对曰：'然。'"

[2]俞，《说文》"空中为舟也"，其本义为用中空的树木制成的船，假借为应对副词，表示肯定意义。《书·尧典》："帝曰：'俞，予闻，如何？'"孔传："俞，然也。"

[3]畣，《说文》未收。《玉篇·田部》："畣，今作苔（答）。"《集韵·合韵》："答，古作畣。"《广雅·释诂》："对，畣也。"

一五、豫[2]、胪[3]，叙[1]也。

此释条义训为次序，二词共训，一义贯条。

[1]叙，《说文》"次弟也"，其本义为次序。《周礼·地官·乡师》："凡

邦事，令作秩叙。"郑玄笺："叙，犹次也。"

[2]豫，《说文》"象之大者"，其本义为大象，假借为次序之义。豫、序上古鱼部叠韵，读音相近，豫通序，有次序之义。《礼记·祭义》："祭之日，君牵牲，穆荅君，卿大夫序从。"郑玄注："序，以次第从也。序，或作豫。"

[3]胪，《说文》"皮也"，其本义为皮肤，假借为次序之义。《太玄·棿》："秉珪戴璧，胪凑群辟。"范望注："胪，陈序也。"

一六、庶几[2]，尚[1]也。

此释条义训为副词，表示希望语气，独词为训，一义贯条。

[1]尚，《说文》"曾也，庶几也"，其本义为增加，假借为语气副词，表示希望。《左传·昭公十三年》："灵王卜曰：'余尚得天下！'"

[2]庶几，副词，表示希望语气。《诗·小雅·车辖》："虽无旨酒，式饮庶几；虽无嘉肴，式食庶几。"袁梅注："庶几，幸。此表希望之词。"

一七、观[2]、指[3]，示[1]也。

此释条义训为给人看，二词共训，一义贯条。

[1]示，《说文》"天垂象，见吉凶，所以示人也"，其本义为天显现出某种征象，引申为给人看。《礼记·檀弓下》："国奢则示之以俭，国俭则示之以礼。"

[2]观，《说文》"谛视也"，其本义为仔细看，引申为示人、给人看。《书·益稷》："予欲观古人之象。"孔颖达疏："谓欲申明古人法象之衣服，垂示在下使观之也。"

[3]指，《说文》"手指也"，其本义为手指，引申给人看。《书·西伯戡黎》："殷之即丧，指乃功，不无戮于尔邦！"

一八、若[2]、惠[3]，顺[1]也。

此释条义训为顺从、和顺，二词共训，二义同条。

[1]顺，《说文》"理也"，按之古籍，其本义为顺从。《诗·大雅·皇矣》："不识不知，顺帝之则。"再引申为和顺、柔顺。《诗·郑风·女曰鸡鸣》："知子之顺之，杂佩以问之。"郑玄笺："顺，谓与己和顺。"

[2]若，《说文》"择菜也"，依商承祚《殷虚文字类编》，若字像人举手而踞足，像其承诺时恭顺之状，其本义当为顺从。《书·尧典》："乃命羲和，钦若昊天。"蔡沈集传："若，顺也。"

[3]惠，《说文》"仁也"，其本义为仁爱，引申为和顺、柔顺。《诗·邶风·终风》："终风且霾，惠然肯来。"

一九、敖[2]、忨[3]，傲[1]也。

此释条义训为傲慢，二词共训，一义贯条。

[1]傲，《说文》"倨也"，其本义为傲慢。《书·盘庚上》："猷黜乃心，无傲从康。"

[2]敖，《说文》"出游也"，其本义为出游，引申为傲慢之义。《礼记·曲礼上》："敖不可长，欲不可从。"

[3]忨（hū），《说文》"覆也"，其本义为覆盖，引申为傲慢。《礼记·投壶》："毋忨毋敖。"郑玄注："忨，敖慢也。"

二〇、幼[2]、鞠[3]，稚[1]也。

此释条义训为幼小，二词共训，一义贯条。

[1]稚，《说文》"幼禾也"，其本义为幼小。《穀梁传·僖公十年》："晋献公伐虢，得丽姬，献公私之。有二子，长曰奚齐，稚曰卓子。"

[2]幼，《说文》"少也"，其本义为幼小。《礼记·曲礼上》："人生十年曰幼。"

[3]鞠，《说文》"蹋鞠也"，其本义为古代一种用革制的皮球，假借为

生育、养育，再引申为幼小。《书·康诰》："兄亦不念鞠子哀，大不友于弟。"

二一、逸[2]、諐[3]，过[1]也。

此释条义训为过失，二词共训，一义贯条。

[1]过，《说文》"度也"，其本义为经过，引申为过失。《书·吕刑》："五罚不服，正于五过。"蔡沈集传："过，误也。"

[2]逸，《说文》"失也"，其本义为逃跑，引申为过失。《书·盘庚上》："予亦拙谋，作乃逸。"孔传："逸，过也。"

[3]諐，《说文》为愆之籀文。《说文》："愆，过也。"諐之本义为过失。《礼记·缁衣》："《诗》云：'淑慎尔止，不諐于仪。'"

二二、疑[2]、休[3]，戾[1]也。

此释条义训为安定，二词共训，义项与义素并释。

[1]戾，《说文》"曲也"，其本义为弯曲，假借为到达，再引申为安定。《书·康诰》："今惟民不静，未戾厥心。"孔传："今天下民不安，未定其心于周。"

[2]疑，《说文》"惑也"，其本义为疑惑，通凝，有安定之义。《诗·大雅·桑柔》："靡所止疑，云徂何往？"毛传："疑，定也。"

[3]休，《说文》"息止也"，其本义为休息，引申为停止。《诗·大雅·瞻卬》："妇无公事，休其蚕织。"毛传："休，息也。"孔颖达疏："汝今妇人之不宜与朝廷公事而休止养蚕织纴。"工作停止了，则使人心里安定，于是在停止的义项中，蕴藏着安定之义，而其义又没有明确显示于义项中，说明此释条解说被释词休的隐含义素。

二三、疾[2]、齐[3]，壮[1]也。

此释条义训为迅速，二词共训，一义贯条。

[1]壮，《说文》"大也"，其本义为大，引申为强健，再引申为迅速。《庄子·徐无鬼》："庶人有旦暮之业则劝，百工有器械之巧则壮。"陆德明释文引李颐注："壮，犹疾也。"

[2]疾，《说文》"病也"，其本义为疾病，相因引申为迅速。《孙子·九地》："疾战则存，不疾战则亡者，为死地。"孔颖达疏："不须急疾，而事速成。"

[3]齐，《说文》"禾麦吐穗上平也"，其本义为整齐，假借为迅速之义。《诗·小雅·小宛》："人之齐圣，饮酒温克。"王引之述闻："齐者，知虑之敏也。"

二四、恝[2]、褊[3]，急[1]也。

此释条义训为急躁，二词共训，一义贯条。

[1]急，《说文》"褊也"，其本义为心胸狭窄，引申为急躁。《韩非子·观行》："西门豹之性急，故佩韦以自缓。"

[2]恝(jiè)，《说文》"饰也"，段玉裁注作"饬也"，其本义为警戒，引申为急躁。郝懿行义疏："恝者，心之急也。"

[3]褊(biǎn)，《说文》"衣小也"，其本义为衣服狭小，引申为心胸狭窄，再引申为急躁。《诗·魏风·葛屦序》："魏地狭隘，其民机巧趋利，其君俭啬褊急。"孔颖达疏："褊急，言性躁。"

二五、贸[2]、贾[3]，市[1]也。

此释条义训为交易，二词共训，一义贯条。

[1]市，《说文》"买卖所之也"，其本义为进行交易的场所，引申为交易。《易·系辞下》："日中为市，致天下之民，聚天下之货。"

[2]贸，《说文》"易财也"，其本义为交易。《墨子·号令》："募民欲

财物粟米，以贸易凡器者，卒以贾予。"

[3]贾，《说文》"贾市也"，其本义为交易。《书·酒诰》："肇牵车牛，远服贾。"

二六、厞[2]、陋[3]，隐[1]也。

此释条义训为隐蔽，二词共训，一义贯条。

[1]隐，《说文》"蔽也"，其本义为隐蔽。《诗·邶风·柏舟》："耿耿不寐，如有隐忧。"

[2]厞(fèi)，《说文》"隐也"，其本义为隐蔽。《仪礼·士虞礼》："祝反入，彻设于西北隅，如其设也，几在南，厞用席。"郑玄注："厞，隐也。于厞隐之处，从其幽闇。"

[3]陋，《说文》"阨陕也"，其本义为狭隘，引申为鄙小，再引申为隐蔽。《书·尧典》："明明扬侧陋。"孔颖达疏："举其明德之人于僻隐鄙陋之处。"

二七、遏[2]、遾[3]，逮[1]也。

此释条义训为到，二词共训，一义贯条。

[1]逮(dài)，《说文》"唐逮，及也"，其本义为到。《书·费誓》："甲戌，我惟征徐戎，峙乃糗粮，无敢不逮，汝则有大刑。"

[2]遏(è)，《说文》"微止也"，其本义为阻止，阻止不该做的事情，就能达到预期目的，于是引申为到，其义用于古代方言的口语中，因此至今未见古籍用例。郭璞注："东齐曰遏，北燕曰遾，皆相及逮。"扬雄《方言》卷七："蝎、噬，逮也。东齐曰蝎，北燕曰噬。逮，通语也。"两家之说，显示出古代东齐口语使用遏的端倪，可备参考。按：遏与蝎、遾与噬音义相同。

[3]遾(shì)，或作"噬"，《说文》"啗也"，其本义为吃，通"逝"，则有到之义。《诗·唐风·有杕之杜》："彼君子兮，噬肯适我？"陆德明释文："《韩诗》作逝。逝，及也。"逝，到、来到，独词为句，其宾语诗

句从略。

二八、征[2]、迈[3]，行[1]也。

此释条义训为远行，二词共训，一义贯条。

[1]行，《说文》"人之步趋也"，其甲骨文形体象十字路口之形，其本义当为道路，引申为远行。《国语·晋语四》："夙夜征行，不遑启处，犹惧无及。"

[2]征，《说文》为证的或体，释为"正行也"，其本义为远行。《诗·小雅·小明》："我征徂西，至于艽野。"

[3]迈，《说文》"远行也"，其本义为远行。《诗·小雅·小宛》："我日斯迈，而月斯征。"郑玄笺："迈、征，皆行也。"

二九、圮[2]、败[3]，覆[1]也。

此释条义训为毁坏，二词共训，一义贯条。

[1]覆，《说文》"覂也"，其本义为倒出，引申为毁坏。《逸周书·周祝解》："顷国、覆国、事国、孤国、屠（国），皆若之何？"

[2]圮，《说文》"毁也"，其本义为毁坏。《书·尧典》："帝曰：'吁！咈哉！方命圮族。'"

[3]败，《说文》"毁也"，其本义为毁坏。《诗·大雅·民劳》："式遏寇虐，无俾正败。"郑玄笺："败，坏也。"

三〇、荐[2]、原[3]，再[1]也。

此释条义训为重复，二词共训，一义贯条。

[1]再，《说文》"一举而二也"，其本义为第二次，引申为重复、多次。《孙子兵法·作战》："善用兵者，役不再籍，粮不三载。"

[2]荐，《说文》"薦蓆也"，其本义为草席，引申为副词，表示屡次，相当于"一再"。《左传·僖公十三年》："晋荐饥，使乞籴于秦。"杜预注：

"再，重也。"

[3]原，《说文》"水泉本也"，其本义为水流起头的地方，引申为再。《淮南子·泰族训》："原蚕一岁再收，非不利也，然而王法禁止者，为其蚕桑也。"高诱注："原，再也。"

三一、憮[2]、敉[3]，抚[1]也。

此释条义训为安抚，二词共训，一义贯条。

[1]抚，《说文》"安也"，其本义为安抚。《左传·定公四年》："若以君灵，抚之，世以事君。"杜预注："抚，存恤也。"

[2]憮(wǔ)，《说文》"爱也"，其本义为爱抚。《方言》卷一："憮，爱也。韩、郑曰憮。"

[3]敉(mǐ)，《说文》"抚也"，其本义为爱抚、安抚。《书·洛诰》："四方迪乱，未定于宗礼，亦未克敉公功。"孔传："是亦未能抚顺公之大功。"孙星衍疏引郑玄曰："敉，安也。"

三二、臞[2]、脙[3]，瘠[1]也。

此释条义训为瘦，二词共训，一义贯条。

[1]瘠，《说文》未收，《玉篇》"瘦也"，其本义当为瘦。《左传·襄公二十一年》："楚子使医视之，复曰：'瘠则甚矣，而血气未动。'"

[2]臞(qú)，《说文》"少肉也"，其本义为消瘦。《韩非子·喻老》："两者战于胸中，未知胜负，故臞；今先王之义胜，故肥。"

[3]脙(xiū)，《说文》"齐人谓臞脙也"，其本义为瘦。《玉篇》："齐人谓瘠腹为脙。"

三三、栊[2]、颎[3]，充[1]也。

此释条义训为充满，二词共训，一义贯条。

[1]充，《说文》"长也"，其本义为长，引申为充满。《孟子·梁惠王

下》："而君之仓廪实，府库充。"

[2]桄(guàng)，《说文》"充也"，其本义为充满，段玉裁注："桄，读古旷切，所以充拓之圻堮也，必外有桄，而后内可充拓之令满，故曰'桄，充也。'"

[3]颎(jiǒng)，《说文》"火光也"，其本义为光明，引申为充满。王引之述闻："颎、扃同声，故字亦相通。《淮南·俶真篇》：'处小隘而不塞，横扃天地之间而不窕。'《主术篇》曰：'横扃四方而不窕。'横扃者，充塞之谓。《荀子·赋篇》：'充盈大宇而不窕，入郄穴而不偪。'义与《淮南》同也。"

三四、屡[2]、昵[3]，亟[1]也。

此释条义训为屡次、喜爱，二词共训，二义同条。

[1]亟，《说文》"敏疾也"，其本义为急速，引申为副词，屡次。《左传·隐公元年》："亟请于武公，公弗许。"又假借为喜爱之义。《方言》卷一："亟，爱也。东齐海岱之间曰亟。自关而西，秦晋之间，凡相敬爱谓之亟。"《列子·仲尼》："鼻将窒者，先觉焦朽；体将僵者，先亟奔佚。"殷敬顺释文引《方言》："亟，受也。"杨伯峻案："受字当为爱字之误。"

[2]屡，《说文新附》"数也"，其本义为多次。《诗·小雅·正月》："屡顾尔仆，不输尔载。"郑玄笺："屡，数也。"

[3]昵，《说文》"日近也"，其本义为亲近。《左传·襄公二年》："若背之，是弃力与言，其谁昵我？"

三五、靡[2]、罔[3]，无[1]也。

此释条义训为副词"没有"，二词共训，一义贯条。

[1]无，《说文》"亡也"，参之甲骨文形体，其本义当为巫师跳舞，假借为副词，表示否定，没有。《诗·小雅·车攻》："之子于征，有闻无声。"朱熹集传："闻师之行而不闻其声。"

[2]靡，《说文》"披靡也"，其本义为倒下，假借为否定副词，没有。

《诗·小雅·节南山》："不吊昊天，乱靡有定。"

[3]罔，《说文》未收，其本义当为鱼网，假借为副词，表示否定，没有。《书·汤誓》："尔不从誓言，予则孥戮汝，罔有攸赦。"

三六、爽[2]，差[1]也；爽；忒[3]也。

此释条义训为差错，一词分训，一义贯条。

[1]差，《说文》"贰也，差不相值也"，其本义为差错。《楚辞·离骚》："汤禹俨而祗敬兮，周论道而莫差。"

[2]爽，《说文》"明也"，其本义为明亮，展转引申为差错。《诗·卫风·氓》："女也不爽，士贰其行。"毛传："爽，差也。"

[3]忒，《说文》"更也"，其本义为变更，引申为差错。《易·观》："观天之神道，而四时不忒。"李鼎祚集解引虞翻曰："忒，差也。"

三七、佴[2]，贰[1]也。

此释条义训为变更，独词为训，一义贯条。

[1]贰，《说文》"副益也"，其本义为副职，通"忒"，有变更之义。《诗·卫风·氓》："女也不爽，士贰其行。"

[2]佴，《说文》"佽也"，其本义为顺次，向相反方向引申，则为变更。《文选·司马迁〈报任少卿书〉》："李陵既生降，隤其家声；而仆又佴之蚕室，重为天下观笑。"李善注引如淳曰："佴，次也。若人相次也。"详考文意，司马迁为李陵说情，惹恼汉武帝，一气之下对他施以宫刑，使之下之蚕室，此非顺次而为，因此逆其说，将佴释为变更。

三八、剂[2]、翦[3]，齐[1]也。

此释条义训为修剪，二词共训，一义贯条。

[1]齐，《说文》"禾麦吐穗上平也"，其本义为整齐，通"剪"，则有修剪之义。《集韵》："前，《说文》：'齐断也。'或作齐，俗作剪。"《仪礼·既

夕礼》:"马不齐髦。"郑玄注:"齐,剪也。"

[2]剂,《说文》"齐也",其本义为剪。《太玄·永》:"永不轨,其命剂也。"范望注:"剂,剪也;剪,绝也。"

[3]翦,《说文》"羽生也",其本义为初生的羽毛,引申为修剪。《仪礼·士虞礼》:"沐浴,栉,搔翦。"郑玄注:"今文曰:'搔翦',或为'蚤揃'。"

三九、馩[2]、馏[3],稔[1]也。

此释条义训为熟,二词共训,解说明显义素:共同义素。

[1]稔,《说文》"穀熟也",其本义为庄稼成熟。《国语·吴语》:"吴王夫差既杀申胥,不稔于岁,乃起师北征。"

[2]馩(fēn),《说文》为饙的或体。《说文》:"饙,滫饭也。馩,饙或从贲。餴,饙或从奔。"馩、饙、餴为异体字。其本义为蒸米饭。《诗·大雅·泂酌》:"泂酌彼行潦,挹彼注兹,可以饙饎。"朱熹集传:"饙,蒸米一熟,而以水沃之,乃再蒸也。"在这个用例中,饙同馩,均为将食物蒸熟之义。

[3]馏,《说文》"饭气蒸也",其本义为将饭蒸熟。《诗·大雅·泂酌》:"泂酌彼行潦,挹彼注兹,可以饙饎。"毛传:"饙,馏也。"这里毛传以馏释饙,可见馏与饙均为将食物蒸熟之义。桂馥《说文解字义证》:"蒸饭更炊谓之馏。"

按:将食物蒸熟与将米饭蒸熟,均明确显示熟之义,说明此释条解说被释词馩、馏的明显义素。

四〇、媵[2]、将[3],送[1]也。

此释条义训为送行,二词共训,一义贯条。

[1]送,《说文》"遣也",其本义为送行。《诗·邶风·燕燕》:"之子于归,远送于野。"

[2]媵,《说文》未收,参之古籍,其本义为陪送出嫁,引申为送行。

《楚辞·九歌·河伯》："波滔滔兮来迎，鱼隣隣兮媵予。"王逸注："媵，送也。河伯遣鱼隣隣侍从而送我也。"在这个用例中，媵与迎相对成文，意义相反，迎为迎接，媵为相送。

[3]将，《说文》"帅也"，其本义为将帅，引申为扶将、扶助之义，再引申为送行。《诗·召南·鹊巢》："之子于归，百两将之。"毛传："将，送也。"

四一、作[2]、造[3]，为[1]也。

此释条义训为制作，二词共训，一义贯条。

[1]为，《说文》"母猴也"，其说不妥。为字甲骨、金文形体，像人手牵大象之形，其本义当为做。《书·金縢》："为坛于南方北面，周公立焉。"

[2]作，《说文》"起也"，其本义为兴起，引申为建立。《书·康诰》："惟三月哉生魄，周公初基作新大邑于东国洛。"

[3]造，《说文》"就也"，其本义为到、去，引申为制作。《诗·郑风·缁衣》："缁衣之好兮，敝，予又改造兮。"郑玄笺："造，为也。"

按：《诗·郑风·缁衣》共三章。每章的前两句诗分别为：

缁衣之宜兮，敝，予又改为兮。
缁衣之好兮，敝，予又改造兮。
缁衣之蓆兮，敝，予又改作兮。

诗中"为""造""作"相对成文，意义相同，均为制作之义，《尔雅·释言》"作、造，为也"，恐为释此诗而立。

四二、餥[2]、馂[3]，食[1]也。

此释条义训为吃与粮食，二词共训，二义同条。

[1]食，《说文》"一米也"，按之古籍与字形，其本义为饭食，引申为粮食。《诗·卫风·氓》："自我徂尔，三岁食贫。"郑玄笺："女家乏穀食已三岁贫矣。"又引申为吃。《诗·魏风·硕鼠》："硕鼠硕鼠，无食我黍。"

[2]餥(fēi)，《说文》"餱也。陈楚之间相谒食麦饭谓之餥。"《方言》

卷一："餥，食也。陈楚之间相谒而食麦饘谓之餥。"餥之本义当为吃。

[3] 餱（hóu），《说文》作𩜊，二者为异体字，《说文》："𩜊，干食也。从食，矦声。《周书》曰：'峙乃𩜊粮。'"《正字通·食部》："餱，𩜊本字，《说文》作𩜊。"《广韵·侯韵》："餱，干食"，其本义当为干粮。《诗·大雅·公刘》："迺积迺仓，迺裹餱粮。"

四三、鞫[2]、究[3]，穷[1]也。

此释条义训为穷尽、穷困，二词共训，二义同条。

[1]穷，《说文》"极也"，其本义为穷尽。《书·微子之命》："作宾于王家，与国咸休，永世无穷。"引申为穷困。《左传·昭公十四年》："分贫振穷。"孔颖达疏："大体贫穷相类，细言穷困於贫。贫者家少财货，穷谓全无生业。"穷，穷困，这里用作定语，指穷困的人。

[2]鞫（jū），《说文》未收，《玉篇》"问鞫也"，其本义当为审问，引申为穷困。《诗·大雅·云汉》："鞫哉庶正，疚哉冢宰。"郑玄笺："鞫，穷也。疚，病也。穷哉病哉者，念此诸臣勤于事而困于食。"又引申为穷尽。《诗·小雅·小弁》："踧踧周道，鞫为茂草。"周道，大道。

[3]究，《说文》"穷也"，其本义为穷尽。《诗·大雅·荡》："侯作侯祝，靡届靡究。"毛传："究，穷也。"

四四、卤[2]、矜[3]、咸[4]，苦[1]也。

此释条义训为味苦、辛苦，多词共训，二义同条。

[1]苦，《说文》"大苦，苓也"，其本义为苦菜，即荼，引申为味苦。《诗·邶风·谷风》："谁谓荼苦，其甘如荠。"又引为劳苦。《孟子·梁惠王上》："乐岁终身苦，凶年不免于死亡。"

[2]卤，《说文》"西方咸地也"，其本义为盐碱地。《易·说卦》："其于地也，为刚卤。"焦循章句："卤，苦也。"引申为咸，味道苦。

[3]矜，《说文》"矛柄也"，其本义为长矛或戈戟的柄，假借为劳苦之义，音jīn。《庄子·在宥》："愁其五脏以为仁义，矜其血气以规法度。"

王引之述闻："《庄子·在宥篇》'矜其血气'，犹《孟子》言'苦其心志耳。'"

[4]咸，《说文》"衔也，北方味也"，许慎以阴阳五行之说释"咸"，其实咸常用来表示像盐那样的味道。《书·洪范》："润下作咸，炎上作苦，曲直作酸，从革作辛，稼穑作甘。"郭璞在此条下注："苦即大咸。"郝懿行义疏："咸极必苦。"

四五、干[2]、流[3]，求[1]也。

此释条义训为寻求，二词共训，一义贯条。

[1]求，《说文》"裘，皮衣也。求，古文省衣"，求之本义为皮衣，假借为寻求之义。《诗·王风·黍离》："知我者，谓我心忧；不知我者，谓我何求。"孔颖达疏："谓我有何求索。"

[2]干，《说文》"犯也"，参之古文形体，其本义当为盾，古代用来挡住刀箭、卫护自身的兵器，引申为寻求。《论语·为政》："子张学干禄。"《庄子·外物》："饰小说以干县令，其于大达亦远矣。"

[3]流，《说文》"水行也"，其本义为流动，引申为寻求。《诗·周南·关雎》："参差荇菜，左右流之。"毛传："流，求也。"

四六、流[2]，覃[1]也；覃，延[3]也。

此释条义训为蔓延、延及，递相为训，义素与义项并释。

[1]覃，《说文》"长味也"，其本义为滋味深长，引申为蔓延、延及。《诗·周南·葛覃》："葛之覃兮，施于中谷。"毛传："覃，延也。"孔颖达疏："言葛之渐长，稍稍蔓延兮而移于谷中。"

[2]流，《说文》"水行也"，其本义为水流动。《易·坎》："水流而不盈，行险而不失信。"在水流动的义项中蕴藏着蔓延之义，而其义又没有明确显示在义项中，说明此释条解说被释词流的隐含义素。

[3]延，《说文》"长行也"，按之古籍，其本义当为长，引申为蔓延、延及。《书·大禹谟》："罚弗及嗣，赏延于世。"孔传："延，及也。"

四七、佻[2]，偷[1]也。

此释条义训为轻薄，独词为训，一义贯条。

[1]偷，《说文》未收，按之古籍与字形，其本义当为轻薄、不庄重。《论语·泰伯》："故旧不遗，则民不偷。"邢昺疏："偷，薄也。"

[2]佻，《说文》"愉也"，段玉裁注："按，《释言》：'佻，偷也'，偷者，愉之俗字。"佻之本义为轻薄。《左传·昭公十年》："《诗》曰：'德音孔昭，视民不佻。'"杜预注："佻，偷也。"孔颖达疏："其视下民不偷薄苟且也。"

四八、潜[2]，深[1]也。

此释条义训为水深，独词为训，一义贯条。

[1]深，《说文》"水，出桂阳南平，西入营道"，其本义为水名，引申为水深。《诗·小雅·小旻》："如临深渊，如履薄冰。"

[2]潜，《说文》"涉水也"，其本义为涉水，引申为水深。《诗·小雅·正月》："潜虽伏矣，亦孔之炤。"

四九、潜[2]、深[3]，测[1]也。

此释条义训为测量，二词共训，一义贯条。

[1]测，《说文》"深所至也"，王筠句读："深，动字，谓测之也……《玉篇》：'测，度也，广深曰测。'"案："当作'度深曰测'。……深所至者，谓深其深之几何也。"测之本义当为测量。《周礼·地官·大司徒》："以土圭之法测土深。"郑玄注："测，犹度也。"《淮南子·原道训》："高不可际，深不可测。"高诱注："度深曰测。"

[2]潜，《说文》"涉水也"，引申为深，再引申为测量。《庄子·田子方》："夫至人者，上闚青天，下潜黄泉，挥斥八极，神气不变。"郭庆藩集释："潜与闚对文。潜，测也，与闚之意相近。"

[3]深，《说文》"水，出桂阳南平，西入营道"，其本义为水名，引申

为水深，再引申为测量。《列子·黄帝》："彼将处乎不深之度，而藏乎无端之纪。"

五〇、穀[2]、鞠[3]，生[1]也。

此释条义训为活、养育，二词共训，二义同条。

[1]生，《说文》"进也，象艸木生出土上"，其本义为生长，引申为活，与"死"相对。《诗·邶风·击鼓》："死生契阔，与子成说。"又引申为养育。《周礼·天官·大宰》："以八柄诏王驭群臣……五曰生，以驭其福。"郑玄注："生，犹养也。贤臣之老者，王有以养之。"

[2]穀，《说文》"续也，百穀之总名"，其本义为粮食作物的总称，引申为活，与"死"相对。《诗·王风·大车》："穀则异室，死则同穴。"孔颖达疏："生则异室而居，死则同穴而葬。"又引申为养育。《诗·小雅·甫田》："以介我稷黍，以穀我士女。"郑玄笺："穀，养也。"

[3]鞠，《说文》"蹋鞠也"，其本义为古代一种用革制的皮球，假借为养育。《诗·小雅·蓼莪》："父兮生我，母兮鞠我。"毛传："鞠，养也。""生"与"鞠"对文，意义相同，均为养育。

五一、啜[2]，茹[1]也。

此释条义训为吃，独词为训，一义贯条。

[1]茹，《说文》："饮马也"，其本义为喂马，引申为吃。《诗·大雅·烝民》："人亦有言：'柔则茹之，刚则吐之。'"

[2]啜，《说文》"尝也"，其本义为品尝，即吃。《荀子·天论》："君子啜菽饮水，非愚也。"

五二、茹[2]、虞[3]，度[1]也。

此释条义训为猜度，二词共训，一义贯条。

[1]度，《说文》"法制也"，按之古籍与字形，其本义为计量长短的标

准或器具，引申为推测、揣度。《诗·小雅·巧言》："他人有心，予忖度之。"

[2]茹，《说文》"饮马也"，其本义为喂马，假借为推测、揣度。《诗·小雅·六月》："狝狁匪茹，整居焦获，侵镐及方，至于泾阳。"郑玄笺："言狝狁之来侵，非其所当度为也。"

[3]虞，《说文》"驺虞也。白虎黑文，尾长于身。仁兽，食自死之肉。"其本义为兽名，假借为猜度之义。《诗·大雅·抑》："谨尔侯度，用戒不虞。"毛传："不虞，非度也。"

五三、试[2]、式[3]，用[1]也。

此释条义训为使用，二词共训，一义贯条。

[1]用，《说文》"可施行也"，其本义为施行，引申为使用。《诗·大雅·公刘》："执豕之牢，酌之用匏。"

[2]试，《说文》"用也"，其本义为使用。《诗·小雅·大东》："私人之子，百僚是试。"

[3]式，《说文》"法也"，其本义为法度、规矩，引申为使用。《书·梓材》："后式典集，庶邦丕享。"孔传："君天下能用常法，则和集众国，大来朝享。"

五四、诰[2]、誓[3]，谨[1]也。

此释条义训为谨慎，二词共训，义项与义素并释。

[1]谨，《说文》"慎也"，其本义为谨慎。《榖梁传·桓公元年》："'元年春，王。'桓无王，其曰王，何也？谨始也。"

[2]诰，《说文》"告也"，其本义为上告下，引申为警戒、告诫。王引之述闻："《国语·楚语上》曰：'近臣谏，远臣谤，舆人诵，以自诰也。'自诰，亦谓自戒敕也。"在告诫的义项中蕴含着谨慎之义，而其义又没有明确显示于义项中，说明此释条解说被释词诰的隐含义素。

[3]誓，《说文》"约束也"，其本义为古代军中告诫、约束将士的言辞，

引申为谨慎。《礼记·文王世子》:"曲艺皆誓之,以待又语。"郑玄注:"誓,谨也,皆使谨习其事。"

五五、竞[2]、逐[3],彊[1]也。

此释条义训为尽力,二词共训,解说隐含义素。

[1]彊,《说文》"弓有力也",其本义为硬弓,引申为尽力、努力。《荀子·宥坐》:"幼不能彊学,老无以教之,吾耻之。"

[2]竞,《说文》"彊语也。一曰逐也。"参之甲骨文的形体,其本义为争辩,引申为比赛、角逐。《诗·大雅·桑柔》:"君子实维,秉心无竞。"朱熹注:"竞,争。"角逐必然尽力,其中自然蕴藏着尽力,则尽力为隐含义素。

[3]逐,《说文》"追也",其本义为追赶,引申为竞争。《左传·昭公元年》:"自无令王,诸侯逐进,狎主齐盟。"杜预注:"逐,犹竞也。"竞争必然尽力,其中自然蕴藏着尽力,则尽力为隐含义素。

按:角逐与竞争均必须尽力,于是其义项中都蕴藏着尽力之义,而其义又没有明确显示于义项中,说明此释条解说被释词竞、逐的隐含义素。

五六、禦[2]、囵[3],禁[1]也。

此释条义训为禁止,二词共训,一义贯条。

[1]禁,《说文》"吉凶之忌也",其本义为忌讳,引申为禁止。《左传·昭公六年》:"昔先王议事以制,不为刑辟,惧民之有争心也,犹不可禁禦,是故闲之以义,纠之以政,行之以礼,守之以信,奉之以仁。"

[2]禦,《说文》"祀也",其本义为祭祀以祈免灾祸,引申为禁止。《周礼·秋官·司寤氏》:"禦晨行者,禁宵行者。"郑玄注:"禦,亦禁也。"

[3]囵,《说文》"囹圄,所以拘罪人",其本义为牢狱,引申为禁止。《管子·霸言》:"按强助弱,囵暴止贪。"

五七、窒[2]、薶[3]，塞[1]也。

此释条义训为堵塞，二词共训，一义贯条。

[1]塞，《说文》"隔也"，其本义为堵塞。《诗·豳风·七月》："穹窒熏鼠，塞向墐户。"

[2]窒，《说文》"塞也"，其本义为堵塞。《庄子·秋水》："梁丽可以冲城，而不可以窒穴。"

[3]薶，《说文》"瘗也"，其本义为埋葬，引申为填塞。《周礼·春官·大宗伯》："以貍沈祭山林川泽。"在填塞之义上，貍、薶为古今字。

五八、黼[2]、黻[3]，彰[1]也。

此释条义训为花纹，二词共训，一义贯条。

[1]彰，《说文》"文彰也"，其本义为花纹。《书·皋陶谟》："以五采彰施于五色，作服。"孔传："以五采明施于五色，作尊卑之服。"

[2]黼(fǔ)，《说文》"白与黑相次文"，其本义为古代礼服上绘饰的黑白相间的斧形花纹。《诗·小雅·采菽》："又何予之？玄衮及黼。"毛传："白与黑谓之黼。"及，与、和。

[3]黻(fú)，《说文》"黑与青相次文"，其本义为古代礼服上绘饰的黑青相间的亞形花纹。《诗·秦风·终南》："君子至止，黻衣绣裳。"毛传："黑与青谓之黻。"上曰衣，下曰裳。古今服饰形制称谓均异，务须注意。

五九、膺[2]、身[3]，亲[1]也。

此释条义训为自己、亲自，二词共训，二义同条。

[1]亲，《说文》"至也"，其本义为感情深厚，展转引申为亲自。《诗·小雅·节南山》："弗躬弗亲，庶民弗信。"在亲自的义项中，明确显示自己之义，可见为亲自的明显义素，说明释词亲还使用自己之义。

[2]膺，《说文》"胸也"，其本义为胸膛，引申为自己。《礼记·少仪》："拚席不以鬣，执箕膺擖。"郑玄注："膺，亲也。"拚(pàn)，清除污秽物。

鬣(liè)，扫帚。擛(yè)，箕舌。

[3]身，《说文》"躬也，象人之身"，参之甲骨文形体，身之本义为身孕，引申为身体，再引申为自己。《楚辞·九章·惜诵》："吾谊先君而后身兮，羌众人之所仇。"洪兴祖补注："人臣之义，当先君而后己。"再引申为亲自，副词。《墨子·号令》："伍有罪，若能身捕罪人，若告之吏，皆构之。"

六〇、恺悌[2]，发[1]也。

此释条义训为出发，独词为训，解说明显义素：共同义素。

[1]发，《说文》"射发也"，其本义为发射，相似引申为出发。《诗·齐风·东方之日》："在我闼兮，履我发兮。"朱熹集传："发，行去也。言蹑我而行去也。"

[2]恺悌，破晓出发。《诗经》恺悌作"岂弟"，使用古字，其义完全相同。《诗·齐风·载驱》："鲁道有荡，齐子岂弟。"王先谦《诗三家义集疏》："谓齐子留连久处之后，至天明乃发行（出发）耳。"黄侃《尔雅音训》："经传'岂弟'，皆有闿明之义，惟《载驱》之文始兼义耳。"酌取二家之说，岂弟当取拂晓出发，恰与上节"发夕"傍晚出发对应，反映齐国姑娘在本国与在途中起程时间不同。拂晓出发的义项中，明确显示着出发之义，说明此释条对被释词恺悌解说其明显义素。

六一、髦士[2]，官[1]也。

此释条义训为官员，独词为训，一义贯条。

[1]官，《说文》"吏事君也"，按之字形，其本义为官府，引申为官员、官吏。《书·武成》："建官惟贤，位事惟能。"

[2]髦，《说文》"髪也"，其本义为毛发中的长毫，相似引申为出类拔萃的人物，再引申为选拔。《诗·大雅·思齐》："古之人无斁，誉髦斯士。"清王引之《经义述闻·尔雅中》："士之选，谓之髦，烝我髦士，髦士攸宜是也。选士亦谓之髦，誉髦斯士是也。誉髦斯士，选斯士也。"髦士为选

拔出来的人才，即官员。《诗·小雅·甫田》："攸介攸止，烝我髦士。"

六二、畯[2]，农夫[1]也。

此释条义训为主管农业的官吏，独词为训，一义贯条。

[1]农夫，主管农业的官吏。《诗·周颂·噫嘻》："率时农夫，播厥百穀。"郑玄笺："能率是主田之吏农夫，使民耕田而种百穀谷也。"

[2]畯，《说文》"农夫也"，其本义为古代主管农事的官吏。《诗·豳风·七月》："馌彼南亩，田畯至喜。"毛传："田畯，田大夫也。"

六三、蓋[2]、割[3]，裂[1]也。

此释条义训为分割、伤害，二词共训，二义同条。

[1]裂，《说文》"缯余也"，按之古籍，其本义当为分割。《墨子·尚贤中》："般爵以贵之，裂地以封之。"般，通"颁"，颁发，引申为撕破。《左传·昭公元年》："召使者，裂裳帛而与之。"撕破别人衣物，必使他人受到伤害，于是在撕破的义项中自然蕴藏着伤害之义，而其义又没有明确显示于义项中，说明此释条的释词裂使用隐含义素，其义训隐晦。

[2]蓋，《说文》"苫也"，其本义为盖屋的茅苫。蓋通"害"，有伤害之义。蓋，今简化为盖。《孟子·万章上》："象曰：'谟蓋都君咸我绩。'"

[3]割，《说文》"剥也"，其本义为用刀截断，引申为分割。《管子·揆度》："臣之能谋厉国定名者，割壤而封。"

六四、邕[2]、支[3]，载[1]也。

此释条义训为承载，二词共训，解说隐含义素。

[1]载，《说文》"乘也"，其本义为乘坐车、船之类的交通工具，引申为承载。《易·坤》："地势坤，君子以厚德载物。"孔颖达疏："君子用此地之厚德容载万物。"

[2]邕(yōng)，《说文》"四方有水自邕城池者"，其本义为四方被水环

绕的都邑，通"拥"，有护卫之义，陆德明释文："邕，字又作拥。"《楚辞·九歌·少司命》："竦长剑兮拥幼艾，荪独宜兮为民正。"在此例中，"拥"为护卫之义，护卫必须承担应有责任，于是其中自然蕴藏着承载之义，而其义又没有明确显示于义项中，说明护卫为承载的隐含义素，此释条解说被释词邕的隐含义素。

[3]支，《说文》"去竹之枝也"，其本义为竹枝，引申为分支，再引申为维持。《国语·越语下》："其君臣上下，皆知其资财之不足以支长久也。"韦昭注："支，犹堪也。"维持必须承担相应的压力，其中自然蕴藏着承载之义，而其义又没有明确显示于义项中，于是承载为义项维持的隐含义素，说明此释条解说被释词支的隐含义素。

六五、诿[2]，累[1]也。

此释条义训为嘱托，独词为训，一义贯条。

[1]累，《说文》未收，参之古文形体及古籍用例，其本义为堆集、积累，引申为连累，再引申为嘱托。《韩非子·外储说右上》："吾欲以国累子，子必勿泄矣。"

[2]诿诿(zhuìwěi)，《说文》"累也"，诿诿为连绵词，嘱托。郭璞注："以事相属累为诿诿。"

六六、漠[2]、察[3]，清[1]也。

此释条义训为清静、清楚，二词共训，二义同条。

[1]清，《说文》"朖也，澂水之皃"，其本义为清澈，引申为清静。《礼记·孔子闲居》："清明在躬，气志如神。"孔颖达疏："清谓清静。"又引申为清楚。《荀子·解蔽》："凡观物有疑，中心不定，则外物不清。"

[2]漠，《说文》"北方流沙也。一曰清也。"其本义为沙漠，引申为清静。《楚辞·远游》："漠虚静以恬愉兮，澹无为而自得。"

[3]察，《说文》"覆也"，其本义为详审，引申为清楚。《韩非子·问辨》："言虽至察，行虽至坚，则妄发之说也。"

六七、庇[2]、庥[3]，廕[1]也。

此释条义训为树荫、遮盖，二词共训，二义同条。

[1]廕，同蔭。蔭，《说文》"艸阴地"，其本义为树荫，今简化为荫，音 yīn。《荀子·劝学》："树成荫而众鸟息焉。"引申为遮盖，音 yìn。《吕氏春秋·先己》："松柏成而涂之人已荫矣。"

[2]庇，《说文》"荫也"，其本义为遮盖。《左传·文公七年》："葛藟犹能庇其本根。"

[3]庥，《说文》"休，息止也，从人依木。庥，休或从广。"桂馥义证："舍人曰：'庥，依止也'。通作茠。"茠，有树荫之义。《淮南子·精神训》："今夫繇者揭钁臿，负笼土，盐汗交流，喘息薄喉，当此之时，得茠越下，则脱然而喜矣。"高诱注："茠，荫也。三辅人谓休华树下为茠也。"郭璞在此条下注："今俗语呼树荫为茠。"

六八、穀[2]、履[3]，禄[1]也。

此释条义训为幸福、俸禄，二词共训，二义同条。

[1]禄，《说文》"福也"，其本义为幸福。《诗·小雅·天保》："罄无不宜，受天百禄。"又引申为俸禄。《国语·楚语下》："成王每出子文之禄，必逃。"韦昭注："禄，俸也。"

[2]穀，《说文》"续也，百穀之总名"，其本义为粮食作物的总称，因为古代以粮食为俸禄，故引申为俸禄。《诗·小雅·正月》："佌佌彼有屋，蔌蔌方有穀。"引申为幸福。《诗·小雅·天保》："天保定尔，俾尔戩穀。"毛传："穀，禄。"在这个用例中，"戩"与"穀"同义连用，均为福之义。

[3]履，《说文》"足所依也"，其本义为践踏，通"禄"，有幸福之义。《诗·周南·樛木》："乐只君子，福履成之。"毛传："履，禄。"

六九、履[2]，礼[1]也。

此释条义训为礼法，独词为训，一义贯条。

[1]礼，《说文》"履也，所以事神致福也"，徐灏注笺："礼之言履，谓履而行之也。礼之名，起于事神。"从其说，礼的本义为祭祀神。《仪礼·觐礼》："礼山川丘陵于西门外。"引申为礼法。《周礼·天官·大宰》："三曰礼典，以和邦国，以统百官，以统万民。"

[2]履，《说文》"足所依也"，其本义为践踏，引申为履行，再引申为礼法。《易·序卦》："物畜然后有礼，故受之以《履》。"大传今注："履者，礼也。"履，就是执行礼法。《诗·商颂·长发》："率履不越，遂视既发。"

七〇、隐[2]，占[1]也。

此释条义训为揣度，独词为训，一义贯条。

[1]占，《说文》"视兆问也"，其本义为占卜，古代问卜时，察看甲骨上坼裂的兆象以揣度吉凶的行为，引申为揣度。《墨子·号令》："度食不足，令民各自占家五种石斗数，为期。"

[2]隐，《说文》"蔽也"，其本义为隐蔽，引申为揣度。《管子·禁藏》："是故君子上观绝理者以自恐也，下观不及者以自隐也。"尹知章注："隐，度也。"

七一、逆[2]，迎[1]也。

此释条义训为迎接、逆向，独词为训，二义同条。

[1]迎，《说文》"逢也"，按之古籍，其本义当为迎接。《方言》卷一："逢、逆，迎也。自关而东曰逆，自关而西或曰迎，或曰逢。"《仪礼·士昏礼》："主人如宾服，迎于门外。"引申为逆向。《墨子·鲁问》："昔者，楚人与越人战于江，楚人顺流而进，迎流而退，见利而进，见不利则其退难；越人迎流而进，顺流而退，见利而进，见不利则其退速。"

[2]逆，《说文》"迎也，关东曰逆，关西曰迎"，其本义亦为迎接。逆、

迎上古同为疑母，韵部入阳对转，读音相近。《书·顾命》："俾爰齐侯吕伋，以二干戈、虎贲百人，逆子钊于南门之外。"引申为逆向。《孟子·滕文公下》："当尧之时，水逆行，泛滥于中国。"

七二、憯[2]，曾[1]也。

此释条义训为竟然，独词为训，一义贯条。

[1]曾，《说文》"词之舒也"，其本义为副词，表示出乎意料，相当于"竟然"。《诗·卫风·河广》："谁谓河广？曾不容刀！谁谓宋远？曾不崇朝。"

[2]憯(cǎn)，《说文》"痛也"，其本义为惨痛，假借为副词，相当于"竟然"。《诗·小雅·节南山》："民言无嘉，憯莫惩嗟。"毛传："憯，曾也。"

七三、增[2]，益[1]也。

此释条义训为增加、更加，独词为训，二义同条。

[1]益，《说文》"饶也"，参之甲骨文形体，其本义为器皿水满而漫出，后作溢。引申为多，再引申为增加。《庄子·列御寇》："王说之，益车百乘。"又引申为副词，更加。《孟子·梁惠王下》："如水益深，如火益热。"

[2]增，《说文》"益也"，其本义为增加。《诗·小雅·天保》："如川之方至，以莫不增。"引申为副词，更加。《左传·襄公十三年》："先王卜征五年，而岁习其祥，祥习则行。不习，则增修德而改卜。"杨伯峻注："增修德，即今语更加修德。"《楚辞·九章·抽思》："心郁郁之忧思兮，独永叹乎增伤！"

七四、窭[2]，贫[1]也。

此释条义训为贫困，独词为训，一义贯条。

[1]贫，《说文》"财分少也"，其本义为贫困。《书·洪范》："六极：

一曰凶短折，二曰疾，三曰忧，四曰贫，五曰恶，六曰弱。"

[2]窭，《说文》"无礼居也"，其本义为简陋的居处，引申为贫困。《诗·邶风·北门》："终窭且贫，莫知我艰。"窭与贫相对为文，意义相同，均为贫困。

七五、薆[2]，隐[1]也。

此释条义训为隐藏，独词为训，一义贯条。

[1]隐，《说文》"蔽也"，其本义为隐蔽，引申为隐藏。《礼记·曲礼上》："名子者，不以国，不以日月，不以隐疾，不以山川。"

[2]薆（ài），《说文》未收，其本义当为隐藏。《方言》卷六："掩、翳，薆也。"郭璞注："谓蔽薆也。《诗》曰：'薆而不见。'"今《诗·邶风·静女》："爱而不见，搔首踟蹰。"《楚辞·离骚》："何琼佩之偃蹇兮，众薆然而蔽之。"蒋骥注："薆，蔽盛貌。"

七六、僾[2]，唈[1]也。

此释条义训为呼吸不畅，独词为训，一义贯条。

[1]唈，《说文》未收，《广韵·缉韵》："呜唈，短气"，其本义当为呼吸不畅。《荀子·礼论》："祭者，志意思慕之情也，愅诡唈僾而不能无时至焉。"杨倞注："唈僾，气不舒愤郁之貌。"

[2]僾，《说文》"仿佛也"，徐锴系传："见之不明也"，其本义为所见不分明，引申为呼吸不畅。《诗·大雅·桑柔》："如彼溯风，亦孔之僾。"郑玄笺："使人唈然如乡疾风，不能息也。"

七七、基[2]，经[1]也；基，设[3]也。

此释条义训为谋划，一词分训，一义贯条。

[1]经，《说文》"织也"，段玉裁注："织从丝也"，其本义为织布机上的纵线，展转引申为谋划。《诗·大雅·灵台》："经始灵台，经之营之。"

[2]基，《说文》"墙始也"，其本义为墙脚，引申为基业，再引申为谋划。《书·康诰》："惟三月哉生魄，周公初基作新大邑于东国洛，四方民大和会。"

[3]设，《说文》"施陈也"，其本义为陈列，相因引申为谋划。《管子·心术上》："是以君子不怵乎好，不迫乎恶，恬愉无为，去智与故，其应也，非所设也；其动也，非所取也。"

七八、祺[2]，祥[1]也；祺，吉[3]也。

此释条义训为吉祥，一词分训，一义贯条。

[1]祥，《说文》"福也"，其本义为吉祥。《书·伊训》："作善，降之百祥；作不善，降之百殃。"孔传："祥，善也。"

[2]祺，《说文》"吉也"，其本义为吉祥。《诗·大雅·行苇》："寿考维祺，以介景福。"毛传："祺，吉也。"

[3]吉，《说文》"善也"，其本义为吉祥。《诗·召南·摽有梅》："求我庶士，迨其吉兮。"朱熹集传："吉，吉日也。"

七九、兆[2]，域[1]也。

此释条义训为墓地，独词为训，一义贯条。

[1]域，《说文》为"或"的或体。《说文》："或，邦也。从口，从戈以守一。一，地也，域，或又从土。"其本义为邦国，或、域为古今字。引申为区域，再引申为墓地。《诗·唐风·葛生》："葛生蒙棘，蔹蔓于域。"郑玄笺："域，茔域也。"

[2]兆，《说文》为"兆"之省文。《说文》"兆，灼龟坼也。从卜、兆，象形。兆，古文兆省。"其本义为古人占卜时灼龟甲出现的裂纹。郝懿行义疏："兆者，垗之假借也。"兆通"垗"，有墓地之义。《左传·哀公二年》："若其有罪，绞缢以戮……无入于兆。"

八〇、肇[2]，敏[1]也。

此释条义训为疾速、敏捷，独词为训，一义贯条。

[1]敏，《说文》"疾也"，其本义为急速、敏捷。《论语·里仁》："君子欲讷于言而敏于行。"

[2]肇，通作肈，《说文》"击也"，按之古籍与字形，其本义当为开启门户，引申为急速。《书·酒诰》："肇牵车牛，远服贾，用孝养厥父母。"服，从事。用，则，就。又《诗·大雅·江汉》中，肇、敏同义连用，均表示疾速之义，此为《尔雅》此释条立训之本。其诗云："无曰'予小子'，召公是似，肇敏戎公，用锡尔祉。"似，通嗣，继承。戎，大。公，通"功"，功劳。用，则。锡，后作"赐"，赏赐。祉，福禄。

八一、挟[2]，藏[1]也。

此释条义训为隐藏，独词为训，一义贯条。

[1]藏，《说文新附》"匿也"，其本义为隐藏。《论语·述而》："用之则行，舍之则藏。"

[2]挟，《说文》"俾持也"，其本义为夹在腋下或指间，引申为隐藏。《庄子·齐物论》："旁日月，挟宇宙。"

八二、浃[2]，彻[1]也。

此释条义训为透过、通达，独词为训，二义同条。

[1]彻，《说文》"通也"，参之甲骨文形体，其本义为撤除，借为透过之义。《左传·成公十六年》："潘尫之党与养由基蹲甲而射之，彻七札焉。"杜预注："一发达七札，言其能陷坚。"引申为通达，指抽象事物。《国语·周语中》："若本固而功成，施徧而民阜，乃可以长保民矣，其何不彻？"韦昭注："彻，达也。"

[2]浃，《说文》"洽也"，其本义为透过。《淮南子·原道训》："是故内不得于中，禀授于外而以自饰也，不浸于肌肤，不浃于骨髓，不留于心

志，不滞于五藏。"高诱注："浃，通也。"引申为通达。《荀子·解蔽》："其所以贯理焉，虽亿万已不足以浃万物之变，与愚者若一。"

八三、替[2]，废[1]也；替，灭[3]也。

此释条义训为废弃、消亡，一词分训，二义同条。

[1]废，《说文》"屋顿也"，其本义为坍塌，引申为废弃。《论语·卫灵公》："君子不以言举人，不以人废言。"

[2]替，《说文》"废，一偏下也"，其本义为废弃。《书·大诰》："已，予惟小子，不敢替上帝命。"孙星衍疏："《释言》云：'替，废也。'"引申为消亡。《国语·鲁语上》："今先君俭而君侈，令德替矣。"韦昭注："替，灭也"。又《晋语三》："十四年，君之冢嗣其替乎？"

[3]灭，《说文》"尽也"，其本义为消灭，引申为灭绝，再引申为消亡。《荀子·成相》："仁人糟糠，礼乐灭息，圣人隐伏墨术行。"

八四、速[2]，徵[1]也；徵，召[3]也。

此释条义训为召请，递相为训，一义贯条。

[1]徵（zhēng），《说文》"召也"，其本义为召请。《左传·僖公十六年》："王以戎难告于齐，齐徵诸侯而戍周。"

[2]速，《说文》"疾也"，其本义为急速，引申为召请。《易·需》"有不速之客三人来。"陆德明释文："速，马（融）云：'召也。'"

[3]召，《说文》"䛆也"，其本义为召唤，引申为召请。《吕氏春秋·分职》："今召客者，酒酣歌舞，鼓瑟吹竽。"高诱注："召，请也。"

八五、琛[2]，宝[1]也。

此释条义训为珍宝，独词为训，一义贯条。

[1]宝，《说文》"珍也"，其本义为珍宝。《礼记·礼运》："故天不爱其道，地不爱其宝，人不爱其情。"

[2]琛,《说文》"宝也",其本义为珍宝。《诗·鲁颂·泮水》:"憬彼淮夷,来献其琛。"毛传:"琛,宝也。"

八六、探[2],试[1]也。

此释条义训为试探,独词为训,一义贯条。

[1]试,《说文》"用也",其本义为使用,引申为试探。《墨子·兼爱中》:"(越王)试其士曰:'越国之宝尽在此!'"《韩非子·扬权》:"下匿其私,其试其上。"梁启雄简释:"臣下隐藏着奸私来试探君上。"

[2]探,《说文》"远取之也",其本义为探究,引申为试探。《穀梁传·隐公元年》:"已探先君之邪志,而遂以与桓,则是成父之恶也。"《商君书·新经》:"探渊者知千仞之深,悬绳之数也。"

八七、髦[2],选[1]也;髦,俊[3]也。

此释条义训为选拔、杰出的人才,一词分训,二义同条。

[1]选,《说文》"遣也",其本义为遣送,引申为选拔。《礼记·礼运》:"选贤与能,讲信修睦。"

[2]髦,《说文》"髮也",其本义为毛发中的长毫,相似引申为出类拔萃的人物。《诗·小雅·甫田》:"攸介攸止,烝我髦士。"毛传:"髦,俊也。"又引申为选拔。《诗·大雅·思齐》:"古之人无斁,誉髦斯士。"

[3]俊,《说文》"材千人也",其本义为才智超群的人。《书·皋陶谟》:"翕受敷施,九德咸事,俊乂在官。"

八八、俾[2],职[1]也。

此释条义训为使令、顺从,独词为训,二义同条。

[1]职,《说文》"记微也",按之古籍,其本义当为职务,引申为职位。《孟子·公孙丑上》:"莫如贵德而尊士,贤者在位,能者在职。"担任职位有高、低,彼此对上、对下态度不一。诚如郝懿行义疏所言,"以从顺

为职，职之卑者也；以使令为职，职之尊者也。"这就是说，职位低则顺从，职位高则使令，于是在职位的义项中自然蕴藏着顺从、使令两个意义，而这两个意义又没明确显示于职位的义项中，而且不容易为人所察觉，只是隐隐约约、似明似暗地存在，所以此释条的释词职中包括两个隐含义素，可据以确立其义训。

[2]俾，《说文》"益也"，其本义为裨益，后作"裨"，借为使令之义。《书·汤诰》："俾予一人，辑宁尔邦家。"又《诗·大雅·民劳》："式遏寇虐，无俾民忧。"俾又通"比"，表示顺从之义。《书·君奭》："海隅出日，罔不率俾。"又《礼记·乐记》："王此大邦，克顺克俾。"郑玄注："俾当为比，声之误也。择善而从曰比。"从郑氏之说，在顺从之义上，俾通"比"，查有实据。《诗·大雅·皇矣》："王此大邦，克顺克比。"众所周知，《诗经》比《礼记》早出，而《诗经》用"比"，《礼记》则用"俾"，说明在顺从之义上，"比"为本字，"俾"为借字，毫无疑义。

按：此释条的释词使用两个隐含义素，使人很难理解，又分别与被释词相对应，从而构成二义同条，这种现象在《尔雅》普通语词中仅此一例，为引起注意，解释被释词的每个义项各举两例。

八九、纰[2]，饰[1]也。

此释条义训为装饰，独词为训，解说隐含义素。

[1]饰，《说文》"㕞（刷）也，从巾、从人，食声，一曰橡饰"，从其一曰，饰之本义为饰品，引申为装饰、修饰。《国语·越语上》："越人饰美女八人，纳之太宰嚭。"嚭（pǐ），人名。

[2]纰，《说文》"氐人䋣"，其本义为我国古代西北、西南氐族人所织的毛布，引申为衣冠或旗帜上镶边。《玉篇·糸部》："纰，冠缘边饰也。"《诗·鄘风·干旄》："素丝纰之，良马四之。"镶边自然蕴藏着装饰之义，而其义又没有明确显示于义项中，说明此释条解说被释词纰的隐含义素。

九〇、凌[2]，慄[1]也。

此释条义训为战栗，独词为训，一义贯条。

[1]慄，《说文》未收，按之古籍，其本义当为畏惧，引申为战慄。《黄帝内经·素问》："疟之始发也，先起于毫毛，伸欠，乃作寒栗鼓颔。"王冰注："慄，谓战慄。"

[2]凌，依周祖谟《尔雅校笺》，唐写本作凌。凌，《说文》"仌出也"，其本义为结冰，展转引申为战栗。《汉书·扬雄传上》："熊罴之挐，虎豹之凌遽。"颜师古注："凌，战栗也。"

九一、慄[2]，憾[1]也。

此释条义训为忧伤，独词为训，一义贯条。

[1]憾，《说文》未收，参之古籍用例，其本义为忧伤。《书·多方》："有夏诞厥逸，不肯憾言于民。"孔传："不肯忧言于民。"

[2]慄，《说文》未收，按之古籍，其本义为畏惧。《文选·张衡〈西京赋〉》："将乍往而未半，怵悼慄而竦兢。"

九二、蠲[2]，明[1]也；茅[3]，明也；明，朗[4]也。

此释条义训为明朗，三词分训，一义贯条。

[1]明，《说文》"照也"，其本义为明亮，引申为显示、明朗。《易·系辞下》："因贰以济民行，以明失得之报。"在这里，明具有使动义，使明朗，即显示。

[2]蠲（juān），《说文》"马蠲也"，朱骏声通训定声："蠲末有有火者，积湿生光，与萤同类"，其本义当为尾部有火光的虫子，引申为明朗、显示。《左传·襄公十四年》："惠公蠲其大德，谓我诸戎，是四岳之裔胄也，毋是翦弃。"杜预注："蠲，明也。"

[3]茅，《说文》"菅也"，其本义为白茅，引申为显明。《左传·宣公十二年》："军行，左辕，右追蓐，前茅虑无。"杜预注："茅，明也。或曰

时楚以茅为旌旗。"旌旗可显示敌情，故茅有显示义。

[4]朗，《说文》"明也"，其本义为明亮、明朗。《诗·大雅·既醉》："昭明有融，高朗令终。"毛传："朗，明也。"

九三、猷[2]，图[1]也；猷[4]，若[3]也。

此释条义训为谋划、如同，一词分训，二义同条。

[1]图，《说文》"画计难也"，参之古文形体，其本义当为地图，引申为绘画，再引申为谋划。《诗·小雅·常棣》："是究是图，亶其然乎？"毛传："图，谋。"

[2]猷，古字作猶，《说文》"玃属"，其本义为兽名，假借为谋划。《左传·成公八年》："行父惧晋之不远犹而失诸侯也，是以敢私言之。"

[3]若，《说文》"择菜也"，依商承祚《殷虚文字类编》，甲骨文像人举手而跽足，像其承诺时恭顺之状，参之古文形体，其本义当为顺从，引申为如同、好象。《书·盘庚上》："若网在纲，有条而不紊。"

[4]猷，或作猶，有如同之义。《诗·召南·小星》："肃肃宵征，抱衾与裯，寔命不猶。"毛传："猶，若也。"

九四、俑[2]，举[1]也。

此释条义训为举起，独词为训，一义贯条。

[1]举，《说文》作"擧"，释为"对举也"，邵瑛群经正字："今经典作举"，其本义为举起。《孟子·梁惠王上》："吾力足以举百钧，而不足以举一羽。"

[2]俑，依周祖谟《尔雅校笺》"今所见唐写本《尔雅》白文'俑'作'稱'"。称，《说文》"铨也"，其本义为称量，引申为举起。《书·牧誓》："称尔戈，比尔干，立尔矛。"孔传："称，举也。"

九五、称[2]，好[1]也。

此释条义训为美好，独词为训，一义贯条。

[1]好，《说文》"美也"，段玉裁注："好，本谓女子，引申为凡美之偶"，其本义为美好。《诗·周南·关雎》："窈窕淑女，君子好逑。"

[2]称，《说文》"铨也"，其本义为称量，展转引申为美好。《管子·幼官》："收天下之豪杰，有天下之称材。"

九六、坎[2]、律[3]，铨[1]也。

此释条义训为衡量，二词共训，义项与义素并释。

[1]铨(quán)，《说文》"衡也"，其本义为秤，衡量轻重的器具，引申为衡量。《国语·吴语》："不智，则不知民之极，无以铨度天下之众寡。"韦昭注："铨，称也。"极，准则。

[2]坎，《说文》"陷也"，其本义为陷坑。《易·坎》："坎不盈，祇既平，无咎。"祇，当作坻，小丘。郭璞注："《易》坎卦主法，而法律皆所以铨衡轻重。"依郭氏之说，坎卦主法，而法律必须衡量罪行的轻重，才能量刑，于是在坎的义项中就蕴藏着衡量之义，而其义又没有明确显示于义项中，说明此释条解说被释词坎的隐含义素。

[3]律，《说文》"均布也"，其本义为古代定音或测量候气的竹管、玉管、铜管，引申为衡量。《韩非子·难四》："五伯兼并，而以桓律人，则是皆无贞廉也。"陈奇猷校注："高亨曰：桓，为齐桓公也。五伯行兼并之术，原尚功利，桓公虽为五伯之上，亦非纯德，若以桓公杀兄之事律天下，则天下无贞廉之士矣。"

九七、矢[2]，誓[1]也。

此释条义训为发誓，独词为训，一义贯条。

[1]誓，《说文》"约束也"，其本义为古代军中告诫、约束将士的言辞，引申为发誓。《左传·隐公元年》："遂寘姜氏于城颍，而誓之曰：'不及黄

泉，无相见也。'"

[2]矢，《说文》"弓弩矢也"，其本义为竹或木制成的箭，借为发誓之义。《诗·鄘风·柏舟》："髧彼两髦，实维我仪，之死矢靡它。"毛传："矢，誓。"

九八、舫[2]，舟[1]也。

此释条义训为船只，独词为训，解说明显义素：共同义素。

[1]舟，《说文》"船也"，其本义为船。《诗·邶风·二子乘舟》："二子乘舟，泛泛其景。"

[2]舫，《说文》"船师也"，段玉裁据《韵会》删"师"字，其本义为相并连的两船。《战国策·楚策一》："舫船载卒，一舫载五十人。"鲍彪注："舫，并船也。"在相并连的两船的义项中，明确显示船只之义，说明此释条解说被释词舫的明显义素。

九九、泳[2]，游[1]也。

此释条义训为在水中游行，独词为训，一义贯条。

[1]游，《说文》"旌旗之流也"，其本义为古代连缀于旗帜正幅下沿的垂饰，音liú。又音yóu，指在水中浮行或潜行。《方言》卷十："潜，游也。"《玉篇·水部》："游，浮也。"《书·君奭》："若游大川。"

[2]泳，《说文》"潜行水中也"，其本义为在水中潜行，也泛指在水中或水上浮行。《诗·邶风·谷风》："就其浅矣，泳之游之。"

一〇〇、迨[2]，及[1]也。

此释条义训为趁着，独词为训，一义贯条。

[1]及，《说文》"逮也"，其本义为追上，引申为趁着，介词。《左传·僖公二十二年》："及其未既济也，请击之。"

[2]迨，《说文》未收，按之古籍，其本义当为趁着。《诗·邶风·匏

有苦叶》："士如归妻，迨冰未泮。"毛传："迨，及也。"

一〇一、冥[2]，幼[1]也。

此释条义训为昏暗，独词为训，一义贯条。

[1]幼，依邵晋涵《尔雅正义》"本作窈"。《说文》："窈，深远也"，其本义为深远，引申为昏暗。《老子》第二十一章："窈兮冥兮，其中有精。"又《淮南子·道应训》："可以阴，可以阳；可以窈，可以明。"

[2]冥，《说文》"幽也"，其本义为昏暗。《诗·小雅·斯干》："哙哙其正，哕哕其冥。"

一〇二、降[2]，下[1]也。

此释条义训为从高处走下来，独词为训，一义贯条。

[1]下，《说文》"底也"，其本义为低处，引申为从高处走下来。《论语·八佾》："揖让而升，下而饮。"

[2]降，《说文》"下也"，其本义为从高处走下来，与"陟"相对。《诗·大雅·公刘》："陟则在巘，复降在原。"郑玄笺："陟，升；降，下也。"

一〇三、佣[2]，均[1]也。

此释条义训为公平，独词为训，一义贯条。

[1]均，《说文》"平，徧也"，按之古籍，其本义为陶制的转轮，引申为平均，再引申为公平。《诗·小雅·北山》："大夫不均，我从事独贤。"

[2]佣，《说文》"均直也"，其本义为平均，引申为公平，音 chōng，《广韵》丑凶切。《诗·小雅·节南山》："昊天不佣，降此鞠讻。"毛传："佣，均。"

一〇四、强[2]，暴[1]也。

此释条义训为残暴，独词为训，一义贯条。

[1]暴，《说文》"晞也"，其本义为快跑，引申为粗暴、残暴。《易·系辞上》："上慢下暴，盗思伐之矣。"孔颖达疏："小人居上位必骄慢，而在下必暴虐为政。"

[2]强，《说文》"蚚也"，其本义为米中小黑虫，引申为强硬，再引申为强暴。《诗·大雅·荡》："曾是强御？曾是掊克？"

一〇五、窕[2]，肆[1]也。

此释条义训为放纵，独词为训，一义贯条。

[1]肆，《说文》未收，按之古籍，其本义当为陈尸示众，引申为放纵。《左传·昭公十二年》："昔（周）穆王欲肆心，周行天下。"

[2]窕(tiǎo)，《说文》"深肆极也"，其本义为深邃，引申为过分，再引申为放纵。《大戴礼记·主言》："七者布诸天下而不窕，内诸寻常之室而不塞。"

一〇六、肆[2]，力[1]也。

此释条义训为尽力，独词为训，一义贯条。

[1]力，《说文》"筋也"，其本义为力气，引申为尽力。《书·泰誓中》："今商王受力行无度，播弃犁老，昵比罪人，淫酗肆虐。"

[2]肆，其本义为陈尸示众，相似引申为尽力。《墨子·兼爱下》："而有道肆相教诲。"

按：已有古今注疏，均将以上两个释条合而为一。彼此虽然词语连锁，义训也有些联系，但是毕竟不同，为此还是分为两条比较适宜。

一〇七、俅[2]，戴[1]也。

此释条义训为顶在头上，独词为训，解说明显义素：区别义素。

[1]戴，《说文》"分物得增益曰戴。"林义光文源："此义经传无用者。戴相承训为头戴物，当即本义。"从林氏之说，其本义为顶在头上。《左传·僖公十五年》："君履后土而戴皇天。"

[2]俅，《说文》"冠饰皃"，其本义为戴帽的形貌，常重叠为俅俅。《诗·周颂·丝衣》："丝衣其紑，戴弁俅俅。"俅为戴帽子的形貌，其义项中明确显示戴之义，说明此释条解说被释词俅的明显义素。

一〇八、瘗[2]，幽[1]也。

此释条义训为隐藏，独词为训，一义贯条。

[1]幽，《说文》"隐也"，其本义为隐藏。《后汉书·逸民传·法真》："幽居恬泊，乐以忘忧。"

[2]瘗(yì)，《说文》"幽薶也"，其本义为埋物祭地，引申为隐藏。《新唐书·魏征传》："大理卿马曙有犀铠数十首，惧而瘗之。"

一〇九、氂[2]，罽[1]也。

此释条义训为毛毡，独词为训，一义贯条。

[1]罽(jì)，《说文》"鱼网也"，其本义为鱼网，引申为毡类的毛织品。《逸周书·王会》："请令以丹青、白旄、纰罽、江历、龙角、神龟为献。"卢文弨注："罽，毡类，织毛为之。"后作毼，《说文》"西胡毳布也"，段玉裁注："毳者兽细毛也，用织为布，是曰罽。亦叚罽为之。"

[2]氂，邵晋涵《尔雅正义》："《释文》引李巡本氂作毳。"毳(cuì)，《说文》"兽细毛也"，其本义为鸟兽的细毛，引申为鸟兽细毛加工而成的毛织品。《诗·王风·大车》："大车槛槛，毳衣如菼。"闻一多《风诗类钞》："毳，毳布，即毡子。衣是车衣，车上蔽风雨的帷帐。"

一一〇、烘[2]，燎[1]也；煁[4]，烓[3]也。

此释条义训为焚烧、移动火炉，二词分训，二义同条。

[1]燎，《说文》"放火也"，其本义为放火焚烧。《书·盘庚上》："若火之燎于原，不可向迩，其犹可扑灭？"

[2]烘，《说文》"尞也"，其本义为燃烧，尞、燎为古今字。《诗·小雅·白华》："樵彼桑薪，卬烘于煁。"毛传："烘，燎也。"

[3]烓(wēi)，《说文》"行灶也"，其本义为古代一种可移动的火炉。郭璞注："今之三隅灶。"郝懿行义疏："三隅灶者，盖如今之风炉，形如笔筒，缺其上，口为三角以受风，谓之风灶。形制大小随人所为，舟车皆携带，故《说文》谓之行灶也。"

[4]煁，《说文》"烓也"，其本义亦为古代一种可移动的火炉。《诗·小雅·白华》："樵彼桑薪，卬烘于煁。"毛传："煁，烓灶也。"

一一一、陪[2]，朝[1]也。

此释条义训为朝见，独词为训，解说隐含义素。

[1]朝，《说文》"旦也"，其本义为早晨，古代国君在早晨设朝，于是引申为朝廷，又引申为朝见，特指朝见君王。《左传·宣公二年》："盛服将朝。"《战国策·齐策三》："率天下诸侯而朝周。"

[2]陪，《说文》"重土也"，其本义为重叠的土堆，相似引申为陪臣。《左传·襄公二十一年》："栾盈过于周，周西鄙掠之。辞于行人曰：'天子陪臣盈，得罪于王之守臣，将逃罪。'"杜预注："诸侯之臣称于天子曰陪臣。"《礼记·曲礼下》："列国之大夫，入天子之国曰'某士'，自称曰陪臣某。"郑玄注："亦谓诸侯之卿也……陪，重也。"诸侯为国君之臣，诸侯的大夫，则为国君的陪臣。对于国君来说，陪臣为臣下之臣下，即重叠之臣，与重叠的土堆相似。陪臣可代表诸侯入朝祝贺，也可陪伴诸侯入朝，于是就有朝见国君的机会，于是在陪臣的义项中就蕴藏着朝见之义，而其义又没有明确显示于义项中，因此说此释条将陪臣解释为朝见，当为解说隐含义素。

一一二、康[2]，苛[1]也。

此释条义训为细小，独词为训，解说隐含义素。

[1]苛，《说文》"小艸也"，其本义为小草，引申为细小。《史记·季布栾布列传》："今陛下一征兵于梁，彭王病不行，而陛下疑以为反，反形未见，以苛小案灭之，臣恐功臣人人自危也。"

[2]康，《说文》"穅或省"，依郭沫若《甲骨文字研究》，其本义当为安乐，借为榖皮之义，后作穅或糠。《墨子·备城门》："二舍共一爨，灰、康、秕、胚、马矢毕谨收藏之。"榖皮从榖辗磨而来，其颗粒细小，其中自然蕴藏着细小之义，而细小而又没有明确显示于义项榖皮之中，显然此释条义训为细小，解说被释词康的隐含义素。

一一三、樊[2]，藩[1]也。

此释条义训为篱笆，独词为训，一义贯条。

[1]藩，《说文》"屏也"，其本义为篱笆。《易·大壮》："羝羊触藩，羸其角。"陆德明释文："藩，马（融）云：'篱落也。'"

[2]樊，《说文》"鸷不行也"，段玉裁改"鸷"为"鷙"，其本义为马负过重，止而不前；展转引申为篱笆。《诗·小雅·青蝇》："营营青蝇，止于樊。"毛传："樊，藩。"

一一四、赋[2]，量[1]也。

此释条义训为计量，独词为训，解说隐含义素。

[1]量(liáng)，《说文》"称轻重也"，其本义为计量。《左传·宣公十一年》："量功命日，分财用，平板榦。"

[2]赋，《说文》"敛也"，其本义为征收，引申为赋税。《书·禹贡》："厥田惟上下，厥赋中上。"赋税是征收土地的使用报酬，征收者自然计量被征者缴纳的多少，因此在征收过程中必然要计量，于是在赋税的义项中自然蕴藏着计量之义，而其义又没有明确显示于义项中，所以此释条将

赋解释为计量，解说其隐含义素。

一一五、粻[2]，粮[1]也。

此释条义训为粮食，独词为训，一义贯条。

[1]粮，《说文》"穀也"，其本义为穀类粮食的总称。《书·费誓》："峙乃糗粮，无敢不逮。"

[2]粻，《说文新附》"食米也"，其本义为粮食。《诗·大雅·崧高》："以峙其粻，式遄其行。"郑玄笺："粻，粮。"

一一六、庶[2]，侈[1]也；庶[4]，幸[3]也。

此释条义训为众多、希冀，一词分训，二义同条。

[1]侈，《说文》"掩胁也……一曰奢也"，其本义为奢侈，引申为众多。《国语·楚语上》："不羞珍异，不陈庶侈。"韦昭注："庶，众也；侈，犹多也。"

[2]庶，《说文》"屋下众也"，其本义为众多。《书·酒诰》："越庶国，饮惟祀，德将无醉。"

[3]幸，《说文》"吉而免凶也"，其本义为得福而免灾，引申为幸运，再引申为期望、希冀。宋玉《九辩》："霜露惨悽而交下兮，心尚幸其弗济。"

[4]庶，《说文》"屋下众也"，其本义为众多，展转引申为希冀。《诗·桧风·素冠》："庶见素冠兮，棘人栾栾兮。"毛传："庶，幸也。"

一一七、筑[2]，拾[1]也。

此释条义训为拾起，独词为训，一义贯条。

[1]筑，《说文》"掇也"，其本义为拾取。《左传·哀公三年》："无备而官办者，犹拾渖也。"

[2]拾，《说文》"以竹曲，五弦之乐也"，其本义为古击弦乐器，借为拾取之义。《书·金縢》："凡大木所偃，尽起而筑之。"陆德明释文："筑，

本亦作筑……马云：'筑，拾也。'"阮元校勘记："按筑与掇双声，故得训拾。"

一一八、奘[2]，驵[1]也。

此释条义训为粗大，独词为训，一义贯条。

[1]驵（zǎng），《说文》"牡马也"，段玉裁改为壮马，则其本义为骏马，相因引申为粗大。郭璞注："今江东呼大为驵，驵犹粗也。"《管子·侈靡》："好缘而好驵，此谓成国立法也。"郭沫若集校引丁士涵云："驵，犹粗也。"

[2]奘（zhuǎng），《说文》"驵大也"，其本义为粗大。《方言》卷一："秦晋之间，凡人之大谓之奘，或谓之壮。"今人犹称人粗大为长得很奘，恐怕为古今方言传承所至。

一一九、集[2]，会[1]也。

此释条义训为聚集，独词为训，一义贯条。

[1]会，《说文》"合也"，按之古籍与字形，其本义为盖子，引申为聚集。《论语·颜渊》："君子以文会友，以友辅仁。"

[2]集，《说文》"群鸟在木上也"，其本义为群鸟栖上在树上，引申为聚集。《诗·小雅·频弁》："如彼雨雪，先集维霰。"

一二〇、舫[2]，泭[1]也。

此释条义训为船只，独词为训，解说明显义素：共同义素。

[1]泭（fú），《说文》"编木以渡也"，其本义为筏，用竹木编札而成的水上交通工具。《国语·齐语》："至于西河，方舟设泭，乘桴济河。"韦昭注："编木曰泭，小泭曰桴。"

[2]舫，参见"释言第二"九八条注释[2]。

按：释词泭为竹木编造的筏子，能像船那样载人或物渡水，其中蕴藏着船只之义，而其义又没有明确显示于义项中，说明此释条使用释词"泭"

的隐含义素。被释词舫为相并的两只船，其义项具有船只之义，而其义又明确显示于义项中，说明此释条解说被释词舫的明显义素。这就是说，此释条义训为船只，其被释词与释词分别使用其明显义素与隐含义素，彼此互相辉映，很有启发性。

一二一、洵[2]，均[1]也；洵，龛[3]也。

此释条义训为周遍、的确，一词分训，二义同条。

[1]均，《说文》"平，徧也"，按之古籍，其本义为制造陶器的转轮，引申为周遍。《墨子·尚同下》："千里之外有贤人焉，其乡里之人皆未之均闻见也，圣王得而赏之。"

[2]洵，《说文》"过水中也"，从姚文田、严可均校议，其本义当为过水的支流，通"旬"，则有周遍之义。《诗·大雅·江汉》："王命召虎，来旬来宣。"朱熹集传："徧治其事，以布王命。"又借为的确之义。《诗·郑风·溱洧》："洧之外，洵訏且乐。"

[3]龛，《说文》"龙皃"，其本义为龙的形状，通"谌"，则有确实、的确之义。《逸周书·祭公》："周克龛绍成、康之业，以将天命，用夷居之大商之众。"

一二二、逮[2]，遝[1]也。

此释条义训为来到，独词为训，一义贯条。

[1]遝，《说文》"迨也"，其本义为来到。《墨子·迎敌祠》："城之外，矢之所遝。"

[2]逮，《说文》"唐逮，及也"，其本义为来到。《吕氏春秋·明理》："故正众之所积，其福无不及也；众邪之所积，其祸无不逮也。"

一二三、是[2]，则[1]也。

此释条义训为正确，独词为训，一义贯条。

[1]则，《说文》"等画物也"，其本义为按等级区划物体，引申为法则。《诗·大雅·烝民》："天生烝民，有物有则。"毛传："则，法也。"作为法则必经实践检验，得到民众认可，其中自然蕴藏正确之义，而其义又没有明确显示于义项中，说明此释条的释词"则"使用隐含义素，从而使释条的义训艰涩难懂。

[2]是，《说文》"直也"，按之古籍，其本义为正确。《诗·魏风·园有桃》："彼人是哉？子曰何其？"

一二四、画[2]，形[1]也。

此释条义训为形象，独词为训，解说隐含义素。

[1]形，《说文》"象形也"，按之古籍，其本义为形象。《易·系辞上》："在天成象，在地成形，变化见矣。"

[2]画，《说文》"界也"，其本义为划分，引申为绘画。《仪礼·乡射礼》："大夫布侯，画以虎豹；士布侯，画以鹿豕。"绘画为造形艺术，其成果能显示事物的形象，于是其中自然蕴藏着形象之义，而其义又没有明确显示于义项中，说明此释条解说被释词画的隐含义素。

一二五、赈[2]，富[1]也。

此释条义训为富裕，独词为训，一义贯条。

[1]富，《说文》"备也，一曰厚也"，其本义为完备，引申为富裕。《书·洪范》："五福：一曰寿，二曰富，三曰康宁，四曰攸好德，五曰考终命。"

[2]赈，《说文》"富也"，其本义为富裕。《文选·张衡〈西京赋〉》："郊甸之内，乡邑殷赈。"薛综注引《尔雅》："赈，富也。"

一二六、局[2]，分[1]也。

　　此释条义训为部分，独词为训，一义贯条。

　　[1]分，《说文》"别也"，其本义为分割，引申为分支，从主体中分出的部分。《穀梁传·庄公三十年》："燕，周之分子也。"范宁注："分子，谓周之别子孙也。"

　　[2]局，《说文》"促也"，其本义为局促，引申为弯曲，再引申为部分、局部。《礼记·曲礼上》："左右有局，各司其局。"郑玄注："局，部分也。"

一二七、懠[2]，怒[1]也。

　　此释条义训为愤怒，独词为训，一义贯条。

　　[1]怒，《说文》"恚也"，其本义为愤怒。《诗·邶风·柏舟》："薄言往愬，逢彼之怒。"

　　[2]懠（qí），《说文》未收，《玉篇》："懠，怒也，疾也"。其本义当为愤怒。《诗·大雅·板》："天之方懠，无为夸毗。"毛传："懠，怒也。"

一二八、僁[2]，声[1]也。

　　此释条义训为声音，独词为训，解说明显义素：共同义素。

　　[1]声，《说文》"音也"，其本义为乐音，引申为声音。《诗·大雅·文王》："上天之载，无声无臭。"郑玄笺："天之道难知也，耳不闻声音，鼻不闻香臭。"

　　[2]僁（xiè），《说文》"声也"，《玉篇》"小声也"，陆德明释文"动草声也"，其本义当为声音，一种微弱的声音，于古籍未见用例书证。在微弱的声音中，明确显示声音之义，说明此释条解说被释词僁的明显义素。

一二九、葵[2]，揆[1]也；揆，度[3]也。

此释条义训为测量、测度，递相为训，一义贯条。

[1]揆，《说文》"葵也"，段玉裁注："揆，度也"，其本义当为测度、测量。《诗·鄘风·定之方中》："揆之以日，作于楚室。"毛传："揆，度也。"

[2]葵，《说文》"菜也"，其本义为葵菜。假借为"揆"，有测度之义。《诗·大雅·板》："民之方殿屎，则莫我敢葵。"郑玄笺："葵，揆也。"殿屎(xī)，呻吟。

[3]度，《说文》"法制也"，按之古籍与字形，其本义当为计算长短的标准或器具，引申为测量。《楚辞·天问》："圜则九重，孰营度之？"洪兴祖补注："度，量度也。"

一三〇、逮[2]，及[1]也。

此释条义训为赶上、趁着，独词为训，二义同条。

[1]及，《说文》"逮也"，其本义为追上。《左传·成公二年》："故不能推车而及。"引申为介词，趁着。《孟子·公孙丑上》："国家闲暇，及是时明其政刑，虽大国必畏之矣。"

[2]逮(dài)，《说文》"唐逮，及也"，其本义为到，引申为追赶。《公羊传·成公二年》："郤克眣鲁卫之使，使以其辞而为之请，然后许之，逮于袁娄而与之盟。"何休注："逮，及也，追及国佐于袁娄也。"引申为介词，趁着。《左传·定公四年》："逮吴之未定，君取其分焉。"

一三一、恧[2]，饥[1]也。

此释条义训为饥饿，独词为训，解说隐含义素。

[1]饥，《说文》"饿也"，其本义为饥饿。《书·舜典》："黎民阻饥，汝后稷，播时百谷。"

[2]恧(nì)，《说文》"饥饿也。一曰忧也。从心，叔声。《诗》曰'恧

如朝饥'",许慎拘泥雅训,将其本义训为饥饿,又出"一曰忧也"之说。按之惄字的形体,兼及先秦古籍用例,惄的本义当为忧思。《诗·周南·汝坟》:"未见君子,惄如朝饥。"忧思到极点,必然像饥饿那样难受,于是在忧思的义项中蕴藏着饥饿的义素,而其义又没有明确显示在义项中,说明此释条将"惄"训为"饥",解说其隐含义素。

按:《诗·周南·汝坟》:"未见君子,惄如调饥。"毛传:"惄,饥意也。"郑玄笺:"惄,思也。未见君子之时,如朝饥之思食。"毛传解说惄的比喻义,郑笺解释其字面之义,二者异曲同工,互相生发,将《诗经》使用惄的含义解说得淋漓尽致。郝懿行义疏则摘取二家之说,将"惄如调饥"解释为"盖言忧思之意迫切如饥耳。"其实,《尔雅》将"惄"训为"饥",正是以此诗句为本,连言为训,其雅训巧夺天工,注疏也差强人意,从而铸就群峰,互相掩映,在雅学史上屹立千秋。

一三二、眕[2],重[1]也。

此释条义训为庄重,独词为训,一义贯条。

[1]重,《说文》"厚也",其本义为厚重,引申为庄重。《论语·学而》:"君子不重则不威,学则不固。"

[2]眕(zhěn),《说文》"目有所恨而止也",其本义为自重。《左传·隐公三年》:"夫宠而不骄,骄而能降,降而不憾,憾而能眕者鲜矣。"杜预注:"降其身则必恨,恨则思乱,不能自安自重。"

一三三、猎[2],虐[1]也。

此释条义训为残害,独词为训,一义贯条。

[1]虐,《说文》"残也",其本义为残害。《书·洪范》:"无虐茕独而畏高明。"孔传:"单独者,不虐侵之。宠贵者,不枉法畏之。"

[2]猎,《说文》"放猎逐禽也",其本义为打猎,引申为残害、凌虐。《国语·吴语》:"今大夫国子兴其众庶,以犯猎吴国之师徒,天若不知有罪,则何以使下国胜?"

一三四、土[2]，田[1]也。

此释条义训为土地，独词为训，一义贯条。

[1]田，《说文》"陈也，树谷曰田。象四口，十，阡陌之制也"，其本义当为耕种的土地。《诗·小雅·大田》："大田多稼，既种既戒，既备乃事。"郑玄笺："大田，谓地肥美，可垦耕、多为稼，可以授民者也。"

[2]土，《说文》"地之吐生物者也"，其本义为土壤，引申为土地、田地。《国语·周语》："民之有口，犹土之有山川也。"

一三五、戍[2]，遏[1]也。

此释条义训为阻止，独词为训，解说到隐含义素。

[1]遏，《说文》"微止也"，其本义为阻止。《诗·周颂·武》："嗣武受之，胜殷遏刘。"

[2]戍，《说文》"守边也"，其本义为防守边疆。《诗·王风·扬之水》："彼其之子，不与我戍申。"毛传："戍，守也。"戍为防守，防守能阻止敌人入侵，于是防守包含阻止的义素，而其义又没有明确显示于义项中，说明此释条解说被释词戍的隐含义素。

一三六、师[2]，人[1]也。

此释条义训为民众，独词为训，一义贯条。

[1]人，《说文》"天地之性最贵者也"，其本义为能制造并使用劳动工具的人类，引申为民众。《榖梁传·隐公八年》："可言公及人，不可言公及大夫。"范宁注："称人，众辞。"

[2]师，《说文》"二千五百人为师"，其本义为古代军队编制单位的一级，以二千五百人为师，引申为民众。《诗·大雅·韩奕》："溥彼韩城，燕师所完。"毛传："师，众也。"

一三七、硞[2]，鞏[1]也。

此释条义训为牢固，独词为训，一义贯条。

[1]鞏，《说文》"以韦束也"，其本义为用皮革束物，引申为牢固。《诗·大雅·瞻卬》："藐藐昊天，无不克鞏。"毛传："鞏，固也。"
[2]硞(qià)，《说文》"石坚也"，其本义为石坚貌。郭璞注："硞然，坚固。"

一三八、弃[2]，忘[1]也。

此释条义训为忘记，独词为训，一义贯条。

[1]忘，《说文》"不识也"，其本义为忘记。《论语·述而》："其为人也，发愤忘食，乐以忘忧。"
[2]弃，《说文》"捐也"，其本义为抛弃，引申为忘记。《左传·昭公十三年》："南蒯、子仲之忧，其庸可弃乎？"杜预注："弃，犹忘也。"

一三九、嚚[2]，闲[1]也。

此释条义训为悠闲自得的样子，独词为训，一义贯条。

[1]闲，《说文》"阑也"，其本义为用于遮拦阻隔的栅栏，重叠为闲闲，则为悠闲自得的样子。《诗·魏风·十亩之间》："十亩之间兮，桑者闲闲兮。"朱熹集传："闲闲，往来自得之貌。"
[2]嚚，《说文》"声也，气出头也"，从许慎之说，其本义当为喧哗，重叠为嚚嚚，则为悠闲自得的样子。《孟子·尽心上》："人知之，亦嚚嚚；人不知，亦嚚嚚。"

一四〇、谋[2]，心[1]也。

此释条义训为谋划，独词为训，一义贯条。

[1]心，《说文》"人心，土藏，在身之中"，其本义为心脏，引申为谋

划。《吕氏春秋·精论》:"纣虽多心,弗能知矣。"

[2]谋,《说文》"虑难曰谋",其本义为谋划。《左传·庄公十年》:"肉食者谋之,又何间焉?"

一四一、献[2],圣[1]也。

此释条义训为有德行有才能的人,独词为训,一义贯条。

[1]圣,《说文》"通也",其本义为神通,引申为道德智能高超的人。《易·乾》:"圣人作而万物睹。"

[2]献,《说文》"宗庙犬名羹献,犬肥者以献之",其本义为祭祀用犬,引申为进献,再引申为有德行有才能的人。《书·益稷》:"万邦黎献,共惟帝臣。"孔传:"献,贤也。"

一四二、里[2],邑[1]也。

此释条义训为人聚居的地方,独词为训,一义贯条。

[1]邑,《说文》"国也",其本义为古代国家的名称,引申为人聚居的地方。《周礼·地官·里宰》:"掌比其邑之众寡。"郑玄注:"邑,犹里也。"贾公彦疏:"邑是人之所居之处。里之训为居,故云邑犹里也。"

[2]里,《说文》"居也",其本义为人所聚居的地方。《诗·郑风·将仲子》:"将仲子兮,无逾我里。"毛传:"里,居也。"俞樾平议:"里,犹庐也。"

一四三、襄[2],除[1]也。

此释条义训为除去,独词为训,一义贯条。

[1]除,《说文》"殿陛也",其本义为宫殿的台阶,引申为除去。《书·泰誓下》:"树德务滋,除恶务本。"

[2]襄,《说文》"汉令,解衣耕谓之襄,"其本义为解衣耕地,引申为除去。《诗·鄘风·墙有茨》:"墙有茨,不可襄也。"毛传:"襄,除也。"

一四四、振[2]，古[1]也。

此释条义训为介词"从"，独词为训，一义贯条。

[1]古，当作"自"，《说文》"鼻也"，其本义为鼻子，展转引申为介词，表示时间与方位的起点，相当于现代汉语的介词"从"。《书·秦誓》："人之有技，若己有之；人之彦圣，其心好之，不啻如自其口出。"

[2]振，《说文》"举救也"，其本义为救助，借为介词"从"之义。《诗·周颂·载芟》："匪且有且，匪今斯今，振古如兹。"毛传："振，自也。"

按："古"当作"自"，取清王引之之说，详见其《经义述闻》卷二十七。

一四五、怼[2]，怨[1]也。

此释条义训为怨恨，独词为训，一义贯条。

[1]怨，《说文》"恚也"，其本义为怨恨。《逸周书·太子晋》："四荒至，莫有怨訾，用登为帝。"

[2]怼，《说文》"怨也"，其本义为怨恨。《孟子·万章上》："如告，则废人之大伦，以怼父母，是以不告也。"

一四六、繲[2]，介[1]也。

此释条义训为隔开，独词为训，解说隐含义素。

[1]介，《说文》"画也"，其本义为疆界，引申为隔开。《庄子·田子方》："其神经乎大山而无介，入乎渊泉而不濡。"

[2]繲(lí)，《说文》"以丝介履也"，段玉裁注："介者，画也，谓以丝介画履间为饰也。"参之段注，繲为鞋上镶嵌丝带作装饰，所镶嵌丝带必有间隔，其中必然蕴藏着隔开之义，而其义又没有明确显示在义项中，于是隔开就成为其义项的隐含义素。

一四七、号[2]，諄[1]也。

此释条义训为呼叫，独词为训，一义贯条。

[1]諄(hū)，《说文》"訏諄也"，其本义为大声呼叫。《诗·大雅·荡》："式号式呼，俾昼作夜。"陆德明释文："呼，崔本作諄。"

[2]号，《说文》"呼也"，其本义为呼叫。《诗·小雅·正月》："维号斯言，有伦有脊。"郑玄笺："维民号呼而发此言。"

一四八、凶[2]，咎[1]也。

此释条义训为灾祸，独词为训，一义贯条。

[1]咎，《说文》"灾也"，其本义为灾祸。《左传·昭公八年》："诸侯必叛，君必有咎。"

[2]凶，《说文》"恶也，象地穿交陷其中也"，其本义为灾祸。《诗·王风·兔爰》："我生之后，逢此百凶。"

一四九、苞[2]，稹[1]也。

此释条义训为丛生，独词为训，一义贯条。

[1]稹，《说文》"穜穊也"，其本义为稠密，引申为树木丛生。《文选·郭璞〈江赋〉》："橉杞稹薄于浔涘，榉槬森岭而罗峰。"

[2]苞，《说文》"艸也，南阳以为麤履"，其本义为席草，可制席子和草鞋，引申为丛生。《诗·唐风·鸨羽》："肃肃鸨羽，集于苞栩。"毛传："苞，稹也。"

一五〇、逪[2]，寤[1]也。

此释条义训为倒逆，独词为训，一义贯条。

[1]寤，《说文》"寐觉而有信曰寤"，段玉裁注作"寐觉而有言曰寤"，其本义当为睡醒。通"牾"，有倒逆之义。《左传·隐公元年》："庄公寤生，

惊姜氏，故名曰寤生。"

[2]逜，《说文》未收，其本义当为连逆、倒逆。《鹖冠子·天则》："下之所逜，上之可蔽，斯其离人情而失天节者也。"

一五一、顁[2]，题[1]也。

此释条义训为额头，独词为训，一义贯条。

[1]题，《说文》"额也"，其本义为额头。《楚辞·招魂》："雕题黑齿，得人肉以祀，以其骨为醢些。"王逸注："题，额也。"

[2]顁(dìng)，《说文》未收，郭璞注："题，额也。《诗》曰：'麟之定。'"《诗·周南·麟之趾》："麟之定，振振公姓，于嗟麟兮。"陆德明释文："定，都佞反，题也。字书作顁，音同。"

一五二、猷[2]、肯[3]，可[1]也。

此释条义训为愿意、可以，二词共训，二义同条。

[1]可，《说文》"肎也"，后作肯，其本义为许可，引申为愿意。《左传·桓公十六年》："宣姜与公子朔构急子，公使诸齐，使盗待诸莘，将杀之。寿子告之，使行，不可，曰：'弃父之命，恶用子矣？'"又引申为可以。《书·盘庚上》："若火之燎于原，不可向迩，其犹可扑灭？"

[2]猷，古字作猶，《说文》"玃属"，其本义为兽名，借为可以之义。《战国策·燕策一》："此其君欲得也，其民力竭也，安猶可哉？"鲍彪注："言齐不可复攻取。"

[3]肯，《说文》作"肎"，释为"骨间肉肎箸也"，其本义为紧贴骨头的肉，借为愿意之义。《诗·邶风·终风》："终风且霾，惠然肯来？"又借为能够之义。《左传·文公四年》："楚虽大，非吾族也，其肯字我乎？"

一五三、务[2]，侮[1]也。

此释条义训为欺侮，独词为训，一义贯条。

[1]侮，《说文》"伤也"，其本义为欺侮。《诗·大雅·烝民》："不侮矜寡，不畏强御。"孔颖达疏："不欺侮于鳏寡孤独之人。"

[2]务，《说文》"趣也"，其本义为竭力从事，通"侮"，则有欺侮之义。《诗·小雅·常棣》："兄弟阋于墙，外御其务。"毛传："务，侮也。"

一五四、贻[2]，遗[1]也。

此释条义训为赠送，独词为训，一义贯条。

[1]遗，《说文》"亡也"，其本义为丢失，引申为舍弃，再引申为赠送，音wèi。《书·大诰》："用宁王遗我大宝龟，绍天明。"

[2]贻，《说文新附》"赠遗也"，其本义为赠送。《诗·邶风·静女》："静女其娈，贻我彤管。"

一五五、贸[2]，买[1]也。

此释条义训为购买，独词为训，一义贯条。

[1]买，《说文》"市也"，其本义为购买。《左传·昭公元年》："买妾不知其姓，则卜之。"

[2]贸，《说文》"易财也"，其本义为交易，引申为购买。《诗·卫风·氓》："氓之蚩蚩，抱布贸丝。"布为古代一种货币。

一五六、贿[2]，财[1]也。

此释条义训为财物，独词为训，一义贯条。

[1]财，《说文》"人所宝也"，其本义为财物、金钱的总称，引申为财物。《书·禹贡》："庶土交正，厎慎财赋。"孔传："致所慎者，财货贡赋，舍取之有节，不过度。"

[2]贿,《说文》"财也",其本义为财物。《周礼·天官·大宰》:"商贾阜通货贿。"郑玄注:"金玉曰货,布帛曰贿。"

一五七、甲[2],狎[1]也。

此释条义训为亲近,独词为训,一义贯条。

[1]狎,《说文》"犬可习也",其本义为驯养,引申为亲近。《礼记·曲礼上》:"贤者狎而敬之,畏而爱之。"郑玄注:"狎,习也,近也,谓附而近之,习其所行也。"

[2]甲,《说文》"东方之孟,阳气萌动。从木戴孚甲之象",参之甲骨文形体,其本义当为古代战士的护身衣,假借为狎,有亲近之义。《诗·卫风·芃兰》:"虽则佩韘,能不我甲?"毛传:"甲,狎也。"陆德明释文:"《韩诗》作'狎'。"

一五八、菼[2],骓[1]也;菼[4],薍[3]也。

此释条义训为苍白色、芦荻,一词分训,义项与义素并释。

[1]骓(zhuī),《说文》"马苍黑杂毛",其本义为毛色苍白相间的马。《诗·鲁颂·駉》:"薄言駉者,有骓有駓。"毛传:"苍白杂毛曰骓;黄白杂毛曰駓。"骓为毛色苍白相间的马,其义项中明确显示苍白之义,说明此释条解说被释词骓的明显义素。

[2]菼(tǎn),《说文》为薍的或体,《说文》"薍,萑之初生,一曰薍,一曰雏。……菼,薍或从炎",其本义为初生的芦荻,为苍白色。《诗·王风·大车》:"大车槛槛,毳衣如菼。"

[3]薍(wàn),《说文》"薍也",其本义为亦为初生的芦荻。《尔雅·释草》:"菼,薍。"邢昺疏引陆玑云:"薍,或谓之荻,至秋坚成则谓之萑。"

[4]菼,本义为初生的芦荻。《诗·卫风·硕人》:"葭菼揭揭,庶姜孽孽。"毛传:"菼,薍也。"

按:骓为苍白杂毛的马,菼为初生的芦苇,其义项中都明确显示苍白色之义,说明此释条解说被释词菼的明显义素,释词骓也使用明显义素。

一五九、粲[2]，餐[1]也。

此释条义训为饭食，独词为训，一义贯条。

[1]餐，《说文》"吞也"，其本义为吃，引申为饭食。《韩非子·十过》："公子见使者，再拜，受其餐而辞其璧。"

[2]粲，《说文》"稻重一秠，为粟二十斗，为米十斗曰毇；为米六斗太半斗曰粲"，其本义为精米，引申为饭食。《诗·郑风·缁衣》："适子之馆兮，还，予授子之粲兮。"毛传："粲，餐也。"

一六〇、渝[2]，变[1]也。

此释条义训为改变，独词为训，一义贯条。

[1]变，《说文》"更也"，其本义为改变。《易·系辞下》："《易》，穷则变，变则久。"

[2]渝，《说文》"变污也"，其本义为改变。《诗·郑风·羔裘》："彼其之子，舍命不渝。"毛传："渝，变也。"

一六一、宜[2]，肴[1]也。

此释条义训为荤菜，独词为训，一义贯条。

[1]肴，《说文》"啖也"，段玉裁注"许当云啖肉也，谓熟馈可啖之肉"，其本义为鱼、肉类的荤菜。《礼记·学记》："虽有嘉肴，弗食，不知其旨也。"

[2]宜，《说文》"所安也"，商承祚《说文中之古文考》"甲骨文、金文皆象肉在俎上之形"，其本义为荤菜。《诗·郑风·女曰鸡鸣》："弋言加之，与子宜之。"

一六二、夷[2]，悦[1]也。

此释条义训为喜悦，独词为训，一义贯条。

[1]悦，《说文》未收，按之古籍与字形，其本义当为喜悦。《孙子·火攻》："怒可以复喜，愠可以复悦。"

[2]夷，《说文》"平也，从大，从弓，东方之人也"，其本义当为东方少数民族，展转引申为平坦，再引申为喜悦。《诗·郑风·风雨》："既见君子，云胡不夷？"

一六三、颠[2]，顶[1]也。

此释条义训为头顶，独词为训，一义贯条。

[1]顶，《说文》"颠也"，其本义为头的最上部，即头顶。《易·大过》："过涉灭顶，凶。"

[2]颠，《说文》"顶也"，其本义为头顶。《诗·秦风·车邻》："有车邻邻，有马白颠。"

一六四、耋[2]，老[1]也。

此释条义训为年老，独词为训，一义贯条。

[1]老，《说文》"考也，七十曰老"，其本义为年老。《楚辞·离骚》："老冉冉其将至兮，恐修名之不立。"

[2]耋（dié），《说文》未收，参之古籍用例，其本义为年老。《诗·秦风·车邻》："今者不乐，逝者其耋。"毛传："耋，老也。"

一六五、轾[2]，轻[1]也。

此释条义训为分量小（轻重之轻）、轻便，独词为训，二义同条。

[1]轻，《说文》"轻车也"，其本义为轻车，引申为轻重之轻，与"重"

相对。《书·吕刑》:"上刑适轻,下服;下服适重,上服。轻重诸罚有权。"又引申为轻便。《韩非子·外储说右上》:"夫猎者,託车舆之安,用六马之足,使王良佐辔,则身不劳而易及轻兽矣。"

[2]辅(yóu),《说文》"轻车也",其本义为轻车,引申为轻便。《诗·秦风·驷驖》:"辅车鸾镳,载猃歇骄。"毛传:"辅,轻也。"又引申为轻重之轻。《诗·大雅·烝民》:"人亦有言,德辅如毛,民鲜克举之。"郑玄笺:"辅,轻。"

一六六、俴[2],浅[1]也。

此释条义训为不深,独词为训,一义贯条。

[1]浅,《说文》"不深也",其本义为水不深,引申为从上到下或从外到内距离小。《管子·问》:"若夫城郭之厚薄,沟墼之浅深,门闾之尊卑,宜修而不修者,上必幾之。"幾,察知。

[2]俴(jiàn),《说文》"浅也",其本义为浅,与"深"相对。《诗·秦风·小戎》:"小戎俴收,五楘梁辀。"毛传:"俴,浅。"

一六七、绹[2],绞[1]也。

此释条义训为扭结,独词为训,解说隐含义素。

[1]绞,《说文》"缢也",其本义为勒杀、吊死,引申为扭结。《礼记·杂记上》:"小敛,环绖,君大夫士一也。"孔颖达疏:"知以一股所缠绖者,若是两股相交,则谓之绞。"

[2]绹,《说文》未收,参之古籍用例,其本义为绳索。《诗·豳风·七月》:"昼尔于茅,宵尔索绹。"搓绳子必然要将所用线条扭结起来,于是绳子的义项中蕴藏着扭结之义,而其义又没有明确显示在义项中,说明此释条解说被释词绹的隐含义素。

一六八、讹[2]，化[1]也。

此释条义训为感化，独词为训，一义贯条。

[1]化，《说文》"教行也"，参之甲骨文形体，其本义为变化，引申为感化。《书·大诰》："肆予大化诱我友邦君。"

[2]讹(é)，《说文》作"伪"，"伪言也"，其本义为讹误，引申为谣言，再引申为感化。《诗·小雅·节南山》："式讹尔心，以畜万邦。"郑玄笺："讹，化也。"

一六九、跋[2]，躐[1]也；疐[4]，跲[3]也。

此释条义训为践踏、绊倒，二词分训，二义同条。

[1]躐(liè)，《说文》未收，参之形体及古籍，其本义当为践踏。《楚辞·九歌·国殇》："凌余阵兮躐余行，左骖殪兮右刃伤。"王逸注："躐，践也。"

[2]跋(bá)，《说文》"蹎跋也"，其本义为仆倒，相因引申为践踏。《诗·豳风·狼跋》："狼跋其胡，载疐其尾。"毛传："跋，躐；疐，跲也。老狼有胡，进则躐其胡，退则跲其尾。"

[3]跲(jiá)，《说文》"踬也"，其本义为绊倒。《吕氏春秋·不广》："鼠前而兔后，趋则跲，走则颠。"

[4]疐(zhì)，《说文》"碍不行也"，其本义为阻碍，引申为绊倒。《诗·豳风·狼跋》："狼跋其胡，载疐其尾。"

一七〇、烝[2]，尘[1]也。

此释条义训为长久，独词为训，一义贯条。

[1]尘，《说文》"鹿行扬土也"，其本义为尘土，展转引申为长久之义。独孤及《为李给事让起复尚书左丞兼御史大夫等表》："今灵筵未尘，坟土尚湿。"

[2]烝，《说文》"火气上行也"，其本义为火气上升，展转引申为长久。

《诗·小雅·常棣》:"每有良朋,烝也无戎。"郑玄笺:"久也,犹无相助己者。"

一七一、戎[2],相[1]也。

此释条义训为帮助,独词为训,一义贯条。

[1]相,《说文》"省视也",其本义为仔细看,引申为占视,再引申为辅助、帮助。《书·大诰》:"今天其相民,矧亦惟卜用。"

[2]戎,《说文》"兵也",其本义为兵器,引申为帮助。《诗·小雅·常棣》:"每有良朋,烝也无戎。"毛传:"戎,相也。"

一七二、饫[2],私[1]也。

此释条义训为个人,独词为训,解说明显义素:区别义素。

[1]私,《说文》"禾也",按之古籍,其本义为私自,与"公"相对。《书·周官》:"以公灭私,民其允怀。"

[2]饫,《说文》未收,按之古籍与字形,其本义当为古代君主燕饮同姓的私宴。《诗·小雅·常棣》:"傧尔笾豆,饮酒之饫。"毛传:"饫,私也。不脱屦升堂谓之饫。"饫为私宴,而私宴具有"私自的"义素,而其义素又明确显示在义项中,说明此释条解说被释词饫的明显义素。

一七三、孺[2],属[1]也。

此释条义训为亲属,独词为训,一义贯条。

[1]属,《说文》"连也",其本义为连接,引申为亲属。《孟子·离娄下》:"夫章子岂不欲有夫妻子母之属哉!"

[2]孺,《说文》"乳子也",其本义为小孩,引申为亲属。《诗·小雅·常棣》:"兄弟既具,和乐且孺。"毛传:"孺,属也。"

一七四、幕[2]，暮[1]也。

此释条义训为夜晚，独词为训，解说隐含义素。

[1]暮，《说文》未收，按之古籍与字形，其本义为傍晚，为"莫"的今字，引申为夜晚。《楚辞·刘向〈九叹·离世〉》："断镳衔以驰骛兮，暮去次而敢止。"王逸注："暮，夜也。"镳衔为勒马口的绳索，衔在口内，镳在口外。

[2]幕，《说文》未收，按之古籍与字形，其本义为帷幕，引申为覆盖。《易·井》："上六，井收，勿幕。"王弼注："幕，犹覆也。"物经遮盖后，其内昏暗有如黑夜，则其中蕴藏着夜晚之义，而其义又没有明确显示在义项中，说明此释条解说"幕"的隐含义素。

按：郭璞在此条之下注云："幕然，暮夜。"据此郭氏将此释条义训解释为夜晚，按之《尔雅》解说普通语词的特点，其说有理，因此笔者取其说。后世多将其义训解释为帐幕，其证据不足，未免失之牵强，不敢相从。

一七五、煽[2]，炽[1]也；炽，盛[3]也。

此释条义训为旺盛，递相为训，一义贯条。

[1]炽(chì)，《说文》"盛也"，其本义为火旺盛，引申为气势旺盛。《诗·小雅·六月》："玁狁孔炽，我是用急。"毛传："炽，盛也。"

[2]煽，《说文新附》"炽盛也"，其本义为火炽旺，引申为气势旺盛。《诗·小雅·十月之交》："楀维师氏，艳妻煽方处。"毛传："煽，炽也。"

[3]盛，《说文》"黍稷在器中以祀者也"，其本义为放在祭器里的谷物，引申为器皿，再引申为盛满，由盛满引申为旺盛。《国语·越语下》："天道盈而不溢，盛而不骄。"

一七六、柢[2]，本[1]也。

此释条义训为树根、事物的基础，独词为训，二义同条。

[1]本，《说文》"木下曰本"，其本义为草木的根。《诗·大雅·荡》：

"枝叶未有害，本实先拨。"引申为事物的基础。《论语·学而》："君子务本，本立而道生。"何晏注："本，基也。"

[2]柢，《说文》"木根也"，其本义为树根。《老子》第五十九章："是谓深根固柢，长生久视之道。"引申为事物的基础。晋左思《吴都赋》："霸王之所根柢，开国之所基址。"

一七七、窕[2]，閒[1]也。

此释条义训为安闲，独词为训，一义贯条。

[1]閒，《说文》"隟也"，隟为隙的异体字，则閒的本义为缝隙，展转引申为安闲。《庄子·大宗师》："其心閒而无事。"

[2]窕，《说文》"深肆极也"，其本义为深邃，展转引申为安闲。《司马法·严位》："凡战之道，位欲严，政欲栗，力欲窕，气欲闲，心欲一。""闲"通"閒"，为安闲之义。又"凡战，击其微静，避其强静；击其倦劳，避其闲窕。"后例"闲"通"閒"，与"窕"同义连用，均取安静之义，很有启发性。

一七八、沦[2]，率[1]也。

此释条义训为相继，独词为训，一义贯条。

[1]率，《说文》"捕鸟毕也"，其本义为长柄的捕鸟网，展转引申为相继。《诗·鲁颂·閟宫》："莫不率从，鲁侯之功。"

[2]沦，《说文》"小波为沦"，其本义为水面上的小波纹，引申为相继。《诗·小雅·雨无正》："若此无罪，沦胥以铺。"毛传："沦，率也。"沦、率同义连用，均为相继、一个接一个。铺，通"痡"，病痛、痛苦，用如动词，陷入痛苦。

一七九、罹[2]，毒[1]也。

此释条义训为祸害，独词为训，一义贯条。

[1]毒，《说文》"厚也，害人之艸，往往而生"，其本义为毒物，引申为祸害。《书·盘庚上》："汝不和吉言于百姓，惟汝自生毒。"孔传："自生毒害。"和，宣布。

[2]罹，《说文新附》"心忧也"，按之古籍，其本义为遭受，引申为祸害。《书·酒诰》："辜在商邑，越殷国灭，无罹。"越，对于。罹，祸害，用如动词，则为看作祸害。

一八〇、检[2]，同[1]也。

此释条义训为相同，独词为训，一义贯条。

[1]同，《说文》"合会也"，其本义为会合，引申为相同。《易·乾》："同声相应，同气相求。"

[2]检，《说文》"书署也"，其本义为古代封书题签，引申为等同。《管子·山权数》："北郭有掘阙而得龟者，此检数百里之地也。"尹知章注："检，犹比也。以此龟为用者，其数可比百里之地。"

一八一、邮[2]，过[1]也。

此释条义训为过失，独词为训，一义贯条。

[1]过，《说文》"度也"，其本义为经过，引申为过失。《论语·子路》："子曰：'先有司，赦小过，举贤才。'"

[2]邮，《说文》"境上行书舍"，其本义为古代传递文书，供应食宿、车马的驿站，引申为路过，再引申为过失。《诗·小雅·宾之初筵》："是曰既醉，不知其邮。"郑玄笺："邮，过也。"

一八二、逊[2]，遯[1]也。

此释条义训为隐退，独词为训，一义贯条。

[1]遯(dùn)，《说文》"逃也"，其本义为逃避，引申为隐退。《易·序卦》："物不可以久居其所，故受之以遯。遯者，退也。"

[2]逊，《说文》"遁也"，其本义为隐退。《书·微子》："我其发出狂，吾家耄逊于荒。"孔传："我念殷亡，发疾生狂，在家耄乱，故欲遁出于荒野。"

一八三、毙[2]，踣[1]也。

此释条义训为仆倒，独词为训，一义贯条。

[1]踣(bó)，《说文》"僵也"，其本义为仆倒。《左传·襄公十四年》："譬如捕鹿，晋人角之，诸戎掎之，与晋踣之。"杜预注："踣，僵也。"掎(jǐ)，军事上的从后牵制。

[2]毙，《说文》"顿仆也"，其本义为仆倒。《左传·哀公二年》："郑人击简子中肩，毙于车中。"

一八四、偾[2]，僵[1]也。

此释条义训为仆倒，独词为训，一义贯条。

[1]僵，《说文》"偾也"，其本义为仆倒。《战国策·燕策一》："乃阳僵弃酒。"

[2]偾(fèn)，《说文》"僵也"，其本义为仆倒。《左传·昭公十三年》："牛虽瘠，偾于豚上，其畏不死？"

一八五、畛[2]，殄[1]也。

此释条义训为灭绝，独词为训，解说隐含义素。

[1]殄，《说文》"尽也"，其本义为灭绝。《书·舜典》："朕灭之。"

[2]畛，《说文》"井田间陌也"，其本义为田间道路，引申为界限。《庄子·齐物论》："夫道未始有封，言未始有常，为是而有畛也，请言其畛：有左，有右，有伦，有义，有分，有辩，有竞，有争，此之谓八德。"成玄英疏："畛，界畔也。"来到界限则田间道路自然灭绝，因此在界限的义项中自然蕴藏着灭绝之义，而其义又没有明确显示于义项中，说明此释条解说被释词畛的隐含义素。

一八六、曷[2]，盍[1]也。

此释条义训为疑问代词"何"与疑问副词"何不"，独词为训，二义同条。

[1]盍，《说文》"覆也"，其本义为覆盖，假借为疑问代词，相当于"何""什么"。《管子·霸形》："仲父胡为然？盍不当言？"又假借为副词，表示反诘语气，相当于"何不"。《论语·公冶长》："颜渊季路侍。子曰：'盍各言尔志？'"

[2]曷，《说文》"何也"，其本义为代词，表示疑问，相当于"何"。《诗·王风·扬之水》："怀哉怀哉！曷月予还归哉？"朱熹集传："曷，何也。"又有疑问副词之义，表示反诘语气，相当于"何不"。《诗·唐风·有杕之杜》："中心好之，曷饮食之？"郑玄笺："曷，何也。"

一八七、虹[2]，溃[1]也。

此释条义训为溃乱，独词为训，一义贯条。

[1]溃，《说文》"漏也"，其本义为水冲破堤防，引申为溃乱。《诗·大雅·召旻》："我相此邦，无不溃止。"

[2]虹，《说文》"螮蝀也，状似虫"，其本义为彩虹，即雨后由于阳光折射水气而出现在天空中的彩色圆弧。通"讧"，有溃乱之义。《诗·大雅·抑》："彼童而角，实虹小子。"毛传："溃，乱也。"

一八八、陪[2]，闇[1]也。

此释条义训为昏暗，独词为训，一义贯条。

[1]闇(àn)，《说文》"闭门也"，其本义为闭门，引申为昏暗。《荀子·臣道》："故明主好同，而闇主好独。"

[2]陪(ǎn)，《说文》未收，陆德明释文："陪，《字林》或作晻"，《玉篇》："陪，与晻同。"《说文》："晻，不明也"，其本义为昏暗。《荀子·不苟》："是姦人将以盗名於晻世者也。"

一八九、䵿[2]，胶[1]也。

此释条义训为黏着(zhuó)，独词为训，一义贯条。

[1]胶，《说文》"昵也，作之以皮"，其本义为能黏合器物的物质，有用动物的皮熬制成的，引申为黏着。《庄子·逍遥游》："置杯焉则胶，水浅而舟大也。"

[2]䵿 (nì)，《说文》为䵒的或体。䵿，《说文》"黏也。……䵿，䵒或从刃。"䵿之本义为亲昵，引申为黏着。《战国策·赵策三》："夫胶漆至䵿也，而不能合远；鸿毛至轻也，而不能自举。"

一九〇、孔[2]，甚[1]也。

此释条义训为程度副词，"很"，独词为训，一义贯条。

[1]甚，《说文》"尤安乐也"，其本义为异常安乐，引申为副词，表示程度深，相当于"很"。《诗·郑风·东门之墠》："其室则迩，其人甚远。"

[2]孔，《说文》"通也"，按之古籍，其本义当为孔穴，引申为大，再引申表示程度深，相当于副词"很"。《诗·大雅·抑》："昊天孔昭，我生靡乐。"郑玄笺："孔，甚也。"

一九一、厥[2]，其[1]也。

此释条义训为代词，表示他称与远指，独词为训，二义同条。

[1]其，《说文》"簸也"，其本义为簸箕，假借为代词，表示第三人称，相当于他（她、它、他们）的。《诗·周南·桃夭》："之子于归，宜其家室。"又假借为远指代词，相当于"那""那些"。《左传·襄公二十五年》："晏子立于崔氏之门外，其人曰：'死乎？'"

[2]厥，《说文》"发石也"，其本义为发射石块，假借为代词，表示第三人称，相当于他（她、它、他们）的。《诗·大雅·抑》："天方艰难，曰丧厥国。"又借为远指代词，相当于"那"。《诗·周颂·噫嘻》："率时农夫，播厥百谷。"

一九二、夏[2]，礼[1]也。

此释条义训为法则，独词为训，一义贯条。

[1]礼，《说文》"履也，所以事神致福也"，其本义为祭祀神，引申为法则。《论语·子罕》："博我以文，约我以礼。"

[2]夏(jiá)，《说文》"戟也"，其本义为戟，引申为法则。《书·康诰》："不率大夏，矧惟外庶子、训人，惟厥正人越小臣、诸节。"率，遵循。矧，也。惟，有。厥，那些。越，和、与。

一九三、闉[2]，台[1]也。

此释条义训为高台，独词为训，解说明显义素：共同义素。

[1]台，《说文》"观，四方而高者"，其本义为高台，即用土筑成四方形的高而平的建筑物。《诗·大雅·灵台》："经始灵台，经之营之。"毛传："四方而高曰台。"

[2]闉，《说文》"闉阇也"，其本义为城门上的高台。《诗·郑风·出其东门》："出其闉阇，有女如荼。"毛传："闉，城台也。"孔颖达疏："闉是

城上之台，谓当门台也。"阇，城门上的高台，明确显示高台之义，说明此释条解说被释词阇的明显义素。

一九四、囚[2]，拘[1]也。

此释条义训为拘捕，独词为训，一义贯条。

[1]拘，《说文》"止也"，其本义为制止，引申为拘捕。《书•酒诰》："汝勿佚，尽执拘以归于周，予其杀。"

[2]囚，《说文》"系也"，其本义为拘系、拘捕。《左传•桓公十三年》："莫敖缢于荒谷，群帅囚于冶父以听刑。"

一九五、攸[2]，所[1]也。

此释条义训为处所、结构助词，独词为训，二义同条。

[1]所，《说文》"伐木声也"，其本义为伐木声，假借为处所之义。《诗•小雅•出车》："自天子所，谓我来矣。"又假借为结构助词，与动词组成名词性短语。《诗•小雅•都人士》："行归于周，万民所望。"

[2]攸，《说文》"行水也"，其本义为水流貌，引申为处所。《诗•大雅•韩奕》："为韩姞相攸，莫如韩乐。"郑玄笺："相，视；攸，所。"又借为结构助词，用在动词前，组成名词性词组，相当于"所"。《诗•大雅•灵台》："王在灵囿，麀鹿攸伏。"郑玄注："攸，所也。文王亲至灵囿，视牝鹿所游之处。"

一九六、展[2]，适[1]也。

此释条义训为省视，独词为训，一义贯条。

[1]适(shì)，《说文》"之也"，其本义为往，引申为省视。《礼记•文王世子》："适馔省醴养老之珍具。"郑玄注："亲省其所有。"

[2]展，《说文》"转也"，其本义为转动，引申为省视。《周礼•春官•肆师》："大祭祀，展牺牲，系于牢，颁于职人。"郑玄注："展，省阅也。"

按：参见王引之《经义述闻》卷二十七。

一九七、郁[2]，气[1]也。

此释条义训为气体，独词为训，解说明显义素：共同义素。

[1]气，《说文》"馈客刍米也"，参之古文形体，其本义为云气，引申为气体的通称。《庄子·齐物论》："夫大块噫气，其名为风。"

[2]郁，繁体作鬱，《说文》"木丛生者"，其本义为树木繁茂，引申为热气。《汉书·王褒传》："服絺绤之衣者，不苦盛暑之郁燠。"颜师古注："郁，热气也。"在热气的义项中明确显示气体之义，说明此释条解说被释词郁的明显义素。

一九八、宅[2]，居[1]也。

此释条义训为居住、住所、居于，独词为训，三义同条。

[1]居，《说文》"蹲也"，其本义为蹲，引申为坐，再引申为居住。《易·系辞下》："上古穴居而野处。"引申为住所。《书·盘庚上》："盘庚迁于殷，民不适有居。"孔传："适，之也。不欲之殷，有邑居。"又有介词居于、处于之义。《书·伊训》："居上克明，为下克忠。"

[2]宅，《说文》"所讬也"，其本义为住所。《诗·大雅·崧高》："王命召伯，定申伯之宅。"引申为居住。《书·盘庚上》："我王来，既爰宅于兹。"又有介词居于、处于之义。《书·说命上》："王宅忧，亮阴三祀。"孔颖达疏："言王居父忧。"

一九九、休[2]，庆[1]也。

此释条义训为福禄，独词为训，一义贯条。

[1]庆，《说文》"行贺人也"，其本义为祝贺，引申为福禄。《易·坤》："积善之家，必有余庆；积不善之家，必有余殃。"

[2]休，《说文》"息止也"，其本义为休息，引申为美好，再引申为福

禄。《诗·周颂·丝衣》:"不吴不敖,胡考之休。"

二〇〇、祈[2],叫[1]也。

此释条义训为呼叫,独词为训,解说隐含义素。

[1]叫,《说文》"嘑也",其本义为呼喊。《诗·小雅·北山》:"或不知叫号,或惨惨劬劳。"毛传:"叫,呼。"

[2]祈,《说文》"求福也",其本义为向上天或神明求福。《书·召诰》:"王其德之用,祈天永命。"孔传:"求天长命以历年。"向上天求福,必然要呼叫,于是在向上天求福的义项自然蕴藏着呼叫之义,而其义又没有明确显示在义项中,说明此释条解说被释词祈的隐含义素。

二〇一、濬[2]、幽[3],深[1]也。

此释条义训为深邃,二词共训,一义贯条。

[1]深,《说文》"水,出桂阳南平,西入营道",其本义为水名,引申为水深,再引申为深邃。《易·系辞上》:"夫《易》,圣人之所以极深而研幾也。"《诗·小雅·十月之交》:"高岸为谷,深谷为陵。"

[2]濬,《说文》作"睿",释为"深通川也",其本义为疏通,引申为深邃。《书·舜典》:"濬哲文明,温恭允塞。"孔传:"濬,深,哲,智也。"

[3]幽,《说文》"隐也",其本义为隐藏,引申为深邃。《诗·小雅·伐木》:"出自幽谷,迁于乔木。"毛传:"幽,深。"

二〇二、哲[2],智[1]也。

此释条义训为智慧,独词为训,一义贯条。

[1]智,《说文》"识词也",其本义为智慧。《孟子·公孙丑上》:"是非之心,智之端也。"

[2]哲,《说文》"知也",其本义为智慧。《诗·大雅·烝民》:"既明且哲,以保其身。"

二〇三、弄[2]，玩[1]也。

此释条义训为玩弄、戏弄，独词为训，二义同条。

[1]玩，《说文》"弄也"，其本义为玩弄。《晏子春秋·外篇上八》："君之玩物，衣以文绣；君之凫雁，食以菽粟。"引申为戏弄。《书·旅獒》："玩人丧德，玩物丧志。"

[2]弄，《说文》"玩也"，其本义玩、玩弄。《诗·小雅·斯干》："乃生男子，载寝之床，载衣之裳，载弄之璋。"引申为戏弄。《左传·襄公四年》："（寒浞）愚弄其民。"

二〇四、尹[2]，正[1]也。

此释条义训为官长，独词为训，一义贯条。

[1]正，《说文》"是也"，其本义为正中，引申为官长。《书·说命下》："昔先正保衡，作我先王。"孔传："正，长也。"

[2]尹，《说文》"治也"，其本义为治理，引申为官长。《书·益稷》："百兽率舞，庶尹允谐。"孔传："尹，正也。"

二〇五、皇[2]、匡[3]，正[1]也。

此释条义训为匡正，二词共训，一义贯条。

[1]正，《说文》"是也"，其本义为正中，引申为匡正。《论语·学而》："君子食无求饱，居无求安，敏于事而慎于言，就有道而正焉，可谓好学也已。"

[2]皇，《说文》"大也"，其本义为大，引申为君主，再引申为匡正。《诗·豳风·破斧》："周公东征，四国是皇。"毛传："皇，匡也。"

[3]匡，《说文》"饮器，筥也"，其本义为古代盛饭用具，为方形，引申为方正，再引申为纠正、匡正。《诗·小雅·六月》："王于出征，以匡王国。"郑玄笺："匡，正也。"

二〇六、服[2]，整[1]也。

此释条义训为整治，独词为训，一义贯条。

[1]整，《说文》"齐也"，其本义为整齐，引申为整治。《诗·大雅·常武》："整我六师，以修我戎。"

[2]服，《说文》"用也"，其本义为从事，引申为整治。《书·盘庚上》："乃不畏戎毒于远迩，惰农自安，不昏作劳，不服田亩，越其罔有黍稷。"《韩非子·说疑》："故有道之主，远仁义，去智能，服之以法。"

二〇七、聘[2]，问[1]也。

此释条义训为聘问、问候，独词为训，二义同条。

[1]问，《说文》"讯也"，其本义为询问，引申为周代诸侯国之间的一种相互访问的礼节。《诗·大雅·绵》："肆不殄厥愠，亦不殒厥问。"郑玄笺："小聘曰问。"《诗·邶风·泉水》："问我诸姑，遂及伯姊。"

[2]聘，《说文》"访也"，其本义为访问，特指古代诸侯之间或诸侯与天子之间派遣使节访问。《左传·宣公十年》："季文子初聘于齐。"引申为问候。《诗·小雅·采薇》："我戍未定，靡使归聘。"毛传："聘，问也。"

二〇八、愧[2]，惭[1]也。

此释条义训为惭愧，独词为训，一义贯条。

[1]惭，《说文》"媿也"，其本义为惭愧。《易·系辞下》："将叛者其辞惭，中心疑者其辞枝。"

[2]愧，《说文》为媿的或体，《说文》"媿，惭也，从女，鬼声。愧，媿或从耻省"，愧的本义为惭愧。《诗·小雅·何人斯》："不愧于人，不畏于天。"

二〇九、殛[2]，诛[1]也。

此释条义训为杀戮、惩罚，独词为训，二义同条。

[1]诛，《说文》"讨也"，其本义为声讨、指责，引申为惩罚。《韩非子·奸劫弑臣》："圣人之治国也，赏不加于无功，而诛必行于有罪者也。"再引申为杀戮。《孟子·梁惠王下》："闻诛一夫纣矣，未闻弑君也。"

[2]殛，《说文》"殊也"，其本义为杀戮。《书·汤誓》："有夏多罪，天命殛之。"引申为惩罚。《书·康诰》："爽惟天其罚殛我，我其不怨。"杨筠如覈诂："罚殛连文，殛亦犹罚也。"

二一〇、克[2]，能[1]也。

此释条义训为能够，独词为训，一义贯条。

[1]能，《说文》"熊属，足以鹿，从肉，㠯声。能兽坚中，故称贤能，而强壮称能杰也"，其本义为一种像熊的野兽，引申为才能，再引申为能够。《书·西伯戡黎》："乃罪多，参在上，乃能责命于天？"

[2]克，《说文》"肩也"，其本义为胜任，引申为能够。《诗·大雅·荡》："靡不有初，鲜克有终。"郑玄笺："克，能也。"

二一一、翌[2]，明[1]也。

此释条义训为今之次，独词为训，一义贯条。

[1]明，《说文》"照也"，其本义为明亮，引申为今之次，今人犹称明日、明年。《左传·昭公七年》："其明月，子产立公孙洩及良止以抚之。"明月，即下月。

[2]翌，《说文》未收，参之字形与古籍，其本义为翅膀。通"昱"，有今之次之义。《汉书·武帝纪》："翌日亲登嵩高。"翌日，即明日、次日。

二一二、讻[2]，讼[1]也。

此释条义训为争辩，独词为训，一义贯条。

[1]讼，《说文》"争也"，其本义为争辩。《书·盘庚上》："今汝聒聒，起信险肤，予弗知乃所讼。"

[2]讻(xiōng)，《说文》为"訩"的或体。《说文》"訩，说也。从言，匈声。讻，或省。"讻之本义为争辩。《诗·鲁颂·泮水》："不告于讻，在泮献功。"

二一三、晦[2]，冥[1]也。

此释条义训为昏暗，独词为训，一义贯条。

[1]冥，《说文》"幽也"，其本义为昏暗。《老子》第二十一章："窈兮冥兮，其中有精。"

[2]晦，《说文》"月尽也"，其本义为月尽，农历每月的最后一天，引申为昏暗。《诗·郑风·风雨》："风雨如晦，鸡鸣不已。"毛传："晦，昏也。"

二一四、奔[2]，走[1]也。

此释条义训为跑、逃跑，独词为训，二义同条。

[1]走，《说文》"趋也"，其本义为跑。《韩非子·五蠹》："兔走触株，折颈而死。"引申为逃跑。《孟子·梁惠王上》："填然鼓之，兵刃既接，弃甲曳兵而走。"

[2]奔，《说文》"走也"，其本义为跑。《诗·小雅·小弁》："鹿斯之奔，维足伎伎。"引申为逃跑。《左传·隐公元年》："五月辛丑，大叔出奔共。"

二一五、逡[2]，退[1]也。

此释条义训为退让，独词为训，一义贯条。

[1]退，《说文》未收，《玉篇》"卻（却）也"，其本义为后退，引申为退让。《国语·楚语上》："夫子践位则退，自退则敬。"韦昭注："退，谦退也。"

[2]逡，《说文》"复也"，其本义为往来，引申为退让。《汉书·公孙弘传》："有功者上，无功者下，则群臣逡。"王先谦补注："逡，退也。言群臣明退让之义也。"

二一六、疐[2]，仆[1]也。

此释条义训为跌倒，独词为训，解说明显义素：共同义素。

[1]仆，《说文》"顿也"，其本义为叩头，引申为跌倒。《素问·经脉别论》："度水跌仆。"

[2]疐，《说文》"碍不行也"，其本义为阻碍，引申为绊倒。《诗·豳风·狼跋》："狼跋其胡，载疐其尾。"在绊倒的义项中，明确显示跌倒之义，说明此释条解说被释词疐的明显义素。

二一七、亚[2]，次[1]也。

此释条义训为次于，独词为训，一义贯条。

[1]次，《说文》"不前不精也"，其本义为叙事时后项对前项之称，引申为次于。《书·顾命》："先辂在左塾之前，次辂在右塾之前。"

[2]亚，《说文》"醜也，象人之局背之形"，其本义为丑陋，引申为次于，表示时间或空间的先后。《仪礼·士虞礼》："俎入，设于豆东，鱼亚之。"

二一八、谂[2]，念[1]也。

此释条义训为思念，独词为训，一义贯条。

[1]念,《说文》"常思也",其本义为思念。《诗·大雅·文王》:"王之荩臣,无念尔祖。"无,语气助词,无实义。

[2]谂(shěn),《说文》"深谏也",其本义为规谏、劝告,引申为思念。《诗·小雅·四牡》:"岂不怀归,是用作歌,将母来谂。"毛传:"谂,念也。"

二一九、届[2],极[1]也。

此释条义训为尽头,独词为训,一义贯条。

[1]极,《说文》"栋也",其本义为房屋的正梁,引申为尽头。《诗·唐风·鸨羽》:"悠悠苍天,曷其有极?"毛传:"极,已也。"

[2]届,《说文》"行不便也,一曰极也",从其一曰,届之本义为尽头。《诗·大雅·瞻卬》:"蟊贼蟊疾,靡有夷届。"郑玄笺:"届,极也。"

二二〇、弇[2],同[1]也;弇[4],葢[3]也。

此释条义训为都、掩盖,一词分训,二义同条。

[1]同,《说文》"合会也",其本义为会合,引申为统一,再引申为副词"都""尽"。《逸周书·大戒》:"连官集乘,同忧若一。"

[2]弇,《说文》"盖也",段玉裁注:"古奄、弇通用"。弇之本义为掩盖,引申为副词"尽""都"。《诗·鲁颂·閟宫》:"奄有龟蒙,遂荒大东。"王先谦集疏:"《鲁》,奄作弇。"

[3]葢,《说文》"苫也",其本义为盖屋的茅苫,引申为掩盖。葢,今简化作盖。《商君书·禁使》:"故至治,夫妻交友不能相为弃恶盖非,而不害于亲,民人不能相为隐。"

[4]弇,《说文》"盖也",其本义为掩盖。《管子·八观》:"塞其塗,弇其迹。"

二二一、恫[2],痛[1]也。

此释条义训为哀痛,独词为训,一义贯条。

[1]痛，《说文》"病也"，其本义为疼痛，引申为哀痛。《礼记·三年问》："三年之丧，二十五月而毕，哀痛未尽，思慕未忘。"

[2]恫，《说文》"痛也"，其本义为哀痛。《诗·大雅·思齐》："神罔时怨，神罔时恫。"毛传："恫，痛也。"

二二二、幄[2]，具[1]也。

此释条义训为器具，独词为训，解说明显义素：共同义素。

[1]具，《说文》"共置也"，其本义为备办，引申为器物。《韩非子·定法》："谓之衣食孰急于人，则是不可一无也，皆养生之具也。"

[2]幄，《说文》"搵持也"，其本义为握持，通"幄"，指形如宫室的帐幕。《周礼·春官·巾车》："翟车，贝面组总，有幄。"郑玄注："有幄，则此无盖矣。"帐幕为一种器具，其义项明确显示器物之义，说明此释条解说被释词幄的明显义素。

二二三、振[2]，讯[1]也。

此释条义训为疾速，独词为训，解说隐含义素。

[1]讯，《说文》"问也"，其本义为询问，通"迅"，有疾速之义。《礼记·乐记》："始奏以文，复乱以武，治乱以相，讯疾以雅。"

[2]振，《说文》"举救也"，其本义为救助，引申为振动、奋起。《诗·豳风·七月》："五月斯螽动股，六月莎鸡振羽。"毛传："莎鸡羽成而振讯之。"振动必然迅速，因此在振动的义项中蕴藏着迅速之义，而其义又没有明确显示于义项中，说明此释条解说被释词振的隐含义素。

二二四、阋[2]，恨[1]也。

此释条义训为争讼，独词为训，一义贯条。

[1]恨，《说文》"怨也"，其本义为怨恨。通"很"，有违逆之义，引申为争讼。《礼记·曲礼上》："很毋求胜，分毋求多。"郑玄注："很，阋

也，谓争讼也。"

[2]阋(xì)，《说文》"恒讼也"，其本义为相争、争讼。《诗·小雅·常棣》："兄弟阋于墙，外御其务。"毛传："阋，很也。"孔颖达疏："很者，忿争之名。"

二二五、越[2]，扬[1]也。

此释条义训为宣扬，独词为训，一义贯条。

[1]扬，《说文》"飞举也"，其本义为飞起，引申为宣扬。《易·大有》："君子以遏恶扬善，顺天休命。"

[2]越，《说文》"度也"，其本义为度过，引申为宣扬。《国语·晋语八》："宣其德行，顺其宪则，使越于诸侯。"韦昭注："越，发闻也。"

二二六、对[2]，遂[1]也。

此释条义训为称心，独词为训，一义贯条。

[1]遂，《说文》"亡也"，按之古籍与字形，其本义为前进，展转引申为称心。《诗·曹风·候人》："彼其之子，不遂其媾。"朱熹集传："遂，称。媾，宠也。遂之为称，犹今人谓'遂意'。"

[2]对，《说文》"应无方也"，其本义为回答，展转引申为称心。《诗·大雅·江汉》："虎拜稽首，对扬王休。"毛传："对，遂也。"

二二七、燬[2]，火[1]也。

此释条义训为烈火，独词为训，一义贯条。

[1]火，《说文》"燬也，南方之行，炎而上，象形"，其本义为烈火。《书·盘庚上》："若火之燎于原，不可向迩，其犹可扑灭？"

[2]燬(huǐ)，《说文》"火也"，其本义为烈火。《诗·周南·汝坟》："鲂鱼赪尾，王室如燬。"毛传："燬，火也。"孔颖达疏："孙炎曰：方言有轻重，故谓火为燬也。"

二二八、懈[2]，怠[1]也。

此释条义训为懈怠，独词为训，一义贯条。

[1]怠，《说文》"慢也"，其本义为懈怠。《书·大禹谟》："无怠无荒，四夷来王。"孔传："无怠惰荒废，则四夷归往之。"

[2]懈，《说文》"怠也"，其本义为懈怠。《左传·襄公二十三年》："夫克乱在权，子无懈矣！"

二二九、宣[2]，缓[1]也。

此释条义训为宽松，独词为训，一义贯条。

[1]缓，《说文》为"繛"的或体，释为"𦄲也"，其本义为宽松。《穀梁传·文公十八年》："一人有子，三人缓带。"

[2]宣，《说文》"天子宣室也"，其本义为天子的宽大宫室，古宫室名，引申为宽大，再引申为宽松。《鬼谷子·权篇第九》："喜者，宣散而无要也。"

二三〇、遇[2]，偶[1]也。

此释条义训为相逢，独词为训，一义贯条。

[1]偶，《说文》"桐人也"，其本义为泥塑或木雕的人像，引申为相逢。《穀梁传·僖公四年》："公至自伐楚，有二事偶，则以后事致。"

[2]遇，《说文》"逢也"，其本义为相逢，不期而会。《书·胤征》："入自北门，乃遇汝鸠、汝方。"孔传："不期而会曰遇。"此句意谓，从北门进来，遇见汝鸠、汝方二位贤臣。

二三一、曩[2]，曏[1]也。

此释条义训为以前，独词为训，一义贯条。

[1]曏(xiàng)，《说文》"不久也"，其本义为以前。《仪礼·士相见礼》：

"曩者，吾子辱使某见，请还挚于将命者。"郑玄注："曩，曏也。"

[2]曩(nǎng)，《说文》"曏也"，其本义为以前。《左传·襄公二十四年》："曩者志入而已，今则怯也。"

二三二、偟[2]，暇[1]也。

此释条义训为闲暇，独词为训，一义贯条。

[1]暇，《说文》"闲也"，其本义为闲暇。《诗·小雅·何草不黄》："哀我征夫，朝夕不暇。"

[2]偟，《说文》未收，参之古籍用例，其本义为闲暇。《法言·君子》："忠臣孝子，偟乎不偟？"李轨注："偟，暇。"

二三三、宵[2]，夜[1]也。

此释条义训为夜晚，独词为训，一义贯条。

[1]夜，《说文》"舍也"，按之古籍与字形，其本义为夜晚、黑夜，与"日""昼"相对。《诗·大雅·荡》："式号式呼，俾昼作夜。"

[2]宵，《说文》"夜也"，其本义为夜晚。《诗·召南·小星》："肃肃宵征，夙夜在公。"毛传："宵，夜。"

二三四、燠[2]，忨[1]也。

此释条义训为贪爱，独词为训，一义贯条。

[1]忨(wán)，《说文》"贪也"，其本义为贪爱。《国语·晋语八》："今忨日而潋岁，怠愉甚矣。"

[2]燠(ào)，其本字为隩，《说文》"水隈崖也"，其本义为水崖深曲处，借为贪爱。《国语·郑语》："申、吕方强，其隩爱太子，亦必可知也。"在贪爱的义项上，后作燠，燠、隩为古今字。

二三五、愒[2]，贪[1]也。

此释条义训为贪恋，独词为训，一义贯条。

[1]贪，《说文》"欲物也"，其本义为爱财，引申为贪恋。《诗·大雅·桑柔》："民之贪乱，宁为荼毒。"

[2]愒(kài)，《说文》"息也"，其本义为休息，展转引申为贪恋。三国魏曹操《气出歌》之一："心恬淡，无所愒欲。"

按：以上两个释条义训相近，但是彼此被释词不同，书证也出自不同古籍，因此分为两条，使之分立。

二三六、榰[2]，柱[1]也。

此释条义训为支撑，独词为训，一义贯条。

[1]柱，《说文》"楹也"，其本义为支撑屋宇的直立构件，即屋柱，音 zhù，引申为支撑，音 zhǔ。《论衡·谈天》："且鳌足可以柱天，体必长大，不容于天地，女娲虽圣，何能杀之？"

[2]榰(zhī)，《说文》"柱砥，古用木，今以石"，其本义为柱脚。郝懿行义疏"通作支"，"又通作枝"，有支撑之义。《国语·越语下》："其君臣上下，皆知其资财之不足以支长久也。"又《左传·桓公五年》："蔡、卫不枝，固将先奔。"

二三七、裁[2]，节[1]也。

此释条义训为控制、削减，独词为训，二义同条。

[1]节，《说文》"竹约也"，其本义为竹节，引申为控制、节制。《易·未济》："饮酒濡首，亦不知节也。"又引申为削减。《论语·学而》："节用而爱人，使民以时。"

[2]裁，《说文》"制衣也"，其本义为裁剪，引申为削减。《国语·吴语》："王曰：'越国之中，富者吾安之，贫者吾予之，救其不足，裁其有余，使贫富皆利之。'"又引申为控制。《楚辞·惜誓》："神龙失水而陆居

兮，为蝼蚁之所裁。"

二三八、竝[2]，併[1]也。

此释条义训为并列、合并、一起，二词共训，三义同条。

[1]併，《说文》"并也"，其本义为并列。《礼记·祭义》："行肩而不併。"孔颖达疏："谓老少并行，言肩背不得併行，少者差退在后。"引申为合并。《孙子·行军》："兵非益多也，惟无武进，足以併力，料敌，取人而已。"又引申为副词一起。《汉书·贾谊传》："天下殽乱，高皇帝与诸公併起。"

[2]竝，《说文》"併也"，后隶变为"並"，今简化作并，其本义为并列。《诗·齐风·还》："并驱从两狼兮，揖我谓我臧兮。"引申为合并。《楚辞·东方朔〈七谏·自悲〉》："冰炭不可以相并兮。"王逸注："并，併也。"又引申为副词一起。《书·费誓》："徂兹淮夷、徐戎并兴。"徂，今，如今。

按：此释条中，被释词"竝"与释词"併"，上古读音相同，本义也相同，又同步引申为合并、一起两个义项，彼此为通用字。

二三九、卒[2]，既[1]也。

此释条义训为完毕、都，独词为训，二义同条。

[1]既，《说文》"小食也"，参之甲骨文形体，其本义为已吃完饭，引申为完毕。《诗·大雅·凫鹥》："既燕于宗，福禄攸降。"又为副词，表示范围，相当于"全""都"。《左传·僖公二十年》："楚人未既济。"

[2]卒，《说文》"隶人给事者衣为卒"，其本义为古代供隶役穿的一种衣服，引申为完毕、终结。《礼记·奔丧》："三日五哭，卒，主人出送宾。"又引申为副词，相当于"都""尽"。《诗·大雅·桑柔》："降此蟊贼，稼穑卒痒。"郑玄笺："卒，尽。"

224 《尔雅》普通语词注释

二四〇、憽[2]，虑[1]也。

此释条义训为思虑，独词为训，一义贯条。

[1]虑，《说文》"谋思也"，其本义为思虑。《鬼谷子·飞箝》："心意之虑怀审其意，知其所好恶。"

[2]憽(cóng)，《说文》"虑也"，其本义为谋虑。郭璞注："谓谋虑也。"

二四一、将[2]，资[1]也。

此释条义训为送行，独词为训，一义贯条。

[1]资，《说文》"货也"，其本义为货物、钱财的总称。通"赍"(jī)，有送行之义。《庄子·德充符》："战而死者，其人之葬也，不以翣资。"陆德明释文："李云：资，送也。"

[2]将，《说文》"帅也"，其本义为将帅，引申为率领，再引申为送行。《诗·邶风·燕燕》："之子于归，远于将之。"郑玄笺："将亦送也。"

二四二、黹[2]，紩[1]也。

此释条义训为缝制，独词为训，解说明显义素：区别义素。

[1]紩(zhì)，《说文》"缝也"，其本义为缝，用针线连缀。《晏子春秋·内篇谏下》："身服不杂綵，首服不镂刻，且古者尝有紩衣挛领而王天下者。"

[2]黹(zhǐ)，《说文》"箴缕所紩衣"，其本义为用针缝制的衣服。《周礼·春官·司服》："祭社稷五祀则希冕。"郑玄注："希，读为絺，或作黹，字之误也。"用针缝制的衣服具有缝制之义，而其义明确显示于义项中，说明缝制为其明显义素。

二四三、递[2]，迭[1]也。

此释条义训为交替，独词为训，一义贯条。

[1]迭，《说文》"更迭也"，其本义为交替。《诗·邶风·柏舟》："日

居月诸,胡迭而微?"

[2]递,《说文》"更易也",其本义为交替。《楚辞·九辩》:"四时递来而卒岁兮,阴阳不可与俪偕。"

二四四、矧[2],况[1]也。

此释条义训为况且,独词为训,一义贯条。

[1]况,《说文》"寒水也",其本义为寒凉的水,假借为连词,表示递进关系,相当于"况且""何况"。《易·丰》:"日中则昃,月盈则食,天地盈虚,与时消息,而况于人乎?"

[2]矧,《说文》作"吲",释为"况也,词也",其本义为况且。《诗·小雅·伐木》:"相彼鸟矣,犹求友声;矧伊人矣,不求友生?"

二四五、廩[2],鱻[1]也。

此释条义训为少,独词为训,一义贯条。

[1]鱻(xiǎn),当作"鲜",《说文》"鱼名,出貉国",参之字形,按之古籍,其本义当为活鱼,展转引申为少。《诗·大雅·荡》:"靡不有初,鲜克有终。"

[2]廩,为**亩**的或体,《说文》"谷所振入,宗庙粢盛,仓黄**亩**而取之,故谓之**亩**。廩,**亩**或从广,从禾。"据此,其本义为粮仓,展转引申为少。《公羊传·文公十三年》:"鲁祭周公,何以为盛?周公盛,鲁公焘,群公廩。"徐彦疏:"廩者,希少之名。"盛,丰盛。焘,覆盖,祭祀物品盖住器皿底部。

按:王引之《经义述闻》卷二十七:"《说文》无鱻字,自汉以前,亦无谓仓廩为鲜者。舍人本作鲜,训廩为少鲜,是也。《文十三年公羊传》:'群公廩。'何注曰:'廩者,连新于陈上,财令半相连尔。'疏曰:'廩,谓全是故谷,但在上少有新谷,财得相连而已,故谓之廩。廩者,希少之名。少与鲜同义,故《尔雅》训廩为鲜也。'"然则廩者,鲜少之名,故训廩为鲜。作鱻者,因廩字而误加广耳。"王氏之说颇近情理,在这里引其论断，以作为本条注释的张本。

二四六、諠[2]，逃[1]也。

此释条义训为逃避，独词为训，一义贯条。

[1]逃，《说文》"亡也"，其本义为逃亡，引申为逃避。《左传·襄公三年》："事君不辟难，有罪不逃刑。"
[2]諠(huàn)，《说文》"逃也"，其本义为逃避。《书·太甲中》："天作孽，犹可违；自作孽，不可諠。"孔传："諠，逃也。"

二四七、讯[2]，言[1]也。

此释条义训为询问、告诉，独词为训，二义同条。

[1]言，《说文》"直言曰言，论难曰语"，其本义为说话，引申为询问。《左传·昭公二十五年》："叔孙氏之司马鬷戾言于其众曰：'若之何？'莫对。"又引申为告诉。《韩非子·内储说上》："赵令人因申子于韩请兵，将以攻魏。申子欲言之君。"
[2]讯，《说文》"问也"，其本义为询问。《诗·小雅·正月》："召彼故老，讯之占梦。"毛传："讯，问也。"引申为告诉。《诗·小雅·雨无正》："凡百君子，莫肯用讯。"郑玄笺："讯，告也。"

二四八、间[2]，俔[1]也。

此释条义训为间谍，独词为训，一义贯条。

[1]俔(xiàn)，《说文》"譬谕也"，其本义为譬喻。又有间谍之义。郭璞注："《左传》谓之谍，今之细作也。"《字汇·人部》："俔，谍也。即今之细作也。"
[2]间，《说文》作閒，释为"隙也"，其本义为空隙，引申为间谍。《孙子·用閒》："非圣智不能用閒，非仁义不能使閒。"

二四九、沄[2]，沆[1]也。

此释条义训为水流，独词为训，解说明显义素：共同义素。

[1]沆(hàng)，《说文》"莽沆，大水也"，其本义为面积很大的水流。《文选·扬雄〈羽猎赋〉》："外则正南极海，邪界虞渊，鸿蒙沆茫，揭以崇山。"李善注引韦昭曰："鸿蒙沆茫，水草广大貌。"

[2]沄(yún)，《说文》"转流也"，其本义为旋转的水流。《楚辞·九思·哀岁》："窥见兮溪涧，流水沄沄。"王逸注："沄沄，沸流。"

按：在释词与被释词的义项中，都明确地显示着水流的义素，可见此释条义训解说明显义素。

二五〇、干[2]，扞[1]也。

此释条义训为捍卫，独词为训，一义贯条。

[1]扞(hàn)，《说文》"忮也"，段玉裁注："忮当作枝"，参之古籍用例，其本义为捍卫。《书·文侯之命》："汝多修，扞我于艰，若汝，予嘉。"

[2]干，《说文》"犯也"，参之古文形体，其本义为盾，古代用来挡住刀箭，卫护自身的兵器，引申为捍卫。《诗·周南·兔罝》："赳赳武夫，公侯干城。"毛传："干，扞也。"

二五一、趾[2]，足[1]也。

此释条义训为脚，独词为训，一义贯条。

[1]足，《说文》"人之足也"，其本义为人的小腿和脚的合称，或专指脚。《左传·文公十三年》："履士会之足于朝。"

[2]趾，《说文》未收，参之古籍用例，其本义为脚。《易·噬嗑》："屦校灭趾，不行也。"陆德明释文："趾，足也。"

二五二、跰[2]，刖[1]也。

此释条义训为断足，独词为训，一义贯条。

[1]刖，《说文》"绝也"，其本义为古代砍掉脚的酷刑。《左传·庄公十六年》："杀公子瘕，刖强鉏。"杜预注："断足为刖。"

[2]跰（fèi），《说文》"䠊也"，其本义为古代断足的刑法，同"剕"。《书·吕刑》："剕辟疑赦，其罚倍差，阅实有罪。"

二五三、襄[2]，驾[1]也。

此释条义训为驾车，独词为训，一义贯条。

[1]驾，《说文》"马在轭中"，其本义为把车套在马上。《诗·小雅·采薇》："戎车既驾，四牡业业。"

[2]襄，《说文》"汉令，解衣耕谓之襄"，其本义为解衣耕地，引申为马拉车。《诗·郑风·大叔于田》："两服上襄，两骖雁行。"郑玄笺："襄，驾也。"

二五四、忝[2]，辱[1]也。

此释条义训为辱没，独词为训，一义贯条。

[1]辱，《说文》"耻也"，其本义为耻辱，引申为侮辱、辱没。《左传·昭公五年》："若吾以韩起为阍，以羊舌肸为司宫，足以辱晋。"

[2]忝，《说文》"辱也"，其本义为辱没。《诗·小雅·小宛》："夙兴夜寐，毋忝尔所生。"毛传："忝，辱也。"

二五五、燠[2]，煖[1]也。

此释条义训为温暖，独词为训，一义贯条。

[1]煖（nuǎn），《说文》"温也"，同"暖"，其本义为温暖。《孟子·尽心上》："五十非帛不煖，七十非肉不饱，不煖不饱，谓之冻馁。"

[2]燠(yù),《说文》"热在中也",其本义为温暖。《诗·唐风·无衣》:"不如子之衣,安且燠兮。"毛传:"燠,煖也。"

二五六、块[2],墣[1]也。

此释条义训为土块,独词为训,一义贯条。

[1]墣(bì),《说文》"凷也",凷今简化作块,其本义为土块。《玉篇》:"墣,土块也。"

[2]块(kuài),《说文》为"凷"的或体。《说文》:"凷,墣也。从土,一屈象形。块,凷或从鬼。""块""凷"今均简化作块,其本义均为土块。《国语·晋语四》:"(重耳)过五鹿,乞食于野人。野人举块与之。"韦昭注:"块,墣也。"

二五七、将[2],齐[1]也。

此释条义训为赠送,独词为训,一义贯条。

[1]齐,《说文》"禾麦吐穗上平也",其本义为整齐,通"赍"(jī),有赠送之义。《荀子·大略》:"非其人而教之,齐盗粮,借贼兵也。"

[2]将,《说文》"帅也",其本义为将帅,展转引申为赠送。《周礼·春官·大史》:"及将币之日,执书以诏王。"

二五八、糊[2],饘[1]也。

此释条义训为稠粥,独词为训,一义贯条。

[1]饘(zhān),《说文》"糜也",其本义为稠粥。《左传·僖公二十八年》:"甯子职纳橐饘焉。"杜预注:"饘,糜也。"橐(tuó),袋子,用来装衣服。

[2]糊(hú),《说文》"寄食也",寄食为其引申义,其本义当为稠粥。郭璞注:"糊,糜也。"邢昺疏:"糊、饘、鬻、糜,相类之物,稠者曰糜,淖者曰鬻。糊、饘是其别名。"

二五九、啓[2]，跪[1]也。

此释条义训为跪坐，独词为训，一义贯条。

[1]跪，《说文》"拜也"，其本义为跪拜，双膝或单膝着地。《礼记·曲礼上》："授立不跪，授坐不立。"

[2]啓，《说文》"教也"，其本义为打开，通"跽"，有跪坐之义。《诗·小雅·四牡》："王事靡盬，不遑啓处。"

二六〇、瞑[2]，密[1]也。

此释条义训为稠密，独词为训，解说明显义素：区别义素。

[1]密，《说文》"山如堂者"，其本义为形状像堂屋的山，引申为稠密。《易·小畜》："密云不雨，自我西郊。"此句意谓，天空布满稠密的乌云，但是还没有下雨，云气是从西方升起的。

[2]瞑(mián)，《说文》"目旁薄緻宀宀也"，其本义为眼角布满稠密的皱纹，其义项中具有稠密之义，而其义又明确显示出来，说明此释条解说被释词瞑的明显义素。

按："瞑"的义训在古籍中至今未见用例书证。

二六一、开[2]，辟[1]也。

此释条义训为开启、开垦，独词为训，二义同条。

[1]辟，《说文》"开也"，其本义为开启、打开。《易·系辞上》："夫坤，其静也翕，其动也辟，是以广生焉。"引申为开垦。《荀子·王制》："辟田野，实仓廪。"

[2]开，《说文》"张也"，其本义为打开、开启。《礼记·月令》："开府库，出币帛。"引申为开垦。《韩非子·初见秦》："开地数千里，此其大功也。"

二六二、袍[2]，襺[1]也。

此释条义训为长衣，独词为训，一义贯条。

[1]襺(jiǎn)，《说文》"袍衣也。从衣，繭声。以絮曰襺，以缊曰袍。《春秋传》曰：'盛夏重襺。'"其本义为有夹层、中著棉絮的长衣。《诗·秦风·无衣》："岂曰无衣，与子同袍。"毛传："袍，襺也。"陆德明释文："袍，本亦作繭。"

[2]袍，《说文》"襺也。从衣，包声。《论语》曰：'衣弊缊袍。'"其本义亦为有夹层、中间著棉絮的长衣。《论语·子罕》："子曰：'衣敝缊袍，与衣狐貉者立，而不耻者，其由也与？'"

二六三、障[2]，畛[1]也。

此释条义训为界限，独词为训，一义贯条。

[1]畛（zhěn），《说文》"井田间陌也"，其本义为田间道路，引申为界限。《庄子·秋水》："泛泛乎其若四方之无穷，其无所畛域。"划定界限，必然阻隔来往，在界限的义项中自然蕴藏着阻隔之义，于是阻隔就成为隐含义素，说明此释条释词畛使用隐含义素。

[2]障，《说文》"隔也"，其本义为阻塞、阻隔。《吕氏春秋·贵直》："人主之患，欲闻枉而恶直方，是障其源而欲其水也，水奚自至？"高诱注："障，塞也。"

二六四、靦[2]，恬[1]也。

此释条义训为羞愧，独词为训，一义贯条。

[1]恬(huó)，《说文》"面丑也"，段玉裁注作"面靦也"，其本义为羞愧。

[2]靦（tiǎn），《说文》"面见也"，段玉裁注作"面见人也"，其本义为羞耻、羞愧。《诗·小雅·何人斯》："有靦面目，视人罔极。"毛传："靦，恬也。"郑玄笺："恬然有面目。"

按:"姞"的义训在古籍中至今未见用例书证。

二六五、鬻[2]，糜[1]也。

此释条义训为粥，独词为训，一义贯条。

[1]糜，《说文》"糁也"，其本义为粥。《礼记·月令》："（仲秋之月）是月也，养衰老，授几杖，行糜粥饮食。"

[2]鬻（zhōu），《说文》"䭈也"，其本义为粥。《左传·昭公七年》："饘于是，鬻于是，以糊余口。"

二六六、舒[2]，缓[1]也。

此释条义训为迟缓，独词为训，一义贯条。

[1]缓，《说文》为"繛"的或体，释为"䋑也"，其本义为宽松，引申为迟缓。《孟子·滕文公上》："民事不可缓也。"

[2]舒，《说文》"伸也"，其本义为伸展，引申为迟缓。《诗·小雅·小弁》："君子不惠，不舒究之。"朱熹集传："舒，缓。"不，语气助词，无实义。

二六七、翿[2]，纛[1]也；纛，翳[3]也。

此释条义训为舞具与车饰，递相为训，二义同条。

[1]纛(dào)，《说文》未收，《玉篇》"羽葆幢也"，其本义为古代以雉尾或旄牛尾做成的舞具。《周礼·地官·乡师》："及葬，执纛。"郑玄注："郑司农曰：'翿，羽葆幢也。'《尔雅》曰：'纛，翳也。'以指麾辁柩之役，正其行列进退。"又借为帝王的车饰。《史记·项羽本纪》："纪信乘黄屋车，傅左纛。"裴骃集解："李斐云：'纛，毛羽幢也。在车舆车衡左上方注之。'蔡邕曰：'以旄牛尾为之，如斗，或在騑头，或在衡上也。'"

[2]翿(dào)，同纛。《说文》未收，《集韵》"纛，舞者所执幢。或作翿。"又"纛，左纛也。以旄牛尾为之，在左騑马首。蔡邕说：或作翿。"

[3]翳(yì)，《说文》"华盖也"，其本义为用羽毛制成的车盖。《山海经·海外西经》："（夏后启）左手操翳。"

二六八、隍[2]，壑[1]也。

此释条义训为护城河，独词为训，一义贯条。

[1]壑(hè)，《说文》为"叡"的或体，"沟也"，其本义为沟、护城河。《诗·大雅·韩奕》："实墉实壑，实亩实藉。"陆德明释文："壑，城池也。"
[2]隍，《说文》"城池也。有水曰池，无水曰隍"，其本义为护城河。《列子·周穆王》："恐人见之也，遽而藏诸隍中。"

二六九、芼[2]，搴[1]也。

此释条义训为拔取，独词为训，一义贯条。

[1]搴，《说文》未收，参之古籍用例，其本义为拔取。《晏子春秋·内篇谏下》："公不说，曰：'寡人不席而坐地，二三子莫席，而子独搴草而坐之，何也？'"
[2]芼，《说文》"艸覆蔓。从艸，毛声。《诗》曰：'左右芼之。'"其本义为拔取。《诗·周南·关雎》："参差荇菜，左右芼之。"毛传："芼，择也。"

二七〇、典[2]，经[1]也。

此释条义训为经籍，独词为训，一义贯条。

[1]经，《说文》"织纵丝也"，其本义为织布机上的纵线，引申为历来被尊奉为典范的著作，经籍。《荀子·劝学》："其数则始乎诵经，终乎读礼。"杨倞注："经谓《诗》、《书》。"
[2]典，《说文》"五帝之书也"，其本义为经籍。《书·五子之歌》："有典有则，贻厥子孙。"孔传："典谓经籍。"

二七一、威[2]，则[1]也。

此释条义训为法则，独词为训，一义贯条。

[1]则，《说文》"等画物也"，其本义为按等级区划物体，引申为法则。《诗·大雅·抑》："敬慎威仪，为民之则。"郑玄注："则，法也。"

[2]威，《说文》"姑也"，其本义为丈夫的母亲，引申为威严，再引申为法则。《诗·周颂·有客》："既有淫威，降福孔夷。"毛传："威，则。"郑玄笺："既有大则，谓用殷正朔行其礼乐，如天子也。"

二七二、苛[2]，妎[1]也。

此释条义训为愤怒，独词为训，解说明显义素：区别义素。

[1]妎(hài)，《说文》"妒也"，其本义为忌妒，邵晋涵正义："妎，与龤通。"龤(xiè)，《说文》"齿相切也"，其本义为牙齿相互磨切，引申为愤怒。《方言》卷二："龤，怒也。小怒曰龤。"《广雅·释诂二》："龤，怒也。"王念孙疏证："妎，与龤同。"

[2]苛，《说文》"小艸也"，其本义为小草，朱骏声通训定声："叚借为诃。"有怒叱之义。《墨子·号令》："分里以为四部，部一长，以苛往来不以时行、行而有他异者，以得其奸。"在怒叱的义项中明确显示愤怒之义，说明此释条解说被释词苛的明显义素。

二七三、苐[2]，小[1]也。

此释条义训为细小，独词为训，解说明显义素：区别义素。

[1]小，《说文》"物之微也"，其本义为细、微，与"大"相对。《书·康诰》："怨不在大，亦不在小。"《左传·宣公三年》："楚子问鼎之大小轻重焉。"

[2]苐(fèi)，《说文》未收，参之古籍用例，其本义为幼小貌。《诗·小雅·我行其野》："我行其野，蔽苐其樗。"郑玄笺："樗之蔽苐始生。"樗(chū)，臭椿树。幼小貌自然包含细小之义，可见细小之义明确显示于义

项中，说明此释条解说被释词苕的明显义素。

二七四、迷[2]，惑[1]也。

此释条义训为迷乱，独词为训，一义贯条。

[1]惑，《说文》"乱也"，其本义为迷乱。《管子·问》："国则不惑，行之职也。"尹知章注："国无奸人，所以不惑。"

[2]迷，《说文》"或也"，其本义为迷乱，或、惑为古今字。《诗·小雅·节南山》："天子是毗，俾民不迷。"

二七五、狃[2]，复[1]也。

此释条义训为重复，独词为训，解说隐含义素。

[1]复，《说文》"往来也"，其本义为返回，引申为重复。《论语·述而》："举一隅不以三隅反，则不复也。"

[2]狃(niǔ)，《说文》"犬性骄也"，参之古籍用例，其本义为习惯。《玉篇》："狃，习也。"《诗·郑风·大叔于田》："将叔无狃，戒其伤女。"毛传："狃，习也。"行为必须经常反复出现，才能逐渐形成习惯，于是在习惯的义项中自然蕴藏着重复之义，而其义又没有明确显示于义项中，说明此释条解说被释词狃的隐含义素。

二七六、逼[2]，迫[1]也。

此释条义训为接近、强迫，独词为训，二义同条。

[1]迫，《说文》"近也"，其本义为接近。《韩非子·亡徵》："恃交援而简近邻，怙强大之救，而侮所迫之国者，可亡也。"引申为强迫。《左传·哀公十五年》："（孔伯姬）迫孔悝于厕，强盟之。"

[2]逼，《说文新附》"近也"，其本义为迫近、接近。《尉缭子·攻权》："男女数重，各逼地形而攻要塞。"引申为强迫。《韩非子·扬权》："木枝外拒，将逼主处。"

二七七、般[2]，还[1]也。

此释条义训为返回、旋转，独词为训，二义同条。

[1]还，《说文》"复也"，其本义为返回。《诗·小雅·何人斯》："尔还而入，我心易也；还而不入，否难知也。"引申为旋转。《庄子·庚桑楚》："夫寻常之沟，巨鱼无所还其体，而鲵鳅为之制。"

[2]般，《说文》"辟，象舟之旋"，其本义为旋转。《礼记·投壶》："宾再拜受，主人般还曰辟。"辟，旋转。

二七八、班[2]，赋[1]也。

此释条义训为授予，独词为训，一义贯条。

[1]赋，《说文》"敛也"，其本义为征收，引申为授予。《国语·晋语四》："公属百官，赋职任功。"韦昭注："赋，授也。授职事，任有功。"

[2]班，《说文》"分瑞玉"，其本义为瑞玉，引申为授予。《书·洪范》："武王既胜殷，邦诸侯，班宗彝。"孔传："赋宗庙彝器酒罇赐诸侯。"

二七九、济[2]，渡[1]也；济，成[3]也；济，益[4]也。

此释条义训分别为渡过、成就、增加，一词分训，三义同条。

[1]渡，《说文》"济也"，其本义为渡过。《史记·项羽本纪》："项梁乃以八千人渡江而西。"

[2]济，《说文》"水。出常山房子赞皇山，东入泜"，其本义为古水名，引申为渡过。《书·盘庚中》："若乘舟，汝弗济，臭厥载。"孔传："言不徙之害，如舟在水中流不渡，臭败其所载物。"从渡过再引申为成就。《书·君陈》："必有忍，其乃有济。"孔传："为人君长，必有所含忍，其乃有所成。"再引申为增加。《左传·桓公十一年》："莫敖曰：'盍请济师于王？'"

[3]成，《说文》"就也"，其本义为完成，引申为成就。《书·毕命》："钦若先王成烈，以休于前政。"

[4]益,《说文》"饶也",其本义为水漫出器皿水满而漫出,后作溢,引申为增加。《左传·襄公二十六年》:"子木惧,言诸王,益其禄爵而复之。"

二八〇、缗[2],纶[1]也。

此释条义训为钓丝,独词为训,一义贯条。

[1]纶,《说文》"青丝绶也",其本义为青丝绶带,引申为钓丝。《诗·小雅·采绿》:"之子于钓,言纶之绳。"毛传:"纶,钓缴也。"
[2]缗(mín),《说文》"钓鱼缴也",其本义为钓丝。《诗·召南·何彼秾矣》:"其钓维何?维丝伊缗。"毛传:"缗,纶也。"

二八一、辟[2],歷[1]也。

此释条义训为处置,独词为训,解说明显义素:共同义素。

[1]歷,今简化作历,古字作"厤",《说文》"治也",其本义为研治。《庄子·天下》:"(惠施)厤物之意,曰:'至大无外,谓之大一;至小无内,谓之小一。'"陆德明释文:"厤,古歷字。"
[2]辟,《说文》"法也",其本义为法度,引申为治理。《书·金縢》:"我之弗辟,我无以告我先王。"陆德明释文:"辟,治也。"

按:此释条释词歷使用研治的义项,被释词辟则表示治理的义项,其义项均含有"治"之义,显示彼此的明显义素均为处置,从而确定其义训。

二八二、漦[2],盝[1]也。

此释条义训为渗漏,独词为训,解说隐含义素。

[1]盝(lù),《说文》未收,按之古籍,其本义为渗漏,以滤去水。《广韵·屋韵》:"盝,去水也。"《周礼·考工记·幌氏》:"清其灰而盝之,而挥之。"
[2]漦(chí),《说文》"顺流也",其本义为顺流,引申为龙的涎沫。《国

语·郑语》："夏后卜杀之与去之与止之，莫吉；卜请其橤而藏之，吉。"韦昭注："橤，龙所吐沫，龙之精气也。"龙的涎沫必有撒落、渗漏之时，于是其中蕴藏着渗漏之义，而其义又没有明确显示于义项中，说明此释条解说被释词橤的隐含义素。

二八三、宽[2]，绰[1]也。

此释条义训为宽厚，独词为训，一义贯条。

[1]绰，《说文》作"䋏"，释为"緩也"，其本义为宽厚。《诗·卫风·淇奥》："宽兮绰兮，猗重较兮。"毛传："绰，缓也。"
[2]宽，《说文》"屋宽大也"，其本义为房屋宽敞，引申为宽厚。《易·乾》："君子学以聚之，问以辩之，宽以居之，仁以行之。"

二八四、衮[2]，黻[1]也。

此释条义训为礼服，独词为训，解说明显义素：共同义素。

[1]黻(fú)，《说文》"黑与青相次文"，其本义为古代礼服上绣的黑与青相间的花纹，也指绣有这种花纹的礼服。《诗·小雅·采菽》："又何予之？玄衮及黼。"
[2]衮，《说文》"天子享先王，卷龙绣于下幅，一龙蟠阿上乡"，其本义为古代天子祭祀时所穿的绣有龙形的礼服，也指古代上公穿的礼服，绣有龙纹，龙首向下，与天子礼服有别。《诗·豳风·九罭》："我觏之子，衮衣绣裳。"在此释条中，黻为绣着黑与青相间的花纹的礼服，衮为绣着龙纹的礼服，均包含礼服的义素，故其义训解说共同义素。

二八五、华[2]，皇[1]也。

此释条义训为美好，独词为训，一义贯条。

[1]皇，《说文》"大也"，其本义为大，引申为美好。《诗·周颂·臣工》："於皇来牟，将受厥明。"孔颖达疏："皇，训为美。"

[2]华，《说文》"荣也"，其本义为草木的花朵，引申为美好。《礼记·檀弓上》："童子曰：'华而睆，大夫之箦与？'"

二八六、昆[2]，後[1]也。

此释条义训为时间较晚、后代，独词为训，二义同条。

[1]後，《说文》"迟也"，今简化作"后"，其本义为时间较晚，与"先"、"前"相对，《仪礼·有司彻》："兄弟之后生者，举觯于其长。"引申为后代。《诗·大雅·瞻卬》："无忝皇祖，式救尔后。"郑玄笺："后，谓子孙也。"

[2]昆，《说文》"同也"，其本义为相同，引申为后，与"先"相对。《书·大禹谟》："禹！官占，惟先蔽志，昆命于元龟。"孔传："昆，后也，官占之法，先断人志，后命于元龟，言志定然后卜。"引申为后代。《书·仲虺之诰》："王懋昭大德，建中于民，以义制事，以礼制心，垂裕后昆。"

二八七、弥[2]，终[1]也。

此释条义训为穷尽，独词为训，一义贯条。

[1]终，《说文》"绒丝也"，其本义为把丝缠紧，引申为穷尽。《庄子·天道》："夫道，于大不终，于小不遗，故万物备。"成玄英疏："终，穷也。"

[2]弥，《说文》未收，参之古文形体，其本义为弓张满，引申为满，再引申为穷尽、终极。《诗·大雅·卷阿》："岂弟君子，俾尔弥尔性。"毛传："弥，终也。"朱熹集传："言使终其寿命。"

释训第三

一、明明[2]、斤斤[3],察[1]也。

此释条义训为明晰,二词共训,解说明显义素:区别义素。

[1]察,《说文》"覆也",其本义为详审,引申为明晰。《墨子·修身》:"辩是非不察者,不足与游。"

[2]明,《说文》"照也",其本义为明亮,引申为明晰。《战国策·齐策一》:"此不叛寡人明矣,曷为击之!"明重叠为明明,则显示相应状貌,相当于明晰的样子。《诗·大雅·常武》:"赫赫明明,王命卿士。"毛传:"明明,察也。"在明晰的样子义项中,明确显示明晰之义,说明此释条将被释词明明解说到明显义素。本篇解说叠音词多解说到明显义素,务请注意。

[3]斤,《说文》"斫木也",其本义为砍伐树木的工具,重叠为斤斤,则为叠音词,显示明晰的状貌,相当于明晰的样子。《诗·周颂·执竞》:"自彼成康,奄有四方,斤斤其明,钟鼓喤喤。"毛传:"斤斤,察也。"在明晰的样子义项中,明确显示明晰之义,说明此释条将斤斤解说到明显义素。

二、条条[2]、秩秩[3],智[1]也。

此释条义训为智慧,二词共训,解说隐含义素。

[1]智,《说文》作"𥏼",释为"识词也",徐灏校笺:"知、𥏼本一

字，隶省作智"，其本义为智慧、聪明。《老子》第十九章："绝圣弃智，民利百倍。"

[2]条，《说文》"小枝也"，其本义为树木细长的枝条，引申为条理。《书·盘庚上》："若网在纲，有条而不紊。"孔传："有条理而不乱也。"条重叠为条条，形容有条理、有次序的样子。《春秋繁露·如天之为》："其在人者，亦宜行而无留，若四时之条条然也。"人有智慧，办事有条理，于是在有条理的义项中自然蕴藏着智慧之义，而其义又没有明确显示于义项中，说明此释条解说被释词条条的隐含义素。

[3]秩，《说文》"积也"，其本义为聚积，引申为次序。《书·尧典》："寅宾出日，平秩东作。"孔传："秩，序也。"秩重叠为秩秩，表示有次序的样子。《诗·小雅·宾之初筵》："宾之初筵，左右秩秩。"朱熹集传："秩秩，有序也。"人有智慧，办事必然有次序，于是在有次序的义项中自然蕴藏着智慧之义，而其义又没有明确显示于义项中，说明此释条解说被释词秩秩的隐含义素。

三、穆穆[2]、肃肃[3]，敬[1]也。

此释条义训为恭敬，二词共训，解说明显义素：区别义素。

[1]敬，《说文》"肃也"，其本义为严肃、恭敬。《易·坤》："君子敬以直内，义以方外。"孔颖达疏："内谓心也，用此恭敬以直内。"

[2]穆，《说文》"禾也"，其甲骨、金文形体像向日葵的风采，其本义当为和美，引申为恭敬。《书·金縢》："我其为王穆卜？"孔传："穆，敬。"穆重叠为穆穆，表示恭敬的样子。《诗·大雅·文王》："穆穆文王，於缉熙敬止。"马瑞辰传笺通释："据下言敬止，则穆穆为敬貌。"於（wū），赞美声。

[3]肃，《说文》"持事振敬也"，其本义为恭敬。《左传·僖公二十三年》："其从者肃而宽，忠而能力。"杜预注："肃，敬也。"肃重叠为肃肃，则显示恭敬的状貌，相当于恭敬的样子。《诗·大雅·思齐》："雝雝在宫，肃肃在庙。"

按：被释词穆穆、肃肃均采取恭敬的样子，其义项均明确显示恭敬之义，说明此释条均解说被释词穆穆、肃肃的明显义素。

四、诸诸[2]、便便[3]，辩[1]也。

此释条义训为巧辩，二词共训，解说明显义素：区别义素。

[1]辩，《说文》"治也"，其本义为治理，引申为巧言、善言辞。《书·太甲下》："君罔以辩言乱旧政，臣罔以宠利居成功。"孔传："利口覆国家，故特慎焉。"

[2]诸，《说文》"辩也"，其本义为问辩。《敦煌变文集·燕子赋》："穷研细诸问，岂得信虚辞！"蒋礼鸿通释引徐复曰："'诸问'是问辩的意思。《说文·言部》：'诸，辩也'。又《辡部》：'辩，治也。从言在辡之间。'段玉裁注：'治者，理也，谓治狱也，会意。'这里正是雀儿要求凤凰秉公判断，细加辩问的意思。'诸'是承用汉代俗语。"诸重叠为诸诸，当为问辩的样子，然而未见古籍用例，郭璞在此条下注："诸诸、便便，皆言辞辨给。"

[3]便，《说文》"安也"，其本义为安适，音 pián，引申为合宜，音 biàn，朱骏声《说文通训定声·坤部》："便，叚借为辩。"便，通"辩"，有善于言辞之义。《论语·季氏》："友便佞，损矣。"何晏注："郑曰：便，辩也。谓佞而辩。"便重叠为便便，表示善于辞令的样子。《论语·乡党》："其在宗庙朝廷，便便言，唯谨尔。"

按：被释词诸诸采取问辩的样子，便便采取善于辞令的样子，其义项均明确显示言辞之义，说明此释条解说被释词诸诸、便便的明显义素。

五、肃肃[2]、翼翼[3]，恭[1]也。

此释条义训为恭敬，二词共训，解说明显义素：区别义素。

[1]恭，《说文》"肃也"，其本义为肃敬、恭敬。《论语·子路》："居处恭，执事敬。"

[2]肃，《说文》"持事振敬也"，其本义为恭敬。《书·洪范》："恭作肃，从作乂。"肃重叠为肃肃，表示恭敬的样子。《诗·周颂·雝》："有来

雝雝，至止肃肃。"郑玄笺："肃肃，敬也。"

[3]翼，《说文》"翄也"，其本义为翅膀，展转引申为恭敬之义。《诗·小雅·六月》："有严有翼，共武之服。"毛传："翼，敬也。"翼重叠为翼翼，表示恭敬的样子。《诗·大雅·文王》："世之不显，厥犹翼翼。"毛传："翼翼，恭敬。"

按：被释词肃肃、翼翼均为恭敬的样子，其义项均明确显示恭敬之义，说明此释条均解说被释词肃肃、翼翼的明显义素。

六、雝雝[2]、优优[3]，和[1]也。

此释条义训为声音相应与和谐，二词共训，解说明显义素：区别义素。

[1]和，《说文》"相应也"，其本义为声音相应，音hè。《易·中孚》："鸣鹤在阴，其子和之。"引申为和谐，音hé。《荀子·乐论》："民和齐，则兵劲城固，敌国不敢婴也。"

[2]雝，《说文》"天子乡饮辟雝"，其本义为古天子乡饮酒处。雝重叠为雝雝，表示鸟和鸣的声音，也作噰噰。《楚辞·九辩》："雁雝雝而南游兮，鹍鸡啁哳而悲鸣。"

[3]优，《说文》"饶也"，其本义为丰饶、充足，引申为宽大。《诗·大雅·瞻卬》："天之降罔，维其优矣。"优重叠为优优，表示宽和的样子。《诗·商颂·长发》："敷政优优，百禄是遒。"按：被释词雝雝、优优分别采取和鸣的声音、宽和的样子，其义项均明确显示和谐之义，说明此释条解说被释词雝雝、优优的明显义素。

七、兢兢[2]、憴憴[3]，戒[1]也。

此释条义训为谨慎，二词共训，解说明显义素：区别义素。

[1]戒，《说文》"警也，从廾持戈，以戒不虞"，其本义为防备，引申为谨慎。《孟子·滕文公下》："往之女家，必敬必戒，无违夫子。"

[2]兢，《说文》"竞也"，其本义为强劲貌，引申为小心谨慎貌。兢重

叠为兢兢，表示谨慎的样子。《诗·小雅·小旻》："战战兢兢，如临深渊，如履薄冰。"

[3]憴(shéng)，《说文》未收，邢昺疏："憴、绳音义同。"憴重叠为憴憴，本或作绳绳，均表示谨慎的样子。《诗·大雅·抑》："子孙绳绳，万民靡不承。"郑玄笺："绳绳，戒也。"

按：被释词兢兢、憴憴均采取谨慎的样子，其义项均明确显示谨慎之义，说明此释条均解说被释词兢兢、憴憴的明显义素。

八、战战[2]、跄跄[3]，动[1]也。

此释条义训为行动，二词共训，解说隐含义素。

[1]动，《说文》"作也"，其本义为行动。《易·系辞上》："拟之而后言，议之而后动。"

[2]战，《说文》"鬬也"，其本义为战斗，引申为害怕。《国语·晋语五》："是故伐备钟鼓，声其罪也；战以錞于、丁宁，儆其民也。"王引之述闻："战读为惮，惮惧也。"战重叠为战战，表示害怕的样子。《诗·小雅·小旻》："战战兢兢，如临深渊，如履薄冰。"毛传："战战，恐也。"《书·仲虺之诰》："小大战战，罔不惧于非辜。"害怕为心理活动，于是在害怕的样子义项中，自然蕴藏着动作之义，而其义又没有明确显示于义项中，说明此释条解说被释词战战的隐含义素。

[3]跄，《说文》"动也"，其本义为行动，引申为行走的节奏。《诗·齐风·猗嗟》："巧趋跄兮，射则臧兮。"毛传："跄，巧趋貌。"跄重叠为跄跄，表示步趋有节奏的样子。《诗·大雅·公刘》："跄跄济济，俾筵俾几。"在步趋有节奏的义项中，步趋就蕴藏着行动之义，而其义又没有明确显示于义项中，说明此释条解说被释词跄跄的隐含义素。

九、晏晏[2]、温温[3]，柔[1]也。

此释条义训为温和，二词共训，解说明显义素：区别义素。

[1]柔，《说文》"木曲直也"，其本义为木质软和，可以曲直，引申为

温和、温顺。《管子·四时》:"然则柔风甘雨乃至,百姓乃寿。"尹知章注:"柔,和也。"

[2]晏,《说文》"天清也",其本义为晴朗。晏重叠为晏晏,表示温和的样子。《诗·卫风·氓》:"言笑晏晏,信誓旦旦。"毛传:"晏晏,和柔也。"

[3]温,《说文》"水,出犍为涪,南入黔水",其本义为古水名,引申为温和。《诗·邶风·燕燕》:"终温且惠,淑慎其身。"《诗·小雅·小宛》:"温温恭人,如集于木。"毛传:"温温,和柔貌。"

按:被释词晏晏、温温均采取温和的样子,其义项均明确显示温和之义,说明此释条均解说被释词晏晏、温温的明显义素。

一〇、业业[2]、翘翘[3],危[1]也。

此释条义训为恐惧、危险,二词共训,解说明显义素:区别义素。

[1]危,《说文》"在高而惧也",其本义为恐惧。《荀子·解蔽》:"处一危之,其荣满侧。"杨倞注:"危,谓不自安,戒惧之谓也。"引申为危险。《左传·昭公十八年》:"小国忘守则危,况有灾乎?"在此释条中,释词危使用恐惧、危险二义。

[2]业,《说文》"大版也",其本义为古时乐器架子横木上的大版,刻如锯齿状,用以悬挂钟、鼓、磬等。业重叠为业业,表示恐惧的样子。《诗·大雅·云汉》:"兢兢业业,如霆如雷。"

[3]翘,《说文》"尾长毛也",其本义为鸟尾上的长毛。翘重叠为翘翘,表示危险的样子。《诗·豳风·鸱鸮》:"予室翘翘,风雨所漂摇。"毛传:"翘翘,危也。"

按:被释词业业、翘翘分别采取恐惧的样子与危险的样子,其义项分别明确显示恐惧与危险之义,说明此释条解说被释词业业、翘翘的明显义素。

一一、惴惴[2]、恌恌[3]，惧[1]也。

此释条义训为恐惧，二词共训，解说明显义素：区别义素。

[1]惧，《说文》"恐也"，其本义为恐惧。《易·系辞下》："其出入以度，外内使知惧。"

[2]惴，《说文》"忧惧也"，其本义为恐惧。《孟子·公孙丑下》："自反而不缩，虽褐宽博，吾不惴焉。"惴重叠为惴惴，表示恐惧的样子。《诗·秦风·黄鸟》："临其穴，惴惴其慄。"毛传："惴惴，惧也。"

[3]恌，同"哓"（xiāo）。《说文》："哓，惧也"，其本义为恐惧。哓重叠为哓哓，形容恐惧的声音。《诗·豳风·鸱鸮》："予维音哓哓。"

按：被释词惴惴、恌恌分别采取恐惧的样子与恐惧的声音，其义项均明确显示恐惧之义，说明此释条解说被释词惴惴、恌恌的明显义素。

一二、番番[2]、矫矫[3]，勇[1]也。

此释条义训为勇武，二词共训，解说明显义素：区别义素。

[1]勇，《说文》"气也"，其本义为勇武。《书·仲虺之诰》："有夏昏德，民坠涂炭，天乃锡王勇智，表正万邦，缵禹旧服。"

[2]番，《说文》"兽足谓之番"，其本义为兽足，音 fán。番又音 bō，重叠为番番，表示勇武的样子。《诗·大雅·崧高》："申伯番番，既入于谢。"毛传："番番，勇武貌。"

[3]矫，《说文》"揉箭箝也"，其本义为古代一种揉箭使直的箝子，引申为强健之义。《礼记·中庸》："故君子和而不流，强哉矫。"郑玄注："矫，强貌。"矫重叠为矫矫，形容勇武的样子。《诗·鲁颂·泮水》："矫矫虎臣，在泮献馘。"郑玄笺："矫矫，武貌。"

按：被释词番番、矫矫均采取勇武的样子，其义项均明确显示勇武之义，说明此释条解说被释词番番、矫矫的明显义素。

一三、桓桓[2]、烈烈[3]，威[1]也。

此释条义训为威武，二词共训，解说明显义素：区别义素。

[1]威，《说文》"姑也"，其本义为丈夫的母亲，引申为威武。扬雄《赵充国颂》："料敌制胜，威谋靡亢。"

[2]桓，《说文》"亭邮表也"，其本义为古代邮亭旁边用为表识的柱子。桓重叠为桓桓，表示威武的样子。《书·牧誓》："勖哉夫子，尚桓桓。"

[3]烈，《说文》"火猛也"，其本义为火势猛，引申为威武。《国语·周语中》："觌武无烈，匿文不昭。"韦昭注："烈，威也。"烈重叠为烈烈，表示威武的样子。《诗·小雅·黍苗》："烈烈征师，召伯成之。"郑玄笺："烈烈，威武貌。"

按：被释词桓桓、烈烈均采取威武的样子，于是其义项均明确显示威武之义，说明此释条解说被释词桓桓、烈烈的明显义素。

一四、洸洸[2]、赳赳[3]，武[1]也。

此释条义训为威武，二词共训，解说明显义素：区别义素。

[1]武，《说文》"楚庄王曰：'夫武，定功戢兵，'故止戈为武"，其本义为武力，引申为威武。《诗·郑风·羔裘》："羔裘豹饰，孔武有力。"

[2]洸，《说文》"水涌光也"，其本义为水波动荡闪光的样子。洸重叠为洸洸，表示威武的样子。《诗·大雅·江汉》："江汉汤汤，武夫洸洸。"毛传："洸洸，武貌。"

[3]赳，《说文》"轻劲有才力也"，其本义为刚劲有力。赳重叠为赳赳，形容威武的样子。《诗·周南·兔罝》："赳赳武夫，公侯干城。"毛传："赳赳，武貌。"

按：被释词洸洸、赳赳均采取威武的样子，其义项均明确显示威武之义，说明此释条解说被释词洸洸、赳赳的明显义素。

一五、蔼蔼[2]、济济[3]，止[1]也。

此释条义训为聚集，二词共训，解说隐含义素。

[1]止，《说文》"下基也，象艸木出有址，故以止为足"，其本义为脚，引申为停止，再引申为聚集。《庄子·人间世》："虚室生白，吉祥止止。"郭象注："夫吉祥之所集者，至虚至静也。"

[2]蔼，《说文》未收，参之字形，其本义当为草木繁盛。蔼重叠为蔼蔼，表示众多的样子。《诗·大雅·卷阿》："蔼蔼王多吉士，维君子使，媚于天子。"毛传："蔼蔼，犹济济也。"

[3]济，《说文》"水，出常山房子赞皇山，东入泜"，其本义为古水名。济重叠为济济，表示众多的样子。《诗·周颂·载芟》："载获济济，有实其积。"朱熹集传："济济，人众貌。"

按：被释词蔼蔼、济济均采取众多的样子，在众多的样子中自然蕴藏着聚集之义，而其义又没有明确显示于义项中，说明此释条解说被释词蔼蔼、济济的隐含义素。

一六、悠悠[2]、洋洋[3]，思[1]也。

此释条义训为思念，二词共训，解说明显义素：区别义素。

[1]思，《说文》"容也"，段玉裁本作"睿也"，其本义为思考，引申为思念。《诗·周南·关雎》："求之不得，寤寐思服。"

[2]悠，《说文》"忧也"，其本义为忧思。《诗·周南·关雎》："悠哉悠哉，辗转反侧。"悠重叠为悠悠，表示忧思的样子。《诗·邶风·雄雉》："瞻彼日月，悠悠我思。"

[3]洋，《说文》"水，出齐临朐高山，东北入钜定"，其本义为古水名。洋重叠为洋洋，表示忧思的样子，亦写作"养养"。《诗·邶风·二子乘舟》："愿言思子，中心养养。"

按：被释词悠悠、洋洋均采取忧思的样子，其义项均明确显示思念之义，说明此释条解说被释词悠悠、洋洋的明显义素。

一七、蹶蹶[2]、踖踖[3]，敏[1]也。

此释条义训为敏捷，二词共训，解说明显义素：区别义素。

[1]敏，《说文》"疾也"，其本义为疾速、敏捷。《诗·小雅·甫田》："曾孙不怒，农夫克敏。"毛传："敏，疾也。"

[2]蹶，《说文》"僵也"，其本义为跌倒，音 jué。又音 guì，有动之义。《诗·大雅·板》："天之方蹶，无然泄泄。"毛传："蹶，动也。"蹶重叠为蹶蹶，表示敏捷的样子。《诗·唐风·蟋蟀》："好乐无荒，良士蹶蹶。"

[3]踖，《说文》"长胫行也"，其本义为长胫行走，音 jí。踖重叠为踖踖，表示敏捷而恭敬的样子，音 qì。《诗·小雅·楚茨》："执爨踖踖，为俎孔硕。"

按：被释词蹶蹶、踖踖分别采取敏捷的样子与敏捷而恭敬的样子，其义项均明确显示敏捷之义，说明此释条解说被释词蹶蹶、踖踖的明显义素。

一八、薨薨[2]、增增[3]，众[1]也。

此释条义训为众多，二词共训，解说明显义素：区别义素。

[1]众，《说文》"多也"，其本义为许多人，引申为众多。《庄子·齐物论》："狙公赋芧，曰：'朝三而暮四。'众狙皆怒。"

[2]薨，《说文》"公侯殡也"，其本义为古代诸侯之死的讳称。薨重叠为薨薨，形容虫子众多群飞的声音。《诗·齐风·鸡鸣》："虫飞薨薨，甘与子同梦。"

[3]增，《说文》"益也"，其本义为增加。增重叠为增增，表示众多的样子。《诗·鲁颂·閟宫》："公徒三万，贝胄朱綅，烝徒增增。"毛传："增增，众也。"

按：被释词薨薨、增增分别采取虫子众多群飞的声音与众多的样子，其义项均明确显示众多之义，说明此释条解说被释词薨薨、增增的明显义素。

一九、烝烝[2]、遂遂[3]，作[1]也。

此释条义训为兴盛，二词共训，解说明显义素：区别义素。

[1]作，《说文》"起也"，其本义为起立，引申为兴起、兴盛。《易·乾》："云从龙，风从虎，圣人作而万物睹。"

[2]烝，《说文》"火气上行也"，其本义为火气上行的样子，烝重叠为烝烝，表示兴盛的样子。《诗·鲁颂·泮水》："烝烝皇皇，不吴不扬。"

[3]遂，《说文》"亡也"，其本义为逃亡，引申为前进，再引申为生长。《国语·齐语》："牺牲不略，则牛羊遂。"韦昭注："遂，长也。"遂重叠为遂遂，表示茂盛的样子。郭璞在此条下注，皆物盛兴作之貌。《艺文类聚》卷三引晋夏侯湛《春可乐赋》："桑冉冉以奋条，麦遂遂以扬秀。"

按：被释词烝烝、遂遂均采取兴盛的样子，其义项均明确显示兴盛之义，说明此释条解说被释词烝烝、遂遂的明显义素。

二〇、委委[2]、佗佗[3]，美[1]也。

此释条义训为美好，二词共训，解说明显义素：区别义素。

[1]美，《说文》"甘也"，其本义为味道可口，引申为美好。《韩非子·五蠹》："夫以父母之爱，乡人之行，师长之智，三美加焉，而终不动。"

[2]委，《说文》"委随也"，其本义为顺从。委重叠为委委，表示美好的样子。《诗·鄘风·君子偕老》："委委佗佗，如山如河。"

[3]佗，《说文》"负何也"，其本义为用背负载物体，音tuó。佗又音yí，重叠为佗佗，形容美好的样子。《诗·鄘风·君子偕老》："委委佗佗，如山如河。"

按：被释词委委、佗佗均采取美好的样子，其义项均明确显示美好之义，说明此释条解说被释词委委、佗佗的明显义素。

二一、恄恄[2]、惕惕[3]，爱[1]也。

此释条义训为喜爱，二词共训，解说明显义素：区别义素。

[1]爱，《说文》"行皃"，其本义为仁爱，引申为喜爱。《论语·颜渊》："爱之欲其生，恶之欲其死。"

[2]恄(qí)，《说文》"爱也"，其本义为喜爱。宋高承《〈事物纪原〉序》："余恄而易之以金以归。"恄重叠为恄恄，形容喜爱的样子。邢昺疏引李巡曰："恄恄，和适之爱也。"

[3]惕(tì)，《说文》"放也"，其本义为放荡。俞樾《群经平议》："惕惕，即施施也。"施施(yìyì)，形容喜爱的样子。《诗·王风·丘中有麻》："彼留子嗟，将其来施施。"朱熹集传："施施，喜悦之意。"

按：被释词恄恄、惕惕均采取喜爱的样子，其义项均明确显示喜爱之义，说明此释条解说被释词恄恄、惕惕的明显义素。

二二、偁偁[2]、格格[3]，举[1]也。

此释条义训为举起，二词共训，义项与义素并释。

[1]举，《说文》"对举也"，按之古籍用例，其本义为举起。《孟子·梁惠王上》："吾力足以举百钧，而不足以举一羽。"在此释条中，释词举使用举起之义。

[2]偁，古籍均做作"稱"，今简化作"称"，《说文》"銓也"，其本义为称量，展转引申为举起。《书·牧誓》："称尔戈，比尔干，立尔矛，予其誓。"孔传："称，举也。"《诗·豳风·七月》："跻彼公堂，称彼兕觥，万寿无疆。"称称，于古籍中迄今未见用例，在这里从略。

[3]格，《说文》"木长皃"，按之古籍用例，其本义为树木细长的枝条。郝懿行义疏："格格，犹揭揭。"格重叠为格格，或作"阁阁"，表示举起的样子。《诗·小雅·斯干》："约之阁阁，椓之橐橐。"朱熹集传："阁阁，上下相乘也。"《周礼·冬官·匠人》："索约大汲其版。"郑玄注："《诗》云：'约之格格。'"孙诒让正义："毛诗：'格格'作'阁阁'。"

按：被释词格格采取举起的样子，其义项明确显示举起之义，说明此释条解说被释词格格的明显义素。

二三、蓁蓁[2]、孽孽[3]，戴[1]也。

此释条义训为增多，二词共训，解说隐含义素。

[1]戴，《说文》"分物得增益曰戴"，其本义为增多，可惜于古籍无书证。

[2]蓁，《说文》"艸盛皃"，其本义为草木茂盛的样子。蓁重叠为蓁蓁，表示草木茂盛的样子。《诗·周南·桃夭》："桃之夭夭，其叶蓁蓁。"毛传："蓁蓁，至盛貌。"又妇人盛饰貌。邢昺疏："妇人盛饰貌。"

[3]孽，《说文》"庶子也"，邵瑛群经正字："今经典作孽"，其本义为庶子，妾媵所生之子。孽重叠为孽孽，形容服饰华美的样子。《诗·卫风·硕人》："庶姜孽孽，庶士有朅。"毛传："孽孽，盛饰。"

按：被释词蓁蓁、孽孽分别采取草木茂盛的样子与服饰华美的样子，茂盛则草木必增多，华美则服饰必增多，于是其义项均蕴藏增多之义，而其义又没有明确显示于义项中，说明此释条均解说被释词蓁蓁、孽孽的隐含义素。

二四、愿愿[2]、媞媞[3]，安[1]也。

此释条义训为安闲，二词共训，解说明显义素：区别义素。

[1]安，《说文》"静也，从女在宀下"，其本义为安宁，引申为安闲。《论语·学而》："君子食无求饱，居无求安。"

[2]愿，《说文》"安也。从心，厭声。《诗》曰：'愿愿夜饮。'"愿之本义为安闲，重叠为愿愿，表示安闲的样子。《说文》引《诗·小雅·湛露》："愿愿夜饮"，今本《诗经》作"厌厌夜饮，不醉无归。"

[3]媞，《说文》"谛也"，其本义为审谛。媞重叠为媞媞，表示安闲的样子。《楚辞·东方朔〈七谏·怨世〉》："西施媞媞而不得见兮，嫫母勃屑而日侍。"王逸注："媞媞，好貌也。"媞媞又写作提提。《诗·魏风·葛屦》："好人提提，宛然左辟。"毛传："提提，安谛也。"邢疏引《诗》作

"媞媞"。

按：被释词懕懕、媞媞均采取安闲的样子，其义项均明确显示安闲之义，说明此释条解说被释词懕懕、媞媞的明显义素。

二五、祁祁[2]、迟迟[3]，徐[1]也。

此释条义训为缓慢，二词共训，解说明显义素：区别义素。

[1]徐，《说文》"安行也"，其本义为不慌不忙地走，引申为缓慢。《管子·枢言》："众胜寡，疾胜徐。"

[2]祁，《说文》"太原县"，其本义为古地名，位于现在的山西省祁县境内。祁重叠为祁祁，表示缓慢的样子。《诗·小雅·大田》："有渰萋萋，兴雨祁祁。"毛传："祁祁，徐也。"

[3]迟，《说文》"徐行也"，其本义为缓慢地行走。迟重叠为迟迟，表示缓慢的样子。《诗·邶风·谷风》："行道迟迟，中心有违。"毛传："迟迟，舒行貌。"

按：被释词祁祁、迟迟均采取缓慢的样子，其义项均明确显示缓慢之义，说明此释条解说被释词祁祁、迟迟的明显义素。

二六、丕丕[2]、简简[3]，大[1]也。

此释条义训为大，二词共训，解说明显义素：区别义素。

[1]大，《说文》"天大，地大，人亦大，故大象人形"，其形体象正面站立的人形，其本义为大人，引申为大，与"小"相对。《诗·大雅·行苇》："酌以大斗，以祈黄耇。"

[2]丕，《说文》"大也"，其本义为大。《书·大禹谟》："予懋乃德，嘉乃丕绩。"丕重叠为丕丕，形容极大的样子。《书·立政》："率惟谋从容德，以并受此丕丕基。"

[3]简，《说文》"牒也"，其本义为战国至魏晋时代用于书写的竹片，引申为简单，再引申为大。《诗·邶风·简兮》："简兮简兮，方将万舞。"毛传："简，大也。"简重叠为简简，形容极大。《诗·周颂·执竞》："降

福穰穰，降福简简。"

按：被释词丕丕、简简均采取大的样子，其义项均明确显示大之义，说明此释条解说被释词丕丕、简简的明显义素。

二七、存存[2]、萌萌[3]，在[1]也。

此释条义训为存在，二词共训，义项与义素并释。

[1]在，《说文》"存也"，其本义为存在。《论语·学而》："父在，观其志；父没，观其行。"

[2]存，《说文》"恤问也"，其本义为问候，引申为存在。《易·系辞下》："是故君子安而不忘危，存而不忘亡，治而不忘乱。"存重叠为存存仍表示存在之义。《易·系辞下》："天地设位，而易行乎其中矣。成性存存，道义之门。"

[3]萌，《说文》"艸芽也"，其本义为草木的幼芽，引申为萌发。《礼记·月令》："天地和同，草木萌动。"草木既然已经萌发，则可以表示其客观存在，不容人为地抹杀，于是在萌发的义项中自然蕴藏着存在之义，而其义又没有明确地显示于义项中，说明此释条的义训存在解说被释词萌的隐含义素。至于"萌"重叠为萌萌，迄今为止尚未见古籍用例，在这里从略。

二八、懋懋[2]、慔慔[3]，勉[1]也。

此释条义训为努力，二词共训，解说明显义素：区别义素。

[1]勉，《说文》"彊也"，其本义为努力。《论语·子罕》："丧事不敢不勉力。"皇侃疏："勉，强也。"

[2]懋(mào)，《说文》"勉也"，其本义为勤勉、努力。《书·盘庚下》："无戏怠，懋建大命。"孔传："戒无戏怠，勉立大教。"戏，游戏、安乐。怠，懈怠、懒惰。懋重叠之后于古籍作"勉勉"，形容努力的样子。《诗·大雅·棫朴》："勉勉我王，纲纪四方。"纲纪，治理。

[3]慔(mù)，《说文》"勉也"，段玉裁注："勉者，彊也"，其本义为勉

力，重叠之后于古籍作"莫莫"，表示努力的样子。《诗·小雅·楚茨》："君妇莫莫，为豆孔庶。"

按：此释条的注释分别采取黄季刚与王引之之说，黄氏《尔雅音义》："懋懋或即《诗》'勉勉我王'之异文。"王氏《经义述闻》："《小雅·楚茨》篇说祭祀之事曰：'君妇莫莫。'莫莫与慔慔同，犹言勉勉也。"在努力的样子的义项中，明确显示努力之义，说明此释条解说被释词懋懋、慔慔的明显义素。

二九、庸庸[2]、慅慅[3]，劳[1]也。

此释条义训为劳苦、忧愁，二词共训，解说明显义素：区别义素。

[1]劳，《说文》"剧也"，其本义为劳苦。《诗·邶风·凯风》："棘心夭夭，母氏劬劳。"引申为忧愁。《诗·邶风·燕燕》："瞻望弗及，实劳我心。"

[2]庸，《说文》"用也"，其本义为采用，引申为功劳，再引申为劳苦。《诗·王风·兔爰》："我生之初，尚无庸；我生之后，逢此百凶。"郑玄笺："庸，劳也。"庸重叠为庸庸，表示劳苦的样子。《书·康诰》："不敢侮鳏寡，庸庸、祇祇、威威，显民。"

[3]慅，《说文》"动也"，其本义为骚动不安，音 sāo，引申为忧愁之义，音 cǎo。《玉篇》："慅，忧心也，愁也。"《诗·陈风·月出》："舒忧受兮，劳心慅兮。"陆德明释文："慅，忧也。"慅重叠为慅慅，形容忧愁的样子。慅慅或作草草。《诗·小雅·巷伯》："骄人好好，劳人草草。"毛传："草草，劳心也。"朱熹集传："草草，忧也。"陈奂传疏："草读为慅，假借字也。"王先谦《诗三家义集疏》："《鲁》，草作慅。"

按：在劳苦的样子与忧愁的样子义项中，分别明确显示劳苦、忧愁之义，说明此释条解说被释词庸庸、慅慅的明显义素。

三〇、赫赫[2]、跃跃[3]，迅[1]也。

此释条义训为急速，二词共训，解说两种义素：明显义素与隐含义素。

[1]迅，《说文》"疾也"，其本义为急速。《论语·乡党》："迅雷风烈必变。"邢昺疏："迅，急疾也。"

[2]赫，《说文》"火赤皃"，段玉裁本作"大赤皃"，其本义为火红的样子。《诗·邶风·简兮》："赫如渥赭，公言锡爵。"赫重叠为赫赫，表示显著、显赫的样子。《诗·小雅·出车》："赫赫南仲，玁狁于襄。"毛传："赫赫，盛貌。"

[3]跃，《说文》"迅也"，其本义为迅疾，引申为跳跃。《易·乾》："或跃在渊，进无咎也。"此句意谓，或跳跃上进，或退处在渊，说明审时前进必无咎害。跃，又音 tì，重叠为跃跃，形容迅疾跳跃的样子。《诗·小雅·巧言》："跃跃毚兔，遇犬获之。"朱熹集传："跃跃，跳疾貌。"跃，繁体作躍，躍躍又作趯趯，二者均形容跳跃的样子。《诗·召南·草虫》："喓喓草虫，趯趯阜螽。"毛传："趯趯，躍也。"

按：建树军功，不仅要足智多谋，勇往直前，而且还要行动急速，于是在显赫的义项中自然蕴藏着急速之义，而其义又没有明确显示于义项中，说明此释条解说被释词赫赫的隐含义素。在迅疾跳跃的样子义项中，明确显示急速之义，说明此释条解说被释词跃跃的明显义素。此释条将明显义素与隐含义素并释，在《尔雅》普通语词释条中罕见。

三一、绰绰[2]、爰爰[3]，缓[1]也。

此释条义训为宽缓、舒缓，二词共训，解说明显义素：区别义素。

[1]缓，《说文》为"鰀"的或体，释为"繛也"，其本义为宽松，引申为宽缓。《管子·霸形》："公轻其税敛，则人不忧饥；缓其刑政，则人不惧死。"从宽松又引申为舒缓。《管子·五行》："昔者黄帝以其缓急作立五声，以政五钟。"尹知章注："调政理之缓急作五声也。"

[2]绰,《说文》作"緤",释为"緩也",其本义为宽缓。《诗·卫风·淇奥》:"宽兮绰兮,猗重较兮。"毛传:"绰,缓也。"绰重叠为绰绰,表示宽缓的样子。《诗·小雅·角弓》:"此令兄弟,绰绰有裕。"

[3]爰,《说文》"引也",其本义为援引。爰重叠为爰爰,形容舒缓的样子。《诗·王风·兔爰》:"有兔爰爰,雉离于罗。"毛传:"爰爰,缓意。"

按:在宽缓的样子与舒缓的样子两个义项中,均明确显示宽缓与舒缓之义,说明此释条解说被释词绰绰、爰爰的明显义素。

三二、坎坎[2]、墫墫[3],喜[1]也。

此释条义训为快乐,二词共训,解说隐含义素。

[1]喜,《说文》"乐也",其本义为快乐。《战国策·赵策一》:"城降有日,而韩魏之君无喜志而有忧色,是非反如何也?"

[2]坎,《说文》"陷也",其本义为地面低陷的地方,假借为象声词,表示击鼓的声音。《诗·陈风·宛丘》:"坎其击鼓,宛丘之下。"毛传:"坎坎,击鼓声。"坎重叠为坎坎,形容击鼓的声音。《诗·小雅·伐木》:"坎坎鼓我,蹲蹲舞我。"

[3]墫(cún),《说文》"舞也。《诗》曰:'墫墫舞我。'"今本《诗·小雅·伐木》作"蹲"。《玉篇·士部》:"墫,亦作蹲。"《集韵·谆韵》:"墫,士舞也。墫墫,舞貌。"墫墫同蹲蹲,表示跳舞的样子。《诗·小雅·伐木》:"坎坎鼓我,蹲蹲舞我。"

按:此释条为解说《诗经》语句而立,坎坎、墫墫分别为击鼓的声音与跳舞的样子,均为朋友相聚时欢乐的场景,蕴藏着快乐之义,而其义又没有明确显示于义项中,说明此释条解说被释词坎坎、墫墫的隐含义素。

三三、瞿瞿[2]、休休[3],俭[1]也。

此释条义训为节制,二词共训,解说隐含义素。

[1]俭,《说文》"约也",其本义为行为约束而有节制。《左传·僖公二十三年》:"晋公子广而俭,文而有礼。"

[2] 瞿(jù)，《说文》"鹰隼之视也"，其本义为惊视貌。瞿重叠为瞿瞿，表示勤谨的样子。《诗·唐风·蟋蟀》："好乐无荒，良士瞿瞿。"毛传："瞿瞿然顾礼义也。"

[3] 休，《说文》"息止也"，其本义为休息。休重叠为休休，形容安闲自得的样子。《诗·唐风·蟋蟀》："好乐无荒，良士休休。"

按：此释条针对《诗·唐风·蟋蟀》之篇中的"瞿瞿""休休"而作。《诗·唐风·蟋蟀》的第一、三章的最末两句分别为：

好乐无荒，良士瞿瞿。

好乐无荒，良士休休。

结合上下文可知，瞿瞿、休休均形容贤士乐而有节的样子，其中蕴藏着节制之义，而其义又没有明确显示于义项中，说明此释条解说被释词瞿瞿、休休的隐含义素。

三四、旭旭[2]、蹻蹻[3]，憍[1]也。

此释条义训为骄傲，二词共训，解说明显义素：区别义素。

[1] 憍(jiāo)，《说文》未收，《广韵》"本亦作骄"，《集韵》"矜也，通作骄"，其本义当为骄傲。《战国策·魏策一》："君予之地，知伯必憍，憍而轻敌，邻国惧而相亲。"

[2] 旭，《说文》"日旦出皃"，其本义为太阳初出的样子。旭重叠为旭旭，形容得意骄傲的样子。《汉书·扬雄传上》："嘻嘻旭旭，天地稠㘅。"颜师古注："嘻嘻旭旭，自得之貌。"《太玄·从》："方出旭旭，朋从尔醜。"

[3] 蹻，《说文》"举足行高也"，其本义为把脚举高，音 qiāo，引申为骄傲之义，音 jiāo。蹻重叠为蹻蹻，形容骄傲的样子。《诗·大雅·板》："老夫灌灌，小子蹻蹻。"小子，指周厉王。

按：在骄傲的样子义项中，明确显示骄傲之义，说明此释条解说被释词旭旭、蹻蹻的明显义素。

三五、梦梦[2]、诨诨[3]，乱[1]也。

此释条义训为昏乱，二词共训，解说明显义素：区别义素。

[1]乱，《说文》"治也"，其本义为治理，展转引申为昏乱。《吕氏春秋·论人》："此不肖主之所以乱也。"高诱注："乱，惑。"

[2]梦，《说文》"不明也"，其甲骨文形体像人依床而睡之形，其本义当为睡眠中的幻象，音 mèng，引申为昏乱，音 méng。梦重叠为梦梦，形容昏乱的样子。《诗·大雅·抑》："视尔梦梦，我心惨惨。"尔，指周厉王。又《诗·小雅·正月》："民今方殆，视天梦梦。"毛传："王者为乱，梦梦然。"天，指周幽王。

[3]诨(zhùn)，《说文》未收，《玉篇》"乱也"，其本义为昏乱。诨重叠为诨诨，表示昏乱的样子。邵晋涵正义："忳、肫、诨、谆，音义同。"沌(dùn)，《说文》未收，参之古籍用例，其本义为混沌。沌重叠为沌沌，表示愚昧昏乱的样子。《老子》第二十章："我愚人之心也哉！沌沌兮。俗人昭昭，我独昏昏。"陆德明释文："沌，本又作忳。"忳(dùn)，《集韵》"愚也"，有愚昧之义。忳重叠为忳忳，形容愚昧昏乱的样子。贾谊《新书·先醒》："不知治乱存亡之所由，忳忳然犹醉也。"

按：在昏乱的样子义项中，明确显示昏乱之义，说明此释条解说被释词梦梦、诨诨的明显义素。

三六、懪懪[2]、邈邈[3]，闷[1]也。

此释条义训为烦闷，二词共训，解说隐含义素。

[1]闷，《说文》"懑也"，其本义为烦闷。《易·乾》："遯世无闷，不见是而无闷。"

[2]懪(bó)，《说文》未收，《玉篇》"烦闷也"，其本义当为烦闷。陆德明释文："懪，本又作嚗。"嚗，《说文》"大呼自勉也"，其本义为因痛而叫喊。《汉书·东方朔传》："上令倡监榜舍人，舍人不胜痛，呼嚗。"颜师古注："谓痛切而叫呼也。"因痛而叫喊，显然已经烦闷到极点，于是在其义项中自然蕴藏着烦闷之义，而其义又没有明确显示于义项中，说明此

释条解说被释词儚儚的隐含义素。

[3]邈,《说文新附》"远也",其本义为远。郝懿行义疏:"邈者,藐之或体也。"邈重叠为邈邈,或写作藐藐,形容高远貌,引申为轻视冷漠的样子。《诗·大雅·抑》:"诲尔谆谆,听我藐藐。"朱熹集传:"藐藐,忽略貌。"此尔,指周厉王。"我",指卫武公。

按:《诗·大雅·抑》是卫武公劝谏周厉王的诗。周厉王对卫武公的劝诫很轻视,使得卫武公烦闷,故此释条以"闷也"释"藐藐",可见在疏远的义项中蕴藏着烦闷之义,而其义又没有明确显示于义项中,说明此释条解说被释词藐藐的隐含义素。

三七、儚儚[2]、洄洄[3]、[溃溃][4],惛[1]也。

此释条义训为迷糊,多词共训,解说明显义素:区别义素。

[1]惛,《说文》"不憭也",其本义为迷糊。朱骏声通训定声:"字亦作惽。"惛、惽为异体字。《商君书·农战》:"是以其君惽于说,其官乱于言,其民惰而不农。"《战国策·秦策一》:"今之嗣王,忽于至道,皆惛于教。"高诱注:"惛,不明也。"

[2]儚(méng),《说文》未收,《玉篇》"迷昏皃",《集韵》"儚,或作㐰。"《说文》"㐰,不明也",其本义为不明白,迷糊。贾谊《新书·道术》:"行充其宜谓之义,反义为㐰。"儚重叠为儚儚,或作㐰㐰,均形容迷糊的样子。宋李吕《多病》诗:"息交休扰扰,藏拙要儚儚。"清蒲松龄《聊斋志异·甄后》:"美人笑曰:'相别几何,遽尔儚儚!危坐磨砖者,非子耶?'"

[3]洄,依周祖谟《尔雅校笺》,当作侚。侚(huí),《说文》未收,《玉篇》"侚侚,惛也",其本义当为迷糊,重叠为侚侚,形容迷糊的样子。《潜夫论·救边》:"侚侚溃溃,当何终极。"

[4]依郝懿行《尔雅义疏》之说,《尔雅》当有"溃溃"二字。溃,《说文》"漏也",其本义为漏水,引申为昏乱、迷糊,后作愦。溃、愦为古今字。溃重叠为溃溃,形容昏乱的样子。《诗·大雅·召旻》:"昏椓靡共,溃溃回遹。"毛传:"溃溃,乱也。"

按：在迷糊的样子义项中，明确显示迷糊之义，说明此释条解说被释词儚儚、洄洄、溃溃的明显义素。

三八、版版[2]、蕩蕩[3]，僻[1]也。

此释条义训为邪僻，二词共训，解说两种义素：明显义素与隐含义素。

[1]僻，《说文》"避也"，其本义为躲避，引申为邪僻。《韩非子·八说》："然而弱子有僻行，使之随师；有恶病，使之事医。"

[2]版，《说文》"判也"，其本义为木板，后作"板"。版重叠为版版，或作板板，均形容邪僻的样子。《诗·大雅·板》："上帝板板，下民卒瘅。"孔颖达疏："《释训》云：'板板，僻也。'"

[3]蕩(dàng)，《说文》"涤器也"，其本义为洗涤器物，后作荡。蕩重叠为蕩蕩，或写作荡荡，表示法度废坏的样子。《诗·大雅·荡》："荡荡上帝，下民之辟。"郑云笺："荡荡，法度废坏之貌。"

按：在邪僻的样子义项中，明确显示邪僻之义，说明此释条解说被释词版版的明显义素。法度废坏必然行为邪僻，而其义又没有明确显示于义项中，说明此释条解说被释词蕩蕩的隐含义素。在此释条中，明显义素与隐含义素并释，在《尔雅》普通语词释条中罕见。

三九、爞爞[2]、炎炎[3]，薰[1]也。

此释条义训为热气熏蒸，二词共训，解说明显义素：区别义素。

[1]薰，《说文》"香艸也"，其本义为香草名，即蕙草，又名零陵香。假借为熏，表示烧灼之义。《文选·扬雄〈甘泉赋〉》："于是钦柴宗祈，燎薰皇天。"李善注："薰，火烟上出也。"

[2]爞(tóng)，《说文新附》"旱气也"，其本义为旱热之气，引申为熏炙。爞重叠为爞爞，或写作蟲蟲，表示热气熏蒸的样子。《诗·大雅·云汉》："旱既大甚，蕴隆蟲蟲。"

[3]炎，《说文》"火光上也"，其本义为火苗升腾。炎重叠为炎炎，表示热气熏蒸的样子。《诗·大雅·云汉》："赫赫炎炎，云我无所。"毛传："炎炎，热气也。"

按：此释条针对《诗·大雅·云汉》之篇而立，被释词爞爞、炎炎均为热气熏蒸的样子，其中明确显示热气熏蒸之义，说明此释条解说被释词爞爞、炎炎的明显义素。

四〇、居居[2]、究究[3]，恶[1]也。

此释条义训为憎恶，二词共训，解说隐含义素。

[1]恶，《说文》"过也"，其本义为罪过，音è，引申为憎恶，音wù。《论语·里仁》："唯仁者，能好人，能恶人。"

[2]居，《说文》"蹲也"，其本义为蹲。居重叠为居居，形容心怀恶意不相亲近的样子。《诗·唐风·羔裘》："羔裘豹袪，自我人居居。"毛传："居居，怀恶不相亲比之貌。"

[3]究，《说文》"穷也"，其本义为穷尽。究重叠为究究，形容心怀恶意不相亲近的样子。《诗·唐风·羔裘》："羔裘豹褎，自我人究究。"毛传："究究，犹居居也。"

按：此释条针对《诗·唐风·羔裘》之篇而立。其诗首章与次章前一句分别为

羔裘豹袪，自我人居居。

羔裘豹褎，自我人究究。

其中"羔裘豹袪"与"羔裘豹褎"意义相同，均以卿大夫的服饰来指代其人。"自我人居居"与"自我人究究"意义相同，均指卿大夫对"我"的傲慢态度，全诗反映出"我"对卿大夫的怨恨之情。在不相亲近的义项中，自然蕴藏着憎恶之义，而其义又没有明确显示于义项中，说明此释条解说被释词居居、究究的隐含义素。

四一、仇仇[2]、敖敖[3]，傲[1]也。

此释条义训为傲慢，二词共训，解说明显义素：区别义素。

[1]傲，《说文》"倨也"，其本义为傲慢。《书·尧典》："岳曰：'瞽子，父顽，母嚚，象傲。'"

[2]仇(qiú)，《说文》"雠也"，其本义为配偶。仇重叠为仇仇，形容傲慢的样子。《诗·小雅·正月》："执我仇仇，亦不我力。"毛传："仇仇，犹謷謷也。"孔颖达疏："《释训》云'仇仇、敖敖，傲也'，义同。"

[3]敖，《说文》"出游也"，其本义为出游，音áo。引申为傲慢，音ào，后作傲。《诗·小雅·桑扈》："彼交匪敖，万福来求。"敖重叠为敖敖，表示傲慢的样子，本又作謷謷(ào)，嚣嚣(áo)。《诗·大雅·板》："我即尔谋，听我嚣嚣。"毛传："嚣嚣，犹謷謷也。"《诗三家义集疏》："《鲁》'嚣作敖'者，《释训》：'敖敖，傲也。'《释文》：'敖，本又作謷，又作嚣，同。'"朱熹集传："嚣嚣，自得不肯受言之貌。"

按：在傲慢的样子义项中，明确显示傲慢之义，说明此释条解说被释词仇仇、敖敖的明显义素。

四二、佌佌[2]、琐琐[3]，小[1]也。

此释条义训为卑微，二词共训，解说明显义素：区别义素。

[1]小，《说文》"物之微也"，其本义为细、微，与"大"相对。引申为卑微，又指品质卑微的人。《诗·邶风·柏舟》："忧心悄悄，愠于群小。"在此释条中，释词小使用卑微之义，以明显义素释义。

[2]佌(cǐ)，《说文》作"伈"，释为"小儿。《诗》曰：'伈伈彼有屋。'"段玉裁注："《小雅·正月》曰：'佌佌彼有屋。'传曰：'佌佌，小也。'许所据作伈。"《玉篇》："伈，本亦作佌。"佌之本义为小，重叠为佌佌，形容卑微的样子。《诗·小雅·正月》："佌佌彼有屋，蔌蔌方有穀。"

[3]琐，《说文》"玉声也"，其本义为玉件相击发出的细碎声音，引申为卑微。琐重叠为琐琐，形容卑微的样子。《易·旅》："《象》曰：'旅琐琐'，志穷灾也。"又《诗·小雅·节南山》："琐琐姻亚，则无膴仕。"毛

传:"琐琐,小貌。"

按:在卑微的样子义项中,明确显示卑微之义,说明此释条解说被释词佌佌、琐琐的明显义素。

四三、悄悄[2]、惨惨[3],愠[1]也。

此释条义训为忧愁,二词共训,解说明显义素:区别义素。

[1]愠,《说文》"怒也",其本义为怨恨。《诗·邶风·柏舟》:"忧心悄悄,愠于群小。"毛传:"愠,怒也。"怨恨之余必然忧愁,因此在其义项中蕴藏着忧愁之义,而忧愁又没有明确显示于义项中,说明此释条释词愠以忧愁的隐含义素解说被释词。

[2]悄(qiǎo),《说文》"忧也",段玉裁注:"按:'也'当作'皃'",其本义为忧愁。《诗·陈风·月出》:"舒窈纠兮,劳心悄兮。"毛传:"悄,忧也。"悄重叠为悄悄,表示忧愁的样子。《诗·邶风·柏舟》:"忧心悄悄,愠于群小。"毛传:"悄悄,忧貌。"

[3]惨,《说文》"毒也",其本义为狠毒,引申为忧愁。《诗·陈风·月出》:"舒夭绍兮,劳心惨兮。"陆德明释文:"惨,忧也。"惨重叠为惨惨,形容忧愁的样子。《诗·小雅·正月》:"忧心惨惨,念国为之虐。"毛传:"惨惨,犹戚戚也。"

按:此释条被释词均为忧愁的样子,而释词愠为怨恨之义,释词与被释词之义不对应。此释条由于在《诗·邶风·柏舟》:"忧心悄悄,愠于群小"中"悄悄"与"愠"连续出现,故以"愠"释"悄悄",属于因《诗》连言训释的例子。在忧愁的样子的义项中,明确显示忧愁之义,说明此释条解说被释词悄悄、惨惨的明显义素。

四四、㾊㾊[2]、瘐瘐[3],病[1]也。

此释条义训为疲惫,二词共训,解说明显义素:区别义素。

[1]病,《说文》"疾加也",其本义为重病,引申为疾病。《墨子·天志中》:"人所以不欲者何也?病疾祸祟也。"引申为疲惫。《左传·昭公十

三年》:"欲速,且役病矣,请藩而已。"杨伯峻注:"筑壁垒须劳役,而役人已疲劳。"

[2]痯(guǎn),《说文》未收,《玉篇》"病也",其本义为疲劳。痯重叠为痯痯,形容疲惫的样子。《诗·小雅·杕杜》:"檀车幝幝,四牡痯痯,征夫不远。"毛传:"痯痯,罢貌。"

[3]瘐(yǔ),《说文》未收,《玉篇》"病也",其本义为疾病,重叠为瘐瘐,则为忧郁之病。郭璞注:痯痯、瘐瘐"皆贤人失志怀忧病也。"

按:在疲劳的样子与忧郁之病的义项中,分别明确显示疲劳与疾病之义,说明此释条解说被释词痯痯、瘐瘐的明显义素。

四五、殷殷[2]、惸惸[3]、忉忉[4]、慱慱[5]、钦钦[6]、京京[7]、忡忡[8]、惙惙[9]、怲怲[10]、弈弈[11],忧[1]也。

此释条义训为忧虑,多词共训,解说明显义素:区别义素。

[1]忧,《说文》"和之行也",按之古籍,其本义当为忧虑。《诗·邶风·柏舟》:"耿耿不寐,如有隐忧。"

[2]殷,《说文》"作乐之盛称殷",其本义为乐舞。本或作慇,《说文》"慇,痛也",段玉裁注:"《桑柔》:'忧心慇慇'。《释训》:'慇,忧也'。谓忧之切者也。"《集韵》:"慇,忧也。"《诗·邶风·北门》:"出自北门,忧心殷殷。"朱熹集传:"殷殷,忧也。"

[3]惸(qióng),《说文》未收,《广韵》"无弟兄也",其本义为无兄弟,引申为孤独,与"茕"通用。惸重叠为惸惸,又作茕茕,表示忧虑的样子。《诗·小雅·正月》:"忧心惸惸,念我无禄。"毛传:"惸惸,忧意也。"

[4]忉(dāo),《说文》未收,《玉篇》"忧心儿",其本义当为忧思。忉重叠为忉忉,形容忧虑的样子。《诗·齐风·甫田》:"无思远人,劳心忉忉。"毛传:"忉忉,忧劳也。"又《诗·陈风·防有鹊巢》:"谁侜予美?心焉忉忉。"朱熹集传:"忉忉,忧貌。"侜(zhōu),欺骗。

[5]慱(tuán),《说文》未收,慱重叠为慱慱,形容忧虑的样子。《诗·桧风·素冠》:"庶见素冠兮,棘人栾栾兮,劳心慱慱兮!"毛传:"慱慱,忧劳也。"

[6]钦,《说文》"欠皃",其本义为疲倦时张口打呵欠的样子。钦重叠为钦钦,形容忧虑的样子。《诗·秦风·晨风》:"未见君子,忧心钦钦。"朱熹集传:"钦钦,忧而不忘之貌。"

[7]京,《说文》"人所为绝高丘也",其本义为人工筑起的高丘。京重叠为京京,形容忧虑的样子。《诗·小雅·正月》:"念我独兮,忧心京京。"毛传:"京京,忧不去也。"

[8]忡,《说文》"忧也",其本义为忧虑。《诗·邶风·击鼓》:"不我以归,忧心有忡。"毛传:"忧心忡忡然。"忡重叠为忡忡,形容忧虑不安的样子。《诗·召南·草虫》:"未见君子,忧心忡忡。"

[9]惙(chuò),《说文》"忧也",其本义为忧虑。《逸周书·尝麦》:"临狱无颇,正刑有惙。"朱右曾校释:"惙,忧也。"惙重叠为惙惙,形容忧虑的样子。《诗·召南·草虫》:"未见君子,忧心惙惙。"

[10]怲(bǐng),《说文》"忧也",其本义为忧虑。怲重叠为怲怲,形容忧虑的样子。《诗·小雅·頍弁》:"未见君子,忧心怲怲。"毛传:"怲怲,忧盛满也。"

[11]弈,《说文》"围棋也",其本义为围棋。弈重叠为弈弈,形容忧虑的样子。《诗·小雅·頍弁》:"未见君子,忧心弈弈。"

按:此释条所收叠音词均为忧虑的样子,其义项均明确显示忧虑之义,说明此释条均解说到被释词的明显义素。

四六、畇畇[2],田[1]也。

此释条义训为田地,独词为训,解说明显义素:区别义素。

[1]田,《说文》"陈也,树穀曰田。象四口,十,阡陌之制也",郭沫若《奴隶制时代》:"卜辞中常见的田字就是一个方块田的图画",其本义当为耕种的田地,引申为耕种田地。《诗·小雅·信南山》:"畇畇原隰,曾孙田之。"毛传:"畇畇,垦辟貌。"

[2]畇(yún),《说文》未收,《广韵》"垦田也",其本义为开垦田地。畇重叠为畇畇,形容田地开垦的样子。《诗·小雅·信南山》:"畇畇原隰,曾孙田之。"毛传:"畇畇,垦辟貌。"高亨注:"畇畇,形容已经开辟的田

地平坦整齐。"

按：此释条针对《诗·小雅·信南山》之篇而立，《诗·小雅·信南山》："畇畇原隰，曾孙田之。""畇畇"与"田"在诗句中先后出现，《尔雅》因以为训，此例当属因《诗》"连言为训"之例。在田地开垦的样子的义项中，明确显示田地之义，说明此释条解说被释词畇畇的明显义素。

四七、畟畟[2]，耜[1]也。

此释条义训为锋利，独词为训，解说明显义素：区别义素。

[1]耜(sì)，《说文》未收，《玉篇》"耒端木"，其本义为耒下端铲土的部分，即犁头。《诗·周颂·良耜》："畟畟良耜，俶载南亩。"朱熹集传："畟畟，严利也。"犁头必须锋利，才能耕地，因此犁头的义项中自然蕴藏着锋利之义，而其义又没有明确显示于义项中，说明此释条的释词耜使用锋利的隐含义素。

[2]畟(cè)，《说文》"治稼畟畟进也"，其本义为深耕快进。畟重叠为畟畟，形容锋利的样子。《诗·周颂·良耜》："畟畟良耜，俶载南亩。"

按：此释条针对《诗·周颂·良耜》之篇而立，《诗·周颂·良耜》："畟畟良耜。""畟畟"与"耜"连续出现，《尔雅》将其立为释条。在锋利的义项中，明确显示锋利之义，说明此释条解说被释词畟畟的明显义素。

四八、郝郝[2]，耕[1]也。

此释条义训为耕作，独词为训，解说明显义素：区别义素。

[1]耕，《说文》"犁也"，其本义为耕作。《论语·微子》："长沮、桀溺耦而耕。"

[2]郝，《说文》"右扶风鄠盩厔乡"，其本义为古乡名，音hǎo。又音shì，重叠为郝郝，或作泽泽，通"释释"，形容耕土解散的样子。《诗·周颂·载芟》："载芟载柞，其耕泽泽。"在耕土解散的样子义项中，明确显示耕作之义，说明此释条解说被释词郝郝的明显义素。

四九、绎绎[2]，生[1]也。

此释条义训为生长，独词为训，解说明显义素：区别义素。

[1]生，《说文》"进也，象艸木生出土上"，其本义为生长。《诗·大雅·卷阿》："梧桐生矣，于彼朝阳。"

[2]绎，《说文》"抽丝也"，其本义为抽丝。绎重叠为绎绎，表示生长的样子，或作驿驿。《诗·周颂·载芟》："驿驿其达，有厌其杰。"在生长的样子义项中，明确显示生长之义，说明此释条解说被释词绎绎的明显义素。

五〇、穟穟[2]，苗[1]也。

此释条义训为禾苗，独词为训，解说明显义素：区别义素。

[1]苗，《说文》"艸生于田者"，其本义为谷类作物幼小的植株，即禾苗。《诗·王风·黍离》："彼黍离离，彼稷之苗。"

[2]穟，《说文》"禾采之皃，"其本义为禾穗成熟的样子。采（suì），同穗。穟重叠为穟穟，表示禾穗下垂的样子。《诗·大雅·生民》："禾役穟穟，麻麦幪幪，瓜瓞唪唪。"毛传："穟穟，苗美好也。"在禾穗下垂的样子义项中，明确显示禾苗之义，说明此释条解说被释词穟穟的明显义素。

五一、緜緜[2]，穮[1]也。

此释条义训为细密，独词为训，解说明显义素：区别义素。

[1]穮（biāo），《说文》"耕禾间也"，其本义为耘田除草。《左传·昭公元年》："譬如农夫，是穮是蔉。"杜预注："穮，耘也。"夏日耘田除草的人很稠密，其中自然蕴藏着细密之义，而其义又没有明确显示于义项中，说明此释条释词穮使用细密的隐含义素。

[2]緜，《说文》"联微也"，其本义为连绵不断、联结细密。緜今简化作绵。绵重叠为绵绵，形容细密的样子。《诗·周颂·载芟》："厌厌其苗，绵绵其麃。"麃通穮，耘田除草。

按：此释条针对《诗·周颂·载芟》之篇而立，《诗·周颂·载芟》"绵绵其麃"，是说耕田除草的人细细密密的。此释条为《尔雅》因《诗》连言训释之例。在细密的样子的义项中，明确显示细密之义，说明此释条解说被释词緜緜的明显义素。

五二、挃挃[2]，穫[1]也。

此释条义训为收割庄稼，独词为训，解说明显义素：区别义素。

[1]穫，《说文》"刈穀也"，其本义为收割庄稼。穫，今简化作获。《书·金縢》："秋，大熟，未穫，天大雷电以风，禾尽偃。"

[2]挃(zhì)，《说文》"穫禾声也"，其本义为收割庄稼的声音。挃重叠为挃挃，亦形容收割庄稼的声音。《诗·周颂·良耜》："获之挃挃。"在收割庄稼的声音义项中，明确显示收割庄稼之义，说明此释条解说被释词挃挃的明显义素。

五三、栗栗[2]，众[1]也。

此释条义训为众多，独词为训，解说明显义素：区别义素。

[1]众，《说文》"多也"，其本义为众人，引申为众多。《荀子·劝学》："树木成荫而众鸟息焉。"

[2]栗，《说文》"木也"，其本义为木名，指板栗，重叠为栗栗，形容众多的样子。《诗·周颂·良耜》："积之栗栗。"在众多的样子义项中，明确显示众多之义，说明此释条解说被释词栗栗的明显义素。

五四、溞溞[2]，淅[1]也。

此释条义训为淘米，独词为训，解说明显义素：区别义素。

[1]淅(xī)，《说文》"汰米也"，其本义为淘米。《仪礼·士丧礼》："祝淅米于堂，南面用盆。"郑玄注："淅，汰也。"

[2]溞(sōu)，《说文》未收，《玉篇》"溞溞，淅米声"，其本义为淘米声，重叠为溞溞，形容淘米的声音，郝懿行义疏："溞者，《诗》作叟。毛传：'叟叟，声也。'释文：'叟，字又作溲，涛米声也。'"溞溞，又写作叟叟或溲溲。《诗·大雅·生民》："释之叟叟。"在淘米的声音义项中，明确显示淘米之义，说明此释条解说被释词溞溞的明显义素。

五五、烰烰[2]，烝[1]也。

此释条义训为热气上升，独词为训，解说明显义素：区别义素。

[1]烝，《说文》"火气上行也"，其本义为冬天祭祀，引申为火气或热气上升。《墨子·节用中》："逮夏，下润湿上熏烝。"

[2]烰，《说文》"烝也"，其本义为热气上升的样子。烰重叠为烰烰，或作浮浮，形容热气上升的样子。《诗·大雅·生民》："烝之浮浮。"在热气上升的样子义项中，明确显示热气上升之义，说明此释条解说被释词烰烰的明显义素。

五六、俅俅[2]，服[1]也。

此释条义训为服饰，独词为训，解说隐含义素。

[1]服，《说文》"用也"，其本义为从事，假借为对衣服、宫室、车马、器物等的泛称，引申为丧服。《战国策·韩策》："聂政母死，即葬，除服。"

[2]俅，《说文》"冠饰皃"，其本义为戴帽子的样子，重叠为俅俅，亦为戴帽子的样子。《诗·周颂·丝衣》："丝衣其紑，载弁俅俅。"紑(fóu)，鲜洁貌。载，戴。弁(biàn)，皮帽。

按：释词服为丧服，其义项明确显示服饰之义，说明此释条的释词服使用服饰之义。被释词俅俅为戴帽子的样子，其中帽子属于服饰，于是在其义项中自然蕴藏着服饰之义，而其义又没有明确显示在义项中，说明此释条解说被释词俅俅的隐含义素。

五七、峨峨[2]，祭[1]也。

此释条义训为威仪庄严，独词为训，解说明显义素：区别义素。

[1]祭，《说文》"祭祀也"，其本义为祭祀。《庄子·盗跖》："罢兵休卒，收养昆弟，共祭先祖。"在祭祀的义项中，蕴藏着威仪庄严之义，而其义又没有明确显示于义项中，说明此释条释词祭以隐含义素释义。

[2]峨，《说文》"嵯峨也"，其本义为山势高峻的样子。峨重叠为峨峨，形容威仪庄严的样子。《诗·大雅·棫朴》："济济辟王，左右奉璋。奉璋峨峨，髦士攸宜。"毛传："峨峨，盛壮也。""峨峨"在威仪庄严的样子的义项中，明确显示威仪庄严之义，说明此释条解说被释词峨峨的明显义素。

五八、锽锽[2]，乐[1]也。

此释条义训为音乐，独词为训，解说隐含义素。

[1]乐，《说文》"五声八音总名"，其本义为音乐。《易·豫》："先王以作乐崇德。"

[2]锽，《说文》"钟声也"，其本义为象声词，形容钟鼓的声音。锽重叠为锽锽，亦作喤喤，形容和谐的钟鼓声。《诗·周颂·执竞》："钟鼓喤喤，磬筦将将。"毛传："喤喤，和也。"《韩诗》作"锽锽"。钟鼓乐为音乐的一种类型，因此在和谐的钟鼓声的义项中蕴藏着音乐之义，而其义又没有明确显示于义项中，说明此释条解说被释词锽锽的隐含义素。

五九、穰穰[2]，福[1]也。

此释条义训为赐福，独词为训，解说其所在诗句之义。

[1]福，《说文》"祐也"，按之古籍，其本义为幸福，引申为赐福。《书·洪范》："五福：一曰寿，二曰富，三曰康宁，四曰攸好德，五曰考终命。"

[2]穰，《说文》"黍䵆已治者"，其本义为禾黍脱粒后的茎穗，音 ráng，引申为众多，音 răng。穰重叠为穰穰，形容众多的样子。《诗·周颂·执

竟》："降福穰穰，降福简简。"毛传："穰穰，众也。简简，大也。"在"降福穰穰"中，"福"与"穰穰"连续出现，因此《尔雅》以"福"释"穰穰"，源于连言为训。

六〇、"子子孙孙"[2]，引无极[1]也。

此释条义训为延长到无穷，摘引为训，解说《诗经》语句。

[1]引，《说文》"开弓也"，其本义为开弓，引申为拉长，再引申为延长。《易·系辞上》："引而伸之。"极，《说文》"栋也"，其本义为房屋的中栋、正梁，引申为极点，再引申为尽头。《诗·唐风·鸨羽》："悠悠苍天，曷其有极？"郑玄笺："极，已也。"引无极，指延长到无穷。

[2]子子孙孙，出自《诗·小雅·楚茨》。《诗·小雅·楚茨》："子子孙孙，勿替引之。"按之释条的义训，《尔雅》只摘引"子子孙孙"，而略去"勿替引之"，其实释词旨在解说全句之意，不能局限于所引内容，而应该顾及全句，才能正确理解《尔雅》的解说意图。

六一、"颙颙卬卬"[2]，君之德[1]也。

此释条义训为赞美国君的德行，摘引为训，解说《诗经》语句。

[1]君，《说文》"尊也"，其本义为君主，上古泛指土地占有，包括天子、诸侯、卿、大夫。《诗·大雅·桑柔》："维此惠君，民人所瞻。"德，《说文》"升也"，其本义为升、登，引申为道德，即品行、节操。《易·乾》："君子进德修业。"孔颖达疏："德，谓德行；业，谓功业。""君之德"，指君主的德行。

[2]颙(yóng)，《说文》"大头也"，其本义为大头。颙重叠为颙颙，形容温和的样子。卬，《说文》"望欲有所庶及也"，其本义为仰慕，音 yǎng，引申为抬起，音 áng，再引申为昂扬。卬重叠为卬卬，形容气势高昂的样子。《诗·大雅·卷阿》："颙颙卬卬，如圭如璋，令闻令望。"颙颙卬卬，形容君王的德行高尚。

六二、丁丁[2]、嘤嘤[3]，相切直[1]也。

此释条义训为相互切磋督正，出示《诗经》叠音词，解说其所在章句之义。

[1]相，《说文》"省视也"，其本义为仔细看，音 xiàng，引申为互相，音 xiāng。《易·系辞上》："刚柔相济而生变化。"切，《说文》"刌也"，其本义为切割，引申为切磋，指学行上的互相观摩，取长补短。《荀子·天论》："若夫君臣之义，父子之亲，夫妇之别，则日切磋而不舍也。"直，《说文》"正见也"，其本义为不弯曲，引申为端正，再引申为纠正他人的错误。《左传·庄公三十二年》："神聪明正直而壹者也，依人而行。"相切直，指相互切磋督正。

[2]丁，《说文》"夏时万物皆丁实，象形，丁承丙，象人心"，参之甲骨文形体，其本义为钉子，音 dīng，借为象声词，音 zhēng。丁重叠为丁丁，形容伐木的声音。《诗·小雅·伐木》："伐木丁丁，鸟鸣嘤嘤。"毛传："丁丁，伐木声也。"

[3]嘤，《说文》"鸟鸣声"，其本义为象声词，鸟叫声，嘤重叠为嘤嘤，形容鸟相互鸣叫的声音。《诗·小雅·伐木》："伐木丁丁，鸟鸣嘤嘤。"郑玄笺："嘤嘤，两鸟声也。"

按：《诗·小雅·伐木》是朋友宴饮的诗，以"伐木丁丁，鸟鸣嘤嘤"起兴，来比喻朋友间相互切磋校正。因此《尔雅》此释条以"相切直也"训释"丁丁""嘤嘤"，说明诗意的深刻含义。

六三、蔼蔼[2]、萋萋[3]，臣尽力[1]也。

此释条义训为群臣竭力效忠，出示《诗经》叠音词，解说其所在章句之义。

[1]臣，《说文》"牵也，事君也。象屈服之形。"郭沫若《甲骨文字研究》："（甲金文）均象一竖目之形。人首俯则目竖，所以'象屈服之形'者，殆以此也"，其本义为君主制时的官吏。《诗·周颂·臣工》："嗟嗟臣工，敬尔在公。"郑玄笺："臣所谓诸侯也。"尽，《说文》"器中空也"，其

本义为器物空净，引申为全部使出或用出。《孟子·梁惠王上》："梁惠王曰：'寡人之于国也，尽心焉耳矣。'"力，《说文》"筋也，象人筋之形"，其本义为人和动物的筋肉收缩或扩张所产生的效能，引申为力量、能力。《左传·隐公十一年》："度德而处之，量力而行之。""臣尽力"，指官吏用出全部力量（为周王效忠）。

[2]蔼，《说文》"臣尽力之美"，《说文》义训恐承《尔雅》而来。参之字形，蔼之本义当为草木繁盛。蔼重叠为蔼蔼，形容众多的样子。《诗·大雅·卷阿》："蔼蔼王多吉士，维君子使，媚于天子。"毛传："蔼蔼，犹济济也。"

[3]萋，《说文》"艸盛。从艸，妻声。《诗》曰'菶菶萋萋。'"其本义为草茂盛。萋重叠为萋萋，形容草木茂盛的样子。《诗·大雅·卷阿》："菶菶萋萋，雝雝喈喈。"

按：蔼蔼、萋萋均出自《诗·大雅·卷阿》之篇，分别形容众多与茂盛的样子。诗句暗喻群臣为周王竭力效忠，因此《尔雅》以"臣尽力"训释"蔼蔼""萋萋"，点明其前后章句之义。

六四、"雝雝喈喈"[2]，民协服[1]也。

此释条义训为百姓和谐顺服，摘引为训，解说《诗经》语句。

[1]民，《说文》"众萌也"，参之金文形体，其本义为奴隶，引申为百姓。《诗·大雅·假乐》："宜民宜人，受禄于天。"朱熹集传："民，庶民也。人，在位者也。"协，《说文》"众之同和也"，其本义为共同，引申为和谐。《国语·周语上》："先时五日，瞽告有协风至。"服，《说文》"用也"，按之甲骨文形体，其本义为降服，引申为服从、顺从。《论语·为政》："哀公问曰：'何为则民服？'孔子对曰：'举直错诸枉，则民服；举枉错诸直，则民不服。'""民协服"，指百姓和谐顺从。

[2]"雝雝喈喈"，为《诗·大雅·卷阿》中的诗句。其诗云："菶菶萋萋，雝雝喈喈。"雝雝，又作雕雕，形容鸟鸣叫和谐的声音。《诗·邶风·匏有苦叶》："雕雕鸣雁，旭日始旦。"毛传："雕雕，雁声和也。"王

先谦《诗三家义集疏》:"《鲁》雎雎作噰噰,《齐》作雍雍。"喈喈 jiē,形容鸟和鸣的声音。《诗·小雅·出车》:"仓庚喈喈,采蘩祁祁。"朱熹集传:"喈喈,声之和也。"

按:此释条摘引《诗经》语句,揭示其所要表达的中心思想。《诗经》以"噰噰喈喈"形容大雁和谐鸣叫的声音,来比喻百姓生活和谐,顺服拥护帝王的统治。

六五、佻佻[2]、契契[3],愈遐急[1]也。

此释条义训为忧愁的情怀更加急切,出示《诗经》叠音词,解说其所在章句之义。

[1]愈,《说文》作"瘉",释为"病瘳也",今作愈,其本义为病情好转,引申为胜过,再引申为副词,表示程度加深,相当于"更加"。《诗·小雅·小明》:"曷云其还?政事愈蹙。"郑玄笺:"愈,犹益也。"遐,《说文新附》"远也",其本义为长远,通"假",有已经之义。《书·召诰》:"天既遐终大邦殷之命。"孙星衍疏:"遐,俗字当为假。《释诂》云:'假,已也。'"急,《说文》"褊也",其本义为心胸狭窄,引申为迫切、急切。《孟子·滕文公下》:"晋国亦仕国也,未尝闻仕如此急。""愈遐急",从俞樾《群经平议》,当作"遐愈急",指已经更加急切。

[2]佻(tiāo),《说文》"愉也",段玉裁注:"按,《释言》:'佻,偷也。'偷者,愉之俗字。"其本义当为轻薄放纵、不庄重。《左传·昭公十年》:"《诗》曰:'德音孔昭,视民不佻。'"佻重叠为佻佻(tiáo),形容独行的样子。《诗·小雅·大东》:"佻佻公子,行彼周行。"毛传:"佻佻,独行貌。"

[3]契(qì),《说文》"大约也",其本义为凭证、契约。契又音 qiè,重叠为契契,形容忧愁苦闷的样子。《诗·小雅·大东》:"契契寤叹,哀我惮人。"毛传:"契契,忧苦也。"

按:此释条被释词为《诗经》叠音词,均出自《诗·小雅·大东》之篇。《诗·小雅·大东》是揭露西周贵族统治者对东方人民掠夺与剥削的诗。"佻佻"形容贵族公子独自走来走去,来征收官税,令人民忧愁;"契契"则直接形容东方人民愁苦而叹息的样子。二者都表现出诗人忧愁的情怀更加急切，所以《尔雅》以"愈遐急"释之，这点明了叠音词"佻佻""契契"所在《诗经》篇目章句的主旨所在。

六六、宴宴[2]、粲粲[3]，尼居息[1]也。

此释条义训为安闲地休息，出示《诗经》叠音词，揭示其所在章句之义。

[1]尼，《说文》"从后近之"，其本义为亲近，后作昵。《书·高宗肜日》："典祀无丰于昵。"孔传："昵，近也。"唐孔颖达疏："尼与昵音义同。"居，《说文》"蹲也"，其本义为蹲，引申为居住，再引申为闲居。《商君书·农战》："十人农一人居者，强。半农半居者，危。"息，《说文》"喘也"，其本义为呼吸，引申为休息。《墨子·非乐上》："劳者不得息。"尼居息，即接近闲居休息。

[2]宴，《说文》"安也"，段玉裁注："经典多假燕为之"，其本义为安逸、安闲。宴重叠为宴宴，或作燕燕，表示安逸的样子。《诗·小雅·北山》："或燕燕居息，或尽瘁事国。"毛传："燕燕，安息貌。"

[3]粲，《说文》"稻重一䄷，为粟二十斗，为米十斗曰毇，为米六斗太半斗曰粲"，其本义为精米、上等白米，引申为鲜亮。《诗·唐风·葛生》："角枕粲兮，锦衾烂兮。"朱熹集传："粲、烂，华美鲜明之貌。"粲重叠为粲粲，形容鲜亮的样子。《诗·小雅·大东》："西人之子，粲粲衣服。"朱熹集传："粲粲，鲜盛貌。"

按：此释条被释词均为叠音词，分别出自《诗·小雅·北山》与《诗·小雅·大东》之篇。宴宴形容安逸的样子；粲粲则通过对西方贵族子弟服饰的描绘，烘托出其安逸的生活。所以《尔雅》释条以"尼居息"释之，揭示出叠音词"晏晏""粲粲"所在《诗经》篇目的章句之义。

六七、哀哀[2]、悽悽[3]，怀报德[1]也。

此释条义训为思念报答父母养育之恩，出示《诗经》叠音词，揭示其所在篇目的主旨。

[1]怀，《说文》"念思也"，按之古籍，其本义为胸怀，引申为思念。《诗·周南·卷耳》："嗟我怀人，寘彼周行。"报，《说文》"当罪人也"，其本义为按律定罪、判决，引申为报答。《庄子·列御寇》："夫造物者之报人也，不报其人而报其人之天。"德，《说文》"升也"，其本义为升高、登高，引申为恩惠、恩德。《书·武成》："大邦畏其力，小邦怀其德。""怀报德"，指思念报答恩德，这里专指父母的恩德。

[2]哀，《说文》"闵也"，其本义为怜悯，引申为悲伤。《楚辞·离骚》："虽萎绝其亦何伤兮，哀众芳之芜秽。"哀重叠为哀哀，形容悲伤不已。《诗·小雅·蓼莪》："哀哀父母，生我劬劳。"

[3]悽，《说文》"痛也"，其本义为悲痛、悲伤。《楚辞·远游》："意荒忽而流荡兮，心愁悽而增悲。"洪兴祖补注："悽，痛也。"邢昺疏："郭音云：悽，本或作萋。"《诗·小雅·杕杜》："有杕之杜，其叶萋萋。"《杕杜》第三章云："王事靡盬，忧我父母。"《杕杜》以棠树起兴，用棠树树叶茂盛反衬征夫内心忧愁，忧虑父母无人赡养。

按：此释条被释词均为叠音词，分别出自《诗·小雅·蓼莪》与《诗·小雅·杕杜》之篇。两首诗歌均描绘了征夫欲报答父母养育之恩而不能的忧愁，所以《尔雅》以"怀报德"释之。

六八、儳儳[2]、嘗嘗[3]，罹祸毒[1]也。

此释条义训为遭受灾祸，出示《诗经》叠音词，揭示其所在篇目的主旨。

[1]罹，《说文新附》"心忧也"，其本义为遭受。《书·汤诰》："尔万方百姓，罹其凶害，弗忍荼毒。"孔传："罹，被。"祸，《说文》"害也，神不福也"，其本义为灾害、灾祸。《楚辞·九章·惜往日》："宁溘死而流亡兮，恐祸殃之有再。"毒，《说文》"厚也，害人之艸，往往而生"，其本

义为毒物，引申为毒害、祸害。《书·盘庚上》："汝不和吉言于百姓，惟汝自生毒。"孔传："自生毒害。""罹祸毒"，遭受灾祸。

[2]儵(shū)，郝懿行义疏："释文：'樊（光）本作攸，引《诗》云：'攸攸我里'，今《诗》作'悠悠我里。'毛传：'悠悠，忧也。'"从郝氏之说，儵儵，同"悠悠"，表示忧愁的样子。《诗·小雅·十月之交》："悠悠我里，亦孔之痗。"毛传："悠悠，忧也。"

[3]嘒（huì），《说文》"小声也"，其本义为象声词，形容小声或清脆的声音。嘒重叠为嘒嘒，形容蝉鸣叫的声音。《诗·小雅·小弁》："菀彼柳斯，鸣蜩嘒嘒。"毛传："嘒嘒，声也。"

按：悠悠、嘒嘒分别出自于《诗·小雅·十月之交》与《诗·小雅·小弁》。《十月之交》讽刺周幽王无道，以致灾害频生，人民生活在水深火热之中，表达了诗人忧愁的情怀。《小弁》是一首讽刺周幽王无道，废申后，逐太子宜臼，表达了诗人感叹生不逢时的忧愁之情。《小弁》以柳枝茂盛、蝉儿鸣叫起兴，烘托出诗人内心的忧伤。所以《尔雅》以"罹祸毒"释之。

六九、晏晏[2]、旦旦[3]，悔爽忒[1]也。

此释条义训为悔恨过错，出示《诗经》叠音词，揭示其所在篇目的主旨。

[1]悔，《说文》"悔恨也"，其本义为悔恨、后悔。《楚辞·离骚》："亦余心之所善兮，虽九死其犹未悔。"爽，《说文》"明也"，其本义为明亮，引申为明智，再引申为差错。《诗·卫风·氓》："女也不爽，士贰其行。"毛传："爽，差也。"忒，《说文》"更也"，其本义为变更，引申为差错。《易·观》："观天之神道，而四时不忒。""悔爽忒"，为悔恨过错之义。

[2]晏，《说文》"天清也"，其本义为晴朗，引申为柔和。晏重叠为晏晏，形容温柔的样子。《诗·卫风·氓》："总角之晏，言笑晏晏。"

[3]旦，《说文》"明也"，其本义为天明。旦重叠为旦旦，形容诚恳的样子。《诗·卫风·氓》："信誓旦旦，不思其反。"郑玄笺："言其恳恻款诚。"

按：此释条释词晏晏、旦旦均出自《诗·卫风·氓》之篇，其诗云：

"总角之晏，言笑晏晏。信誓旦旦，不思其反。"《氓》描绘的是弃妇从与丈夫相识到婚娶再到被弃的过程。被弃妇女回想起丈夫当初对自己温柔诚恳的样子，再想想现在抛弃自己的现实，悔恨之情溢于言表，所以《尔雅》以"悔爽忒"释之。

七〇、皋皋[2]、琄琄[3]，刺素食[1]也。

此释条义训为讽刺周大臣徒有官位俸禄，出示《诗经》叠音词，揭示其所在篇目的主旨。

[1]刺，《说文》"君杀大夫曰刺"，按之古籍，其本义当为杀戮，展转引申为讥讽。《诗·魏风·葛屦》："维是褊心，是以为刺。"素，《说文》"白致缯也"，其本义为本色的生帛，引申为空，有名无实或有实无名。食，《说文》"一米也"，其本义为饭食，引申为吃。素食，不劳而食。《诗·魏风·伐檀》："彼君子兮，不素食兮。"

[2]皋(gāo)，《说文》"气皋白之进也"，朱骏声通训定声："此字当训泽边地也"，其本义当为水边地。皋重叠为皋皋，形容互相欺骗的样子。《诗·大雅·召旻》："皋皋訿訿，曾不知其玷。"

[3]琄(xuàn)，《说文》未收，《玉篇》"玉皃"，其本义当为形容玉美丽的样子。琄重叠为琄琄，又作鞙鞙，形容佩玉的样子。《诗·小雅·大东》："鞙鞙佩璲，不以其长。"毛传："鞙鞙，玉貌。"郑玄笺："佩璲者，以瑞玉为佩，佩之鞙鞙然，居其官职非其才之所长，徒美其佩而无其德，刺其素食。"

按：此释条被释词皋皋、琄琄分别出自《诗·大雅·召旻》与《诗·小雅·大东》之篇。《召旻》是讽刺西周国政败坏的诗，《大东》则揭露了西周贵族统治者对东方人民的剥削与压迫。大臣们相互欺骗、诋毁，虽佩有长长的佩玉，但德行低下，所以《尔雅》以"刺素食"释之，揭示其徒有官位而不尽职，又无德行。

七一、懽懽[2]、愮愮[3]，忧无告[1]也。

此释条义训为忧愁没有谁可以诉说，出示《诗经》叠音词，揭示其所在篇目的主旨。

[1]忧，《说文》"和之行也"，按之古籍用例，其本义为忧虑。《诗·大雅·瞻卬》："人之云亡，心之忧矣。"无，《说文》"亡也"，参之甲骨文形体，其本义为跳舞，后作舞。假借为无定代词，相当于"莫"，指代人、事物、时间、处所等，可译为"没有哪个""没有谁""没有什么""没有哪里"等。《孟子·梁惠王上》："察邻国之政，无如寡人之用心者。"告，《说文》"牛触人，角箸横木，所以告人也"，其本义为祭告上天，引申为告诉。《书·盘庚下》："今予其敷心腹肾肠，历告尔百姓于朕志。"孔传："言输诚于百官以告志。""忧无告"，指忧愁没有谁可以诉说。

[2]懽，《说文》"喜欢也"，其本义为喜欢，音 huān。懽重叠为懽懽，本或作灌灌，表示情意恳切的样子。《诗·大雅·板》："老夫灌灌，小子蹻蹻。"王先谦《诗三家义集疏》："《鲁》，灌亦作懽。"陈奂《毛诗传疏》："毛意灌读为懽，懽与款声同。古曰懽懽，今曰款款，此以今语通古语也。皆是恳诚恺切之意。"

[3]愮，《说文》未收，《玉篇》"忧也"，其本义为忧愁。愮重叠为愮愮，或作摇摇，形容精神恍惚、神魂无定的样子。《诗·王风·黍离》："行迈靡靡，中心摇摇。"朱熹集传："摇摇，无所定也。"《玉篇·心部》引作"愮愮"。

按：此释条被释词懽懽、愮愮分别出自《诗·大雅·板》与《诗·王风·黍离》之篇。《板》是大臣劝告周厉王的诗，忠心耿耿的大臣忧虑国事，劝谏厉王，厉王却充耳不闻。《黍离》则是周大夫感叹西周沦亡的诗，诗人看到昔日繁华的都城已不复存在，遍地都是黍稷作物，内心忧愁无比，走在大路上，心神不定，内心的忧愁无人可以诉说。所以《尔雅》以"忧无告"释之。

七二、宪宪[2]、泄泄[3]，制法则[1]也。

此释条义训为制定法令，出示《诗经》叠音词，揭示其所在篇目的主旨。

[1]制，《说文》"裁也"，其本义为修剪，引申为制定。《易·节》："象曰：泽上有水，节。君子以制数度，议德行。"法，《说文》"刑也"，其本义为刑法，引申为法令。《易·蒙》："利用刑人，以正法也。"王弼注："以正法制，故刑人也。"则，《说文》"等画物也"，其本义为按等级区别物体，引申为法则。《管子·形势》："天不变其常，地不易其则。""制法则"，是指制定法令规则。

[2]宪，《说文》"敏也"，其本义为敏捷。宪重叠为宪宪，形容喜乐的样子。《诗·大雅·板》："天之方难，无然宪宪。"毛传："宪宪，犹欣欣也。"马瑞辰传笺通释："宪、欣二字双声，宪宪即欣欣之假借。"

[3]泄(yì)，郝懿行义疏："释文与《诗》同作泄"，《说文》未收，《集韵》"舒散也"，其本义当为舒散。泄重叠为泄泄，本或作泄泄，形容多言的样子。《诗·大雅·板》："天之方蹶，无然泄泄。"

按：此释条被释词宪宪、泄泄均出自《诗·大雅·板》之篇。《板》是周大夫指责周厉王黑暗统治的诗。厉王实行暴政，大臣们不加反对，反而帮助厉王制定法令，"宪宪""泄泄"分别指他们制定法令时喜乐、喋喋多言的样子。所以《尔雅》以"制法则"释之。

七三、谑谑[2]、謞謞[3]，崇谗慝[1]也。

此释条义训为助长邪恶，出示《诗经》叠音词，揭示其所在篇目的主旨。

[1]崇，《说文》"嵬高也"，其本义为高，引申为助长、增长。《左传·成公十八年》："今将崇诸侯之奸。"杜预注："崇，长也。"谗(chán)，《说文》"谮也"，其本义为说别人的坏话，引申为奸邪、奸诈。《左传·襄公四年》："寒浞，伯明氏之谗子弟也。"慝(tè)，《说文》未收，参之古籍用例，其本义当为邪恶。《诗·大雅·民劳》："式遏寇虐，无俾作慝。"毛传："慝，

恶也。""崇谗慝",指助长邪恶。

[2]谑(xuè),《说文》"戏也",其本义为开玩笑。谑重叠为谑谑,形容喜乐的样子。《诗·大雅·板》:"天之方虐,无然谑谑。"毛传:"谑谑然,喜乐也。"

[3]謞(hè),郝懿行义疏:"謞者,当作熇。"熇,《说文》"火热也",其本义为火热、炽盛。熇重叠为熇熇,形容炽盛的样子。《诗·大雅·板》:"多将熇熇,不可救药。"朱熹集传:"熇熇,炽盛也。"此句意谓,做了太多的坏事,已经到了无法挽救的地步。

按:此释条被释词谑谑、熇熇均出自《诗·大雅·板》之篇。"天之方虐,无然谑谑","多将熇熇,不可救药",均自出《板》的第四章,分别为首句与末句,这两句诗描绘了大臣们喜乐放荡、嚣张气焰炽盛的情景,表达了诗人劝说大臣们不可助纣为虐的思想感情。因此《尔雅》以"崇谗慝"释之。

七四、翕翕[2]、訿訿[3],莫供职[1]也。

此释条义训为没有人履行职责,出示《诗经》叠音词,揭示其所在篇目的主旨。

[1]莫,《说文》"日且冥也",其本义为日落的时候,假借为代词,表示没有谁。《战国策·楚策》:"群臣莫对。"供,《说文》"设也",其本义为陈设,引申为履行、担任。《汉书·韦贤传》:"我既兹恤,惟夙惟夜,畏忌是申,供事靡惰。"职,《说文》"记微也",其本义为记,引申为职务、分内应做的事。《周礼·天官·内宰》:"以妇职之法教九御。""莫供职",指没有谁履行职责。

[2]翕(xī),《说文》"起也",其本义为收敛。翕重叠为翕翕,或作潝潝、歙歙,形容相互附和、吹捧之貌。《诗·小雅·小旻》:"潝潝訿訿,亦孔之哀。"陆德明释文:"《尔雅》云:'潝潝訿訿,莫供职也。'《韩诗》云:'不善之貌。'"

[3]訿(zǐ),同訾。《说文》:"訾,不思称意也",参之字形与古籍用例,其本义当为诋毁。《礼记·曲礼上》:"不苟訾,不苟笑。"陆德明释文:

"訾，毁也。"訿重叠为訿訿，或作訾訾，表示相互诋毁的样子。《诗·小雅·小旻》："潝潝訿訿，亦孔之哀。"

按：此释条被释词翕翕、訿訿均出自《诗·小雅·小旻》之篇。它们分别形容大臣们相互附和、相互诋毁的样子，表现出周王朝朝政黑暗，臣子没有人尽职尽责，因此《尔雅》以"莫供职"释之，揭示其所在篇目的中心思想。

七五、速速[2]、蹙蹙[3]，惟逑鞫[1]也。

此释条义训为思考被迫陷入穷困的境地，出示《诗经》叠音词，揭示其所在篇目的主旨。

[1]惟，《说文》"凡思也"，其本义为思虑。《诗·大雅·生民》："载谋载惟，取萧祭脂。"郑玄笺："惟，思也。"逑(qiú)，《说文》"敛聚也"，其本义为聚合。通廏(qiú)，有逼迫之义。邢昺疏："惟，念也；逑，急迫也。"王引之述闻："逑与廏同。《说文》：'廏，迫也。'"鞫(jū)，《说文》未收，《玉篇》"问鞫也"，其本义为审问，引申为穷困。《诗·邶风·谷风》："昔育恐育鞫，及尔颠覆。"育，生活。恐，恐慌。"惟逑鞫"，思考被迫陷入穷困的境地。

[2]速速，或作蔌蔌。蔌，《说文》未收，《尔雅·释器》："菜谓之蔌"，其本义当为蔬菜。蔌重叠为蔌蔌，形容鄙陋的样子。《诗·小雅·正月》："佌佌彼有屋，蔌蔌方有榖。"朱熹集传："佌佌，小貌。蔌蔌，窭陋貌，指王所用之小人也。"郝懿行义疏："《后汉书·蔡邕传》注引毛诗作'速速方榖'，云：'韩诗亦同。'"

[3]蹙(cù)，《说文新附》"迫也"，其本义为紧迫，引申为缩小。蹙或写作蹴。《左传·成公十六年》："国蹴王伤，不败何待？"蹙重叠为蹙蹙，形容局促不得舒展的样子。《诗·小雅·节南山》："我瞻四方，蹙蹙靡所骋。"郑玄笺："蹙蹙，缩小之貌。"

按：此释条被释词速速、蹙蹙分别出自《诗·小雅·正月》与《诗·小雅·节南山》之篇。《正月》是一首周室大夫忧国刺君的诗歌。周幽王之世，宠信小人，人民生活黑暗。诗人感叹卑劣的人有房屋有俸禄，人民却生活在风雨飘摇之中。《节南山》亦是一首忧国之臣抨击周幽王为政不公、任用小人的诗歌，表达了诗人忧国忧民的思想感情。"我瞻四方，蹙蹙无所骋"，反映了诗人无法施展才华的无奈与忧伤。两首诗都反映了诗人思考老百姓陷入穷困境地的忧愁，所以《尔雅》以"惟逑鞫"释之。

七六、抑抑[2]，密[1]也；秩秩[4]，清[3]也。

此释条义训为美好、清明，二词分训，解说明显义素：区别义素。

[1]密，《说文》"山如堂者"，其本义为形状像堂屋的山，引申为安静。《管子·大匡》："夫诈密而后动者胜。"郝懿行义疏："静密、慎密二义并与美近，美、密声相转也。"从其说，平静的义项中蕴藏着美好之义，而其义又没有明确显示于义项中，说明此释条释词密使用隐含义素。

[2]抑，《说文》为"归"的俗体。《说文》："归，按也。从反印。拘，俗从手。"抑之本义为按压。抑，通"懿"，有美好之义。《诗·齐风·猗嗟》："抑若扬兮，美目扬兮。"王引之述闻："毛传：'抑，美色'。正义曰：'扬是颡之别名，抑为扬之貌，故知抑为美色。'引之谨案：抑与懿古字通。《尔雅》：'懿，美也。'故传以抑为美色，重言之则曰抑抑。"抑重叠为抑抑，形容美好的样子。《诗·大雅·假乐》："威仪抑抑，德音秩秩。"毛传："抑抑，美也。"

[3]清，《说文》"朖也，澂水之皃"，其本义为水纯净透明，引申为清澈。《诗·周颂·维清》："维清缉熙，文王之典。"朱熹集传："清，清明也。"

[4]秩，《说文》"积也"，其本义为聚积。秩重叠为秩秩，形容清明的样子。《诗·大雅·假乐》："威仪抑抑，德音秩秩。"郑玄笺："秩秩，清也。"

按：此释条被释词分别为叠音词抑抑、秩秩。抑抑、秩秩在《诗·大雅·假乐》之篇中连续出现，分别表示美好的样子与清明的样子，因此将其归入一个释条。其义项美好的样子与清明的样子，分别明确显示美好、清明之义，说明此释条解说被释词抑抑、秩秩的明显义素。

七七、甹夆[2]，掣曳[1]也。

此释条义训为牵引，摘引为训，解说词语。

[1]掣(chè)，《说文》未收，按之形体及古籍用例，其本义当为拽、拉。《易·睽》："风舆曳，其牛掣。"孔颖达疏："欲进，其牛被牵。"曳(yè)，《说文》"臾曳也"，其本义为拖、牵引。《玉篇》："曳，申也，牵也，引也。"《易·未济》："曳其轮，贞吉。"掣曳，同义连用，均为牵引之义。

[2]甹(pīng)，《说文》"亟词也。从丂，从由。或曰：甹，侠也。（三辅）谓轻财者为甹"，于省吾《双剑誃吉金文选》："《说文》：'甹，侠也。'侠，夹也……均系夹辅之义。"从其说，甹有辅助之义。夆(féng)，《说文》"牾也"，其本义为相逢。甹夆，或作莩蜂，表示牵引之义。《诗·周颂·小毖》："莫予荓蜂，自求辛螫。"毛传："荓蜂，摩（掣）曳也。"陆德明释文："荓，《尔雅》作甹。"马瑞辰传笺通释引胡承珙曰："荓蜂者，谓牵引而使之也。"

七八、朔[2]，北方[1]也。

此释条义训为北方，与"南"相对，独词为训，一义贯条。

[1]北，《说文》"菲（乖）也。从二人相背"，其本义为相背，后作背。借为方位名，与"南"相对。《玉篇》："北，方名。"《诗·小雅·大东》："维南有箕，不可以簸扬；维北有斗，不可以挹酒浆。"方，《说文》"并船也，象两舟省总头形"，其本义为相并的两船，假借为方位、方向之义。《庄子·骈拇》："夫小惑易方，大惑易性。"成玄英疏："夫指南为北，其迷尚小；滞迹丧真，为惑更大。"北方，即方位名称，与"南"相对。

[2]朔(shuò)，《说文》"月一日始苏也"，其本义为月相名。夏历每月初一，月球运行到太阳和地球之间，跟太阳同时出没，地球上看不到月光，这种月相叫朔，相关引申为北方。清徐灏《说文解字注笺》："日月合朔于北，故北方谓之朔方。"《书·尧典》："申命和叔，宅朔方，曰幽都。"孔传："北称朔。"

七九、不俟[2]，不来[1]也。

此释条义训为不可能回来，摘引为训，解说短语。

[1]不，《说文》"鸟飞上翔不下来也"，其说欠妥，参之甲骨文形体，其本义为花蒂。高鸿缙《中国字例》："不，原意为鄂足，象形字，名词。后借用为否定副词，日久而为借义所专，乃另造柎字以还其原。"假借为否定副词，表示不可能进行某事，可译为"不能""不可能""不可"等。《论语·子路》："欲速则不达，见小利则大事不成。"来，《说文》"周所受瑞麦来麰，一来二缝，象芒朿之形"，其本义为小麦，借为到来、返回之义。《诗·小雅·采薇》："今我来思，雨雪霏霏。"毛传："来，至也。"不来，不可能回来。《易·杂卦》："萃聚，而升不来也。"韩康伯注："来，还也。方在上升，故不还也。"

[2]不，本义为花蒂，假借为否定副词，表示不用（用不着），可译为"不用"。《孟子·尽心上》："君子所性，仁义礼智根于心，其生色也；睟然见于面，盎于背，施于四体，四体不言而喻。"俟，《说文》"大也"，段玉裁注："此俟之本义也，自经传假为竢字，而俟之本义废矣"，其本义为大，假借为等待之义。《诗·邶风·静女》："静女其姝，俟我于城隅。"郑玄笺："俟，待也。"不俟，表示不可以等待。

按：此释条意谓，不可以等待，是说不可能回来。郭璞注："不可待，是不复来。"

八〇、不遹[2]，不蹟[1]也。

此释条义训为不遵循，摘引为训，解说短语。

[1]不，本义为花蒂，假借为副词，表示否定。《易·无妄》："不耕获，不菑畲。"此句意谓，不事耕耘，不图收获，不务开垦，不谋良田。蹟，《说文》未收，《字汇》"蹟，与迹同。"蹟、迹为异体字，蹟，今简化作迹。《说文》："迹，步处也。"迹之本义为脚印，引申为遵循。《诗·小雅·沔水》："念彼不蹟，载起载行。"李富孙异文释："蹟、迹本一字。"朱熹集传："不蹟，不循道也。载起载行，言忧念之深，不遑宁处也。"

[2]不，副词，表否定，参见本条注[1]。遹(yù)，《说文》"回避也"，其本义为邪僻，引申为遵循。《书·康诰》："今民将在祗遹乃文考，绍闻衣德言。"

八一、不彻[2]，不道[1]也。

此释条义训为不遵循道理，摘引为训，解说短语。

[1]不，为否定副词，参见上条注[1]。道，《说文》"所行道也"，其本义为道路，引申为事理、规律。《易·说卦》："是以立天之道曰阴与阳，立地之道曰柔与刚，立人之道曰仁与义。"不道，道用如动词，就是不遵循道理。

[2]不，为否定副词，参见上条注[1]。彻，《说文》"通也"，按之甲骨文形体，其本义为撤去，引申为车迹，再引申为道理、规律。《诗·小雅·十月之交》："天命不彻，我不敢效我友自逸。"毛传："彻，道也。"陈奂传疏："言天之命，不循道而行。"

八二、勿念[2]，勿忘[1]也。

此释条义训为不要忘记，摘引为训，解说短语。

[1]勿，《说文》"州里所建旗。象其柄，有三游。杂帛，幅半异。所以趣民，故遽称勿勿"，其本义为古代士大夫所建旗帜，半赤半白，用来麾集人众。假借为副词，表示禁止或劝阻，相当于"别""莫"。《论语·卫灵公》："己所不欲，勿施于人。"忘，《说文》"不识也"，其本义为忘记。《诗·小雅·隰桑》："中心藏之，何日忘之？"

[2]勿，本义参见本条注[1]，假借为助词，用于句首，无实义，只起补足音节的作用，可不译。《诗·小雅·节南山》："弗问弗仕，勿罔君子。"王引之释词："勿，语助也……'勿罔'，罔也，言弗问而察之，则下民欺罔其上矣。"念，《说文》"常思也"，其本义为怀念。《诗·大雅·文王》："王之荩臣，无念尔祖。"勿念，即怀念，不要忘记，所以《尔雅》以"勿忘"释之。

按：此释条两个"勿"意义不同，释词"勿忘"的"勿"的否定副词，相当于"不要"，被释词"勿念"的"勿"为语气助词，无实义。"勿"为语气助词的用法不常见。

八三、萲[2]、谖[3]，忘[1]也。

此释条义训为忘记，独词为训，义项与义素并释。

[1]忘，《说文》"不识也"，其本义为忘记。《论语·述而》："其为人也，发愤忘食，乐以忘忧。"

[2]萲(xuān)，郝懿行义疏："萲者，蕿字之省。《说文》作藼，或作蘐，又作萱。"《说文》："藼，令人忘忧草也。《诗》曰：'安得藼草。'蘐，或从煖。萱，或从宣。"从其说，萲之本义为忘忧草。在忘忧草的义项中，明确显示忘记之义，说明此释条解说被释词萲的明显义素。

[3]谖(xuān)，《说文》"诈也"，其本义为欺诈，引申为忘记。《玉篇》："谖，忘也。"《诗·卫风·考槃》："独寐寤言，永矢弗谖。"郑玄笺："谖，忘也。"谖，通"萱"，指萱草，即忘忧草。《诗·卫风·伯兮》："焉得谖草，言树之背。"唐陆德明释文："谖，本又作萱。"在这里也解说被释词谖的明显义素，理由同上。

八四、每有[2]，虽[1]也。

此释条义训为虽然，摘引为训，解说词语。

[1]虽，繁体作雖，《说文》"似蜥蜴而大"，其本义为虫名，形似蜥蜴有花纹而身体大，借为让步连词，表示对已有事实的承认，相当于"虽然""尽管"。《左传·庄公十年》："小大之狱，虽不能察，必以情。"

[2]每，《说文》"艸盛上出也"，其本义为草盛，假借为连词，表示让步，相当于"虽然"。《诗·小雅·皇皇者华》："駪駪征夫，每怀靡及。"毛传："每，虽。""有"为衍文。

按：此释条将"每有"训为"虽"，源于《诗·小雅·常棣》之篇中"每有"连文。《诗·小雅·常棣》三章："每有良朋，况也永叹。"《诗·小雅·常棣》四章:"每有良朋,烝也无戎。"清王引之《经义述闻·尔雅中》:"《尔雅》训'每'为'虽',非训'有'为'虽'也……《玉篇》、《广韵》并云:'每,虽也。'"

八五、饎[2],酒食[1]也。

此释条义训为酒和饭食,独词为训,一义贯条。

[1]酒,《说文》"就也,所以就人性之善恶",罗振玉《殷虚文字类编》:"酒,象酒由尊中挹出之状……《说文解字》酉与酒训略同,本为一字,故古金文酒字皆作酉。"酒之本义为用粮食或水果等发酵制成的饮料。《诗·邶风·柏舟》:"微我无酒,以敖以游。"食,《说文》"一米也",其本义为饭食。《周礼·天官·膳夫》:"膳夫掌王之食饮膳羞。"郑玄注:"食,饭也。"酒食,酒和饭食。《诗·唐风·山有枢》:"山有漆,隰有栗,子有酒食,何不日鼓瑟?"

[2]饎(chì),《说文》"酒食也",其本义为酒和饭食。《诗·小雅·天保》:"吉蠲为饎,是用孝享。"毛传:"饎,酒食也。"蠲(juān),清洁。

八六、舞[2]、号[3],雩[1]也。

此释条义训为求雨祭祀,二词共训,解说隐含义素。

[1]雩,《说文》"夏祭乐于赤帝以祈甘雨也",其本义为古代祈求降雨的祭祀。《荀子·天论》:"雩而雨,何也?曰:无何也。犹不雩而雨也。"

[2]舞,《说文》"乐也,用足相背",其本义为舞蹈。《诗·小雅·宾之初筵》:"籥舞笙鼓,乐既和奏。"

[3]号(háo),《说文》"呼也",其本义为呼叫。《诗·大雅·荡》:"式号式呼,俾昼作夜。"

按:在求雨的祭祀的义项中,蕴藏着舞蹈与大声呼叫之义,而其义又没有分别显示于义项中,说明此释条解说被释词舞、号的隐含义素。

八七、暨[2]，**不及**[1]**也。**

此释条义训为动词到与连词和，独词为训，二义同条。

[1]不及，"不"为衍文。王引之《经义述闻》卷二十七云："'不'字盖涉下文'蠢，不逊也'而衍。"及，《说文》"逮也"，其本义为追上，引申为到。《诗·邶风·燕燕》："瞻望弗及，泣涕如雨。"又虚化为连词，表示并列关系，相当于现代汉语的"和"。《诗·豳风·七月》："六月食郁及薁，七月亨葵及菽。"

[2]暨(jì)，《说文》"日颇见也"，其本义为太阳刚出现在地平线，引申为到。《国语·周语中》："若七德离判，民乃携贰，各以利退，上求不暨，是其外利也。"韦昭注："暨，至也。"又虚化为连词，表示并列关系，相当于现代汉语的"和"。《书·尧典》："咨！汝羲暨和，期三百有六旬有六日，以闰月定四时成岁。"

八八、蠢[2]，**不逊**[1]**也。**

此释条义训为不谦逊，独词为训，一义贯条。

[1]不逊，不谦逊。逊，《说文》"遁也"，其本义为逃遁，相似引申为谦逊。《书·舜典》："契，百姓不亲，五品不逊，汝作司徒，敬敷五教，在宽。"逊，谦逊，不逊则为不谦逊，于是据此确定此释条的义训。

[2]蠢，《说文》"虫动也"，其本义为虫动，引申为不谦逊。《书·大禹谟》："蠢兹有苗，昏迷不恭，侮慢自贤，反道败德。"

八九、"如切如磋"[2]，**道学**[1]**也。"如琢如磨"**[4]，**自修**[3]**也。"瑟兮僩兮"**[6]，**恂慄**[5]**也。""赫兮咺兮"**[8]，**威仪**[7]**也。"有斐君子，终不可谖兮"**[10]，**道盛德至善，民之不能**[9]**忘也。**

此释条内容丰富，义训复杂，摘引为训，分别解释《诗·卫风·淇奥》的四个分句与一个复句。

[1]"如切如磋，道学也"，其义训为君子学习态度很刻苦。道学也，

讲述学习态度。道，《说文》"所行道也"，其本义为道路，展转引申为讲述。《诗·鄘风·墙有茨》："中冓之言，不可道也。"冓，通"垢"，污垢。学，《说文》正文作"斅"，释为"觉悟也"，其本义为学习。《书·说命》："学于古训，乃有获。"在这里，学指学习态度，"道学"就是讲述学习态度。

[2] "如切如磋"，比喻在学业上互相商讨。切，《说文》"刌也"，其本义为切断，引申为加工珠宝器物。《诗·鄘风·淇奥》："如切如磋，如琢如磨。"毛传："治骨曰切，象曰磋。"磋，《说文》未收，按之字形与古籍用例，其本义当为把象牙磨成器物。这样切、磋连用原指将兽骨与象牙磨成器物，而磨砺器物要细心，并积以时日，这与探讨学业的问题相似，于是就以之比喻在学习上互相商讨、研究。如，《说文》"从随也"，其本义为依照，引申为好像。《诗·郑风·大叔于田》："执辔如组，两骖如舞。"《鄘风·淇奥》说学习上"如切如磋"，将学习与磨治兽骨、象牙制品相比，形象地再现了学习的渐进过程，其比喻恰到好处，给人留下深刻的印象，同时为我们确定此释条的义训提供线索，说明此释条义训采取比喻意义，确定无疑。

[3] "'如琢如磨'，自脩也"，其义训为君子品德修养很努力。自脩也，自己的品德修养。自，《说文》"鼻也"，其本义为鼻子，引申为己身称代词，相当于现代汉语的"自己"。《易·乾》："天行健，君子以自强不息。"脩，《说文》"脯也"，其本义为干肉，借为修养之义。《诗·大雅·文王》："无念尔祖，聿修厥德。"毛传："无念，念也。"在修养的义项上后作"修"。《庄子·田子方》："夫子德配天地，而犹假至言以修心，古之君子，孰能脱焉？""自"与"脩"组合为自脩，则指修养自己的德行。《礼记·大学》："如琢如磨者，自脩也。"

[4] "如琢如磨"，比喻品德修养要经过艰苦磨炼。琢，《说文》"治玉也"，其本义为磨治玉器。磨，《说文》未收，按之字形，其本义当为磨治石器。《诗·卫风·淇奥》："有匪君子，如切如磋，如琢如磨。"毛传："玉曰琢，石曰磨。"其实玉、石近似，佳者为玉，劣者为石，因此治玉，既可称"琢"，又可称"磨"。《荀子·大略》："和氏之璧，井里之厥，玉人琢之，为天子宝。"此例磨治玉器称琢。《诗·大雅·抑》："白圭之玷，尚

可磨也。"此例磨治玉器也称磨。这就是说，琢、磨词义相近，甚至相同，于是连用为琢磨，表示品德要经过艰苦磨炼，就像磨治玉、石一样，非一日之功，更不能一蹴而就，《诗经》用"如琢如磨"比喻，恰如其分，令人叹服。据此，此分句义训为比喻品德修养要长期坚持不懈。

[5]"瑟兮僩兮，恂慄也"，其义训为君子为人表里如一，举止恭谨。恂慄也，诚信、恭谨。恂，《说文》"信心也"，其本义为诚信。《书·立政》："古之人迪惟有夏，乃有室大竞，吁俊尊上帝迪，知忱恂于九德之行。"孔传："禹之臣蹈知诚信於九德之行。"慄，《说文》未收，按之古籍，其本义当为恐惧，引申为恭谨。《书·大禹谟》："帝初于历山，往于田，日号泣于旻天，于父母，负罪引慝；祗载见瞽瞍，夔夔斋慄，瞽亦允若。"恂、慄均为形容词，其词义相近。

[6]"瑟兮僩兮"，君子举止庄重，心胸开阔。瑟，《说文》"庖牺所作弦乐也"，其本义为古代一种弦乐器，引申为举止庄重。《诗·卫风·淇奥》："瑟兮僩兮，赫兮咺兮。"毛传："瑟，矜庄貌。"僩（xiàn），《说文》"武皃"，按之古籍用例，其本义当为心胸开阔。《诗·卫风·淇奥》："瑟兮僩兮，赫兮咺兮。"毛传："僩，宽大也。"僩，同僴。兮，《说文》"语所稽也"，其本义为语气助词，相当于现代汉语的"啊"。《诗·齐风·东方之日》："彼姝者子，在我室兮。" "瑟兮僩兮"，赞扬君子举止庄重，心胸开阔，连续使用两个兮，其赞美之情溢于言表。

[7]"赫兮咺兮，威仪也"，其义训为君子仪表显赫。威仪也，威严的仪表。威，《说文》"姑也"，其本义为丈夫的母亲，引申为威严。《易·家人》："有孚，威如，终吉。"仪，《说文》"度也"，其本义为法度，引申为仪表。《诗·邶风·柏舟》："威仪棣棣，不可选也。"威、仪连用，则为威严的仪表。

[8]"赫兮咺兮"，君子仪表显赫。赫，《说文》"火赤皃"，引申为显示。《诗·大雅·生民》："不坼不副，无菑无害，以赫厥灵。"烜，又作咺，显赫。《诗·卫风·淇奥》："瑟兮僩兮，赫兮咺兮。"毛传："咺，威仪容止宣著也。"在这里，赫为显示，烜为显赫，其词义很相近，共同表示君子仪表显赫之义。

[9]"'有斐君子，终不可谖兮'，道盛德至善，民不能忘也"，其义训

当为君子的德行高尚。"道盛德至善,民之不能忘也",是说君子高尚的道德极其美好,民众永远不能忘记。道,《说文》"所行道也",其本义为道路,引申为说。《孟子·梁惠王上》:"仲尼之徒,无道恒文之事者。"盛,《说文》"黍稷在器中以祀者也",其本义为放在器皿中的穀物,展转引申为高尚。《易·系辞上》:"富有之谓大业,日新之谓盛德。"至,《说文》"鸟飞从高下至地也",按之字形,当为矢远来降至地,其本义为到,展转引申为极。《荀子·正论》:"罪至重而罚至轻,庸人不知恶也。"善,《说文》"吉也",其本义为美好。《论语·八佾》:"子谓《韶》,'尽美矣,又尽善矣。'"

[10]"有斐君子,终不可谖兮",意谓那个有文采的君子,永远不能忘记啊!斐,《说文》"分别文也",其本义为文采。《诗·小雅·巷伯》:"萋兮斐兮,成是贝锦。"在文采的义项上,《诗经》又作匪。《诗·卫风·淇奥》:"有匪君子,终不可谖兮。"匪、斐为古今字,先借后造。匪,《说文》"器,似竹筐",其本义为椭圆形的竹筐,借为文采之义,后造斐字专司其职,则匪、斐为古今字,当毫无疑问。终,《说文》"絿丝也",其本义为把丝缠紧,引申为终止,再引申为永远。《墨子·天志中》:"欲以此求赏誉,终不可得。"谖,《说文》"诈也",其本义为欺诈,引申为忘记。《诗·卫风·考槃》:"独寐寤言,永矢弗谖。"矢,通誓,立誓、发誓。

九〇、"既微且尰",骭疡为微[1],肿足为尰[2]。

此释条义训为脚脖生疮溃烂、脚肿,摘引为训,解说词语。

[1]微,《说文》"隐行也",其本义为隐蔽,展转引申为脚肿生疮溃烂。《诗·小雅·巧言》:"既微且尰,尔勇伊何?"毛传:"骭疡为微,肿足为尰。"伊,语气助词。骭(gàn),《说文》"骸也",其本义为胫骨。《古诗源·饭牛歌》:"不逢尧与舜禅,短布单衣适至骭。"胫骨指脚脖。疡(yáng),《说文》"头创也",其本义为头疮,引申为痈疮溃乱。《周礼·天官·医师》:"凡邦之有疾病者,疕疡者造焉,则使医分而治之。"郑玄注:"身伤曰疡。"据此,"骭疡",意谓脚脖生疮溃乱,则"微"即脚脖生疮溃烂。

[2]尰(zhǒng),《说文》未收,按之古籍用例,其本义为脚肿,其用

例已见上，在这里省略。

九一、"是刈是濩"，濩[1]，煮[2]之也。

此释条义训为煮葛草，摘引为训，解说词语。

[1]濩，《说文》"雨流霤下"，其本义为雨水流到屋檐下，引申为煮。《诗·周南·葛覃》："葛之覃兮，施于中谷，维叶莫莫，是刈是濩，为绨为绤，服之无斁。"

[2]煮之，用锅煮葛草。煮，为鬻之或体，《说文》"孚也"，其本义为在水中把东西加热。《周礼·天官·盐人》："凡齐事，鬻盬以待戒令。"之，他称代词，在这里指代葛草。煮之即用锅煮葛草。

九二、"履帝武敏"[1]，武[3]，迹[2]也；敏[5]，拇[4]也。

此释条义训为足迹、大拇指，摘引为训，解说词语。

[1]"履帝武敏"，语出《诗·大雅·生民》，其诗云："履帝武敏，歆，攸介攸止。"履，践踏。帝，上帝。武，足迹。敏，通"拇"，大脚趾。

[2]迹，《说文》"步处也"，其本义为脚印。《庄子·天运》："夫迹，履之所出，而迹岂履哉！"

[3]武，《说文》"楚庄王曰：夫武，定功戢兵。故止戈为武"，其本义为武力，展转引申为足迹。《楚辞·离骚》："忽奔走以先后兮，及前王之踵武。"

[4]拇，《说文》"将指也"，其本义为手脚的大指。《易·咸》："初六，咸其拇。"孔颖达疏："拇是足大拇也。"

[5]敏，《说文》"疾也"，其本义为急速、敏捷，通"拇"，有足大指之义。《类篇》："敏，足大指名。"

九三、"张仲孝友"[1]，善父母为孝[2]，善兄弟为友[3]。

此释条义训为对父母和善为孝顺、对兄弟和善为友爱，摘引为训，解说词语。

[1]"张仲孝友"，语出《诗·小雅·六月》，其诗云："侯谁在矣，张仲孝友"，意谓孝顺父母友爱兄弟的张仲。侯，语气助词，无实义。

[2]善，《说文》"吉也"，其本义为吉祥、美好，引申为友好、亲善。《左传·隐公六年》："亲仁善邻，国之宝也。"孝，《说文》"善事父母者"，其本义为孝顺。《书·君陈》："惟孝友于兄弟，克施有政。"孔传："言善父母者，必友于兄弟，能施有政令。"

[3]友，《说文》"同志为友"，其本义为朋友，引申为亲善、友爱。《周礼·地官·师氏》："教三行：一曰孝行，以亲父母；二曰友行，以尊贤良；三曰顺行，以事师长。"

九四、"有客宿宿"[1]，言再宿[2]也；"有客信信"[3]，言四宿[4]也。

此释条义训分别为住了两夜与住了四夜，摘引为训，解说词语。

[1]"有客宿宿"出自《诗·周颂·有客》。有，《说文》"不宜有也"，林义光《文源》："按：有，持有也。古从又持肉，不从月"，其本义当为具有。用作名词词头，无实义。《书·多方》："有夏诞厥逸。"客，《说文》"寄也"，按之古籍与金文形体，其本义为暂时停下来的宾客。《礼记·曲礼下》："主人敬客，则先拜客；客敬主人，则先拜主人。"宿，《说文》"止也"，其本义为住宿、过夜。《诗·小雅·小明》："念彼共人，兴言出宿。"

[2]言，《说文》"直言曰言，论难曰语"，其本义为说话，引申为解释引文、词语的发端词，为常用的训诂术语，相当于"意思是说"。《孟子·告子上》："《诗》云：'既醉以酒，既饱以德。'言饱乎仁义也。"再，《说文》"一举而二也"，其本义为第二次。《左传·庄公十年》："一鼓作气，再而衰，三而竭。"引申为数词，表示两次。《孙膑兵法》："田忌一不胜而再胜。"宿，过夜。"言再宿"，是说住了两夜。

[3]"有客信信",出自《诗·周颂·有客》。信,《说文》"诚也",其本义为诚实,展转引申为连宿两夜。《诗·豳风·九罭》:"鸿飞遵渚,公归无所,于女信处。"毛传:"再宿曰信。"

[4]言四宿,是说住了四夜。

按:此释条包括两个句子,其被释词均摘引《诗经》语句,同出于《诗·周颂·有客》之篇。其诗云:"有客宿宿,有客信信。"毛传:"一宿曰宿,再宿曰信。"

九五、美女为媛[1]。

此释条义训为美女,独词为训,一义贯条。

[1]媛,《说文》"美女也,人所援也",其本义为美女。《诗·鄘风·君子偕老》:"展如之人兮,邦之媛也。"毛传:"美女为媛。"展,的确。

九六、美士为彦[1]。

此释条义训为贤士,独词为训,一义贯条。

[1]彦,《说文》"美士有文,人所言也",其本义为贤士、俊才,为人所称道。《诗·郑风·羔裘》:"彼其之子,邦之彦也。"毛传:"彦,士之美称。"

九七、"其虚其徐"[2],**威仪容止**[1]**也**。

此释条义训为举止庄重,摘引为训,解说《诗经》语句。

[1]威仪容止,仪容举止。威,《说文》"姑也",其本义为丈夫的母亲,引申为庄严。《论语·学而》:"君子不重,则不威,学则不固。"何晏集解引孔安国曰:"言人不能敦重,既无威严,又不能识其义理。"仪,《说文》"度也",其本义为法度,引申为举止。《诗·大雅·烝民》:"令仪令色,小心翼翼。"郑玄笺:"令,善也。"朱熹集传:"仪,威仪也。"容,《说文》"盛也",其本义为盛载,引申为举止。《诗·周颂·振鹭》:"振鹭于飞,

于彼西雝。我客戾止,亦有斯容。"止,《说文》"下基也",按之字形与古籍用例,其本义当为脚,引申为举止。《诗·大雅·抑》:"淑慎尔止,不愆于仪。"郑玄笺:"止,容止也。""威"为庄重,"仪""容""止"均为举止,则"威仪容止"为举止庄重,从而可以确定此释条的义训。

[2]"其虚其徐",语出《诗·邶风·北风》,其诗今作"其虚其邪?既亟只且。"虚,通"舒",邪,通"徐",均为舒缓之义。此句意谓,他们举止怎么能那么舒缓,事情已经很紧急。举止庄重,则临危不惧,其动作自然舒缓,因此雅训点明句子的含意,深切而透辟。

按:此释条哲理深邃,其义训含蓄蕴藉,耐人寻味。

九八、"猗嗟名兮"[2],目上为名[1]。

此释条义训为眉睫之间,摘引为训,解说词语。

[1]目上为名,眼睛上边眉睫之间的部位。目,眼睛,在这里指眼皮。目上,指眼皮的上面。为,《说文》"母猴也",按之字形与古籍用例,其本义当为做,引申为称做。在此释条中"为"用作训诂术语,在解释普通语词时不多见。名,《说文》"自命也",其本义为人自己所命之名字,展转引申指人脸上眉睫之间的部位,其书证见《诗·齐风·猗嗟》。

[2]"猗嗟名兮",语出《诗·齐风·猗嗟》,其诗云:"猗嗟名兮,美目清兮,仪既成兮。"猗嗟,叹美之辞。名,目上眉睫之间,后作䫤。

九九、"式微式微"者[2],微乎微者也[1]。

此释条义训为傍晚逐渐昏暗的样子,摘引为训,解说《诗经》语句。

[1]微乎微者,傍晚逐渐昏暗的样子。微,《说文》"隐行也",其本义为隐蔽,引申为昏暗。《诗·小雅·十月之交》:"彼月而微,此日而微。"乎,连词,相当于"又"。者,特殊指示代词,可译作"的样子"。

[2]"式微式微",语出《诗·邶风·式微》,其诗云:"式微式微,胡不归",意谓傍晚天色逐渐昏暗,他到这时怎么还不回家?式,语气助词,

用于句首。微，昏暗。

一〇〇、之子者[2]，是子也[1]。

此释条义训为这个人，摘引为训，解说短语。

[1]是子，这个人。是，《说文》"直也"，其本义为正，借为近指代词，相当于"此"。《论语·学而》："子于是日哭，则不歌。"此"子"特指孔子。子，《说文》"十一月阳气动，万物滋，人以为称"，按之字形与古籍用例，其本义当为幼儿。《仪礼·丧服》："子生三月，则父名之。"郑玄注："凡言子者，可兼男女。"引申为人的通称。《诗·邶风·匏有苦叶》："招招舟子，人涉卬否。"毛传："舟子，舟人，主济渡者。"

[2]之子，这个人。之，《说文》"出也"，其本义为近指代词，相当于"此"。《诗·邶风·日月》："乃如之人兮，逝不古处。"郑玄笺："之人，是人也。"《诗·小雅·裳裳者华》："我觏之子，我心写兮。"

一〇一、"徒御不惊"[2]，辇者[1]也。

此释条义训为拉车的人，摘引为训，解说词语。

[1]辇者，驾车的人。辇，《说文》"挽车也"，其本义为人拉的车。《竹书纪年》卷上："迁于河南，初作辇。"引申为挽车、拉车。《诗·小雅·黍苗》："我任我辇，我车我牛。"郑玄笺："有负任者，有挽辇者，有将车者，有牵傍牛者。"朱熹集传："辇，人挽车也。"

[2]"徒御不惊"，语出《诗·小雅·车攻》，其诗云："徒御不惊，大庖不盈。"郑玄笺："不警，警也。不盈，盈也。"御，驾驭车马，这里指拉辇。《尔雅》选取"徒"，释为驾车的，切合文意。

一〇二、襢裼[2]，肉袒[1]也。

此释条义训为衣服露出上身，摘引为训，解说词语。

[1]肉袒，脱去上衣，露出双臂。袒，《说文》"衣缝解也"，其本义为

脱去上衣露出双臂。《礼记·曲礼上》："冠毋免，劳毋袒，暑毋褰裳。"郑玄注："袒，露也。"

[2]襢裼，脱去上衣，露出双臂。《诗·郑风·大叔于田》："襢裼暴虎，献于公所。"毛传："襢裼，肉袒也。"

一〇三、暴虎[2]，徒搏[1]也；冯河[4]，徒涉[3]也。

此释条义训为空手搏击与徒步涉河，摘引为训，解释短语。

[1]徒搏，空手搏击。徒，《说文》"步行也"，其本义为步行，引申为空。《战国策·魏策》："布衣之怒，亦免冠徒跣，以头抢地尔？"搏，《说文》"索持也"，其本义为捕捉，引申为搏斗。《左传·僖公二十八年》："晋侯梦与楚子搏。"

[2]暴虎，语出《诗·小雅·小旻》，其诗云："不敢暴虎，不敢冯河。"毛传："冯，陵也。徒涉曰冯河，徒搏曰暴虎。"暴，通"搏"，搏斗。

[3]徒涉，徒步过河。徒，空，仅凭双腿。涉，《说文》"徒行厉水也"，其本义为徒步过河。《诗·郑风·褰裳》："子惠思我，褰裳涉溱。"毛传："惠，爱也。"

[4]冯河，语出《诗·小雅·小旻》，参见本条注[2]，徒步涉河。冯，《说文》"马行疾也"，其本义为马行疾，展转引申为徒步涉河。

一〇四、籧篨[2]，口柔[1]也。

此释条义训为以巧言谄媚，摘引为训，解说词语。

[1]口柔，以言语谄媚。口，《说文》"人所以言食也"，其本义为人类说话与饮食的器官，引申为言语。《书·大禹谟》："惟口出好兴戎，朕言不再。"柔，《说文》"木曲直也"，其本义为木质柔和，可以屈伸，引申为谄媚。《逸周书·文政》："内有柔成。"孔晁注："柔成，善柔谄人也。"

[2]籧篨(qú chú)，有丑疾不能俯身的人。籧篨本义为粗竹席。《方言》卷五："自关而西谓之簟，或谓之蒢，其粗者谓之籧篨。"引申为有丑疾不能俯身的人，俗称鸡胸。《诗·邶风·新台》："燕婉之求，籧篨不鲜。"毛

传："籧篨，不能俯者。"郑玄笺："籧篨，口柔，常视人颜色而为之辞，故不能俯也。以巧言谄媚，要常观察别人的脸色，于是不能俯身，这与粗竹席不能俯放有相似之处，因此用籧篨比喻以言语奉承的人。

一〇五、戚施[2]，面柔[1]也。

此释条义训为以脸色谄媚，摘引为训，解说词语。

[1]面柔，脸色谄媚。面，《说文》"颜前也"，其本义为脸面，引申为脸色。《易·革》："君子豹变，小人革面。"孔颖达疏："小人革面者，小人处之但能变其颜面容色顺上而已。"柔，谄媚，详见上条。

[2]戚施，不能仰身的人。不能仰身，俗称驼背。《诗·邶风·新台》："燕婉之求，得此戚施。"毛传："戚施，不能仰者。"郑玄笺："戚施，面柔，下人以色，故不能仰也。"其实，将戚施的义项与雅训联系起来考察，就会发现雅训建筑于联想基础上，不必像其他释条那样抠住字眼不放。

一〇六、夸毗[2]，体柔[1]也。

此释条义训为以身体谄媚，摘引为训，解说词语。

[1]体柔，身体谄媚。体，《说文》"总十二属也"，其本义为身体。《礼记·祭仪》："身也者，父母之遗体也。"柔，谄媚，参见前条。

[2]夸毗，卑躬屈膝以取媚于人。《诗·大雅·板》："天之方侪，无为夸毗。"毛传："侪，怒也。夸毗，体柔也。"孔颖达疏："李巡曰：'屈己卑身求得形人曰体柔。'"

一〇七、婆娑[2]，舞[1]也。

此释条义训为跳舞，摘引为训，解说明显义素：区别义素。

[1]舞，《说文》"乐也，用足相背"，其本义为舞蹈，引申为跳舞。《论语·八佾》："孔子谓季氏，'八佾舞于庭，是可忍也，孰不可忍也？'"

[2]婆娑(suō)，连绵词，跳舞的样子。《诗·陈风·东门之枌》："子

仲之子，婆娑其下。"毛传："婆娑，舞也。"郭璞《尔雅注》进而将此释条释为"舞者之容"。在跳舞的义项中，明确显示跳舞之义，说明此释条解说被释词婆娑的明显义素。

一〇八、擗[2]，拊心[1]也。

此释条义训为拍胸，独词为训，一义贯条。

[1]拊（fǔ），《说文》"揗也"，拊后作抚，其本义为抚摸，引申为拍。《书·益稷》："予击石拊石，百兽率舞，庶尹允谐。"蔡沈注："重击曰击，轻击曰拊。"心，《说文》"人心，土藏，在身之中"，其本义为心脏，引申为心脏所在部位，即胸部。《庄子·天运》："故西施病心，而矉其里；其里之丑人见而美之，归亦捧心而矉其里。"既然拊为拍，心为胸，则拊心为拍胸。《仪礼·士丧礼》："妇人拊心，不哭。"

[2]擗（pǐ），拍胸。《玉篇》："擗，拊心也。《诗》曰'寤擗有摽。'"按：今本《诗·邶风·柏舟》作"静言思之，寤辟有摽。"毛传："辟，拊心也。"在拍胸的意义上，辟、擗为古今字。《孝经·丧亲》："擗踊哭泣，哀以送之。"

一〇九、矜[2]、怜[3]，抚掩之[1]也。

此释条义训为喜爱、怜悯，二词共训，二义同条。

[1]抚，《说文》"安也。一曰循也"，段玉裁改循为揗，则其本义为抚摩，引申为安抚，再引申为喜爱。《书·泰誓下》："抚我则后，虐我则雠。"掩通"媕"，也有喜爱之义。《方言》卷一："怃、媕、怜、牟，爱也。"抚通"憮"，有怜悯之义。《方言》卷一："悛、憮、矜、悼、怜，哀也。"之，《说文》"出也"，按之古籍与字形，其本义当为到……去，借为他称代词，用于动词抚、掩之后以泛指他人，从而显示释词之义。据此，可将此释条义训定为喜爱、怜悯。

[2]矜，《说文》"矛柄也"，其本义为长矛或戈戟的柄，音qín，借为怜悯之义，音jīn。《书·泰誓上》："天矜于民，民之所欲，天必从之。"

孔传："矜,怜也。"

[3]怜,《说文》"哀也",其本义为怜悯。《国语·晋语四》:"失此二者,是不礼宾,不怜穷也。"引申为喜爱。《庄子·秋水》:"夔怜炫,炫怜蛇,蛇怜风,风怜目,目怜心。"钟泰发微:"怜,爱羡也。"

一一〇、緎[2],羔裘之缝[1]也。

此释条义训为连缀,摘引为训,解说词语。

[1]缝(féng),《说文》"以针紩衣也",其本义为连缀。《诗·魏风·葛屦》:"掺掺女手,可以缝裳?"裘,《说文》"皮衣也",其本义为皮衣。《诗·小雅·都人士》:"彼都人士,狐裘黄黄。"羔,《说文》"羊子也",其本义为小羊。《诗·召南·羔羊》:"羔羊之皮,素丝五纰。"毛传:"小曰羔,大曰羊。"朱熹集传:"皮,所以为裘,大夫燕居之服。素,白。"五,交错。纰,连缀、缝合。之,《说文》"出也",其本义为出生,借为结构助词,可用来将宾语前置。此释条的羔羊之缝,即连缀小羊皮做成的袍子。按之《尔雅》编者的意图,旨在提取其动词"缝"解说被释词,于是将其义训确定为连缀。

[2]緎(yù),《齐诗》作䋎,《说文》"䋎,羔裘之缝也",按之今本《诗经》,语出《诗·召南·羔羊》,其诗云:"羔羊之革,素丝五緎。"毛传:"緎,缝也。"

一一一、殿屎[2],呻[1]也。

此释条义训为痛苦呻吟,摘引为训,解说词语。

[1]呻,《说文》"吟也",其本义为诵读,引申为痛苦呻吟。《列子·周穆王》:"有老役夫,筋力竭矣,而使之弥勤,昼则呻呼而即事,夜则昏惫而熟寐。"

[2]殿屎(xī),连绵词,痛苦呻吟。《诗·大雅·板》:"民之方殿屎,则莫我敢葵。"毛传:"殿屎,呻吟也。"郑玄笺:"葵,揆也。"马瑞辰传笺通释:"《说文》引《诗》作'唸㕧'者正字,《诗》及《尔雅》作'殿

屎'者，借字也。"

一一二、帱[2]谓之帐[1]。

此释条义训为床帐，独词为训，一义贯条。

[1]帐，《说文》"张也"，段玉裁注："《释名》曰：'帐，张设于床上'"，其本义为床帐。《淮南子·道应训》："偷则夜解齐将军之帱帐而献之。"在此句中，帱、帐同义连用。

[2]帱(chóu)，《说文》"禅帐也"，其本义为床帐。《楚辞·招魂》："蒻阿拂壁，罗帱张些。"在床帐之义上，帱又与裯通用。《诗·召南·小星》："肃肃宵征，抱衾与裯。"郑玄笺："裯，床帐也。"

一一三、侜张[2]，诳[1]也。

此释条义训为欺骗，摘引为训，解说词语。

[1]诳，《说文》"欺也"，其本义为欺骗。《韩非子·和氏》："王以和为诳，而刖其左足。"

[2]侜(zhōu)张，欺骗。侜，《说文》"有廱蔽也"，其本义为壅蔽，引申为欺骗。《诗·陈风·防有鹊巢》："谁侜予美？心焉忉忉。"毛传："侜，张诳也。"郑玄笺："谁侜张诳欺我所美之人乎？"朱熹集传："忉忉，忧貌。"在欺骗之义上，后作"诌"，一直流行于现代人的口语中。张，《说文》"施弓弦也"，其本义为安上弓弦，引申为开弓，再引申为扩大。《左传·昭公十四年》："臣欲张公室也。"扩大，则与事实有差距，其中蕴藏着欺骗之义，因此侜张训为欺骗，本为同义连用，后演变为双音词。侜张，又作"诪张"。《书·无逸》："古之人犹胥训告，胥保惠，胥教诲，民无或胥诪张为幻。"

一一四、谁昔[2]，昔[1]也。

此释条义训为从前，摘引为训，解说词语。

[1]昔，《说文》"乾肉也"，其本义为干肉，引申为从前。《诗·小雅·采薇》："昔我往矣，杨柳依依；今我来思，雨雪霏霏。"

[2]谁昔，语出《诗·陈风·墓门》，其诗云："知而不已，谁昔然矣。"朱熹集传："谁昔，昔也，犹言畴昔也。"《尔雅》郭璞注："谁，发语辞。"在此句中，"谁"为语气助词，无实义，与畴通用。《礼记·檀弓上》："予畴昔之夜，梦坐奠于两楹之间。""畴"置于"昔"之前，其用法与"谁"完全相同。

一一五、不辰[2]，不时[1]也。

此释条义训为没有遇到好时候，摘引为训，解说短语。

[1]不时，没有遇到好时候。时，《说文》"四时也"，其本义为季节，引申为时候。《论语·季氏》："少之时，血气未定，戒之在色。"不，《说文》"鸟飞上翔不下来也"，按之字形与古籍，其本义为花萼，借为否定副词，表示"没有"之义。《诗·王风·君子于役》："君子于役，不日不月。"郑玄笺："行役反无日月。"不时，没有遇到好时候。时，时候，受副词"不"的修饰，于是用作动词，遇到好时候。

[2]不辰，没有遇到好时候。辰，《说文》"震也，三月阳气动，雷声振，民农时也，万物皆生"，其本义为振动，引申为时候。《诗·大雅·抑》："訏谟定命，远犹辰告。"毛传："辰，时也。"不辰，语出《诗·大雅·桑柔》，其诗云："我生不辰，逢天僤怒。"郑玄笺："辰，时也。"

一一六、凡曲者[2]为[3]罶[1]。

此释条义训为寡妇使用的捕鱼竹器，独词为训，解说词语。

[1]罶(liǔ)，《说文》"曲梁，寡妇之笱，鱼所留也"，其本义为寡妇使用的捕鱼竹器，又称笱(gǒu)。《尔雅·释器》："嫠妇之笱谓之罶"，恰为此释条最好注脚。萧凤仪《嫠妇之笱谓之罶解》："此笱实竹器，与筐笼相似，口阔颈狭，腹大而长，无底。施之，则以索束其尾，喉内编细竹而倒之，谓之曲簿，入则顺，出则逆，故鱼入其中而不能出。谓之罶者，罶，

从网从留,言能留鱼而不使出也。多就曲梁施之以承其空,虽妇人亦能用。"《诗·小雅·鱼丽》:"鱼丽于罶,鲿鲨。"

[2]凡曲者,所有形体弯曲的捕鱼器具。凡,《说文》"最括也",其本义为总括,引申为所有。《诗·小雅·常棣》:"凡今之人,莫如兄弟。"曲,《说文》"象器曲受物之形,或说,曲,蚕薄也",其本义为蚕箔,引申为弯曲。《诗·小雅·采绿》:"予发曲局,薄言归沐。"者,《说文》"别事词也",其本义为特殊指示代词,与动词、形容词及其短语构成名词性短语,表示"的人""的事情"等意义。"凡曲",所有弯曲,形容词短语。"者"依附于"凡曲"之后,共同构成名词性短语,意谓所有形体弯曲的捕鱼竹器。

[3]为,称做。为,《说文》"母猴也",其说有误。按之其甲骨、金文形体,象以手牵大象之形,其本义当为做,后引申为很多相关义项,被称为义广动词。在此释条中,"为"充当解说术语,应取称做之义。不过在《尔雅》中,"为"经常用作解说专科名词释条的术语,而在解说普通语词时用得不多,特此说明。

一一七、鬼[2]之为言[3]归[1]也。

此释条义训为归宿,独词为训,一义贯条。

[1]归,《说文》"女嫁也",其本义为女子出嫁,女子出嫁则要重新组成家庭,新家庭就成为其归宿,于是引申为归宿。《易·系辞下》:"天下同归而殊涂。"

[2]鬼,《说文》"人所归为鬼",其本义为人死后的魂魄。《礼记·祭义》:"众生必死,死必归土,此之谓鬼。"这就是说,死为人的归宿,于是人死则变为鬼。

[3]之为言,注释术语,意谓"就是说"。其中"之",为结构助词,用于被释词与释词之间,使彼此结合更紧密。为,义广动词,相当于"是"。言,《说文》"直言曰言,论难曰语",许氏从比较中为"言"立训,其本义为说话。《书·无逸》:"(殷高宗)三年不言。"

"之为言"作训诂术语,与"为言"为一组,均表示"是说"之义,均用于探求语源。在此释条中,将"鬼"释为"归",就是探求"鬼"命名的来源。

按:作为探源术语,到汉代才大量出现,在《尔雅》中使用"之为言",用探源的方法解释其义,仅此一例,可视为训诂学史上开创之例,弥足珍贵。

后 记

现在,我辛辛苦苦地撰写三年的《尔雅普通语词注释》终于要出版了,我激动不已,情不自禁地热泪盈眶。

当初,我考入山东大学,师从吉发涵先生攻读博士学位,就立志在训诂学领域中辛勤耕耘,力争在传统文化的研究中做出应有的贡献。在河北师范大学攻读硕士学位阶段,我就酷爱训诂学,尤其对《尔雅》情有独钟,为其博大精深而倾倒,为其解读古籍的巨大功能赞叹不已,诚如山东大学耆宿殷孟伦先生所说,熟谙《尔雅》,则读《尚书》、《诗经》如同白话。对此我感触很深,所以在入学不久就选定《尔雅》作研究课题。鉴于我对《尔雅》专科名词比较陌生,就将精力集中于普通语词上。

社会已经进入 21 世纪,科学技术发展神速。要使研究课题跟上时代的步伐,我就刻苦阅读现代语言学理论著作,进而吸取最新的研究成果,借鉴其研究方法,从而在正确理论指导下开展研究工作。同时要立足于《尔雅》的释条,深入把握其内容,挖掘其内涵,否则概括出的规律就成为无源之水、无本之木,于是始终将注释《尔雅》普通语词的释条放在首位,细心斟酌,力求真正弄清其义训。为此,我在宏观规划课题的理论框架的同时,就开始了对《尔雅》普通语词释条的注释,二者齐头并进,相辅相成。这样,就使通论所概括规律能辐射相应释条,反之注释能够检验理论的正误。事实上,在课题的研究过程中通论与注释同步完成,但是要适应毕业答辩的需要,我就先行出版了《尔雅普通语词研究》,以《尔雅普通语词注释》殿其后,使这对孪生的姊妹相继问世。

知识储备不足,理论水平不高,使我写作通论举步维艰。功底薄弱,注释更使我困难重重。《尔雅》注释的积淀很深,从郭璞注到邵晋涵、郝懿行的注疏都认真阅读,耗费很多气力,好在有今人徐朝华先生的《尔雅今注》，才让我真正读懂《尔雅》。然而问题并没有完全解决，有些释条徐先生注释也不很妥帖，甚至对某些释条暂付阙如。对此，我迷惑了，彷徨了，觉得徐先生都无能为力，我这个初出茅庐的后生学子实在太不量力了，怎么选择这么艰难的课题呢？但是在动摇之余，我又想到古今志士仁人，为革命抛头颅洒热血，在所不辞。我作为新时代的青年，多年接受党的教育，应该挺起腰板，坚持把课题做成、做好。于是，我又下定决心一条一条地注释，辅以不断的思索，使注释上升到理论高度。其实，注释《尔雅》普通语词的困难，就集中在被释词与释词不对应上，它使历代注释专家望而却步，只好用相关义项解说，用彼此义项相通聊以塞责，对此我觉得不妥，但是又无可奈何。后来，我经过反复思考、甚至冥思苦想，夜不成寐。但是我想天无绝人之路，俗话说"车到山前必有路，船到码头自然直"，只要能不懈地探索，就一定能成功。终于，我想到被释词与释词尽管义项不对应，但是彼此毕竟意义相近，相近就有共同点，于是我就从义项推及义素，而现代汉语所论述的义素均明确显示在义项中，《尔雅》被释词与释词所包含的义素却蕴藏在义项中，有待人们分析才能浮出水面，为此我只好提出隐含义素的概念，同时将现代汉语所说的义素称之为明显义素，以示区别。运用隐含义素解说疑难释条，就轻松自如了，当然也丰富了通论的内容，使之颇有新意。

当然注释的内容还不止这些，几乎涉及《尔雅》全部内涵。虽然《汉语大字典》、《汉语大词典》为研究提供了丰富的资料，为确立义训、选择书证都提供很多方便，但是义训的确立仍然很困难，必须使被释词与释词所表示的义项完全对应，这样就要对义项精心概括，对书证尽力搜索。虽然前修时贤研究成果很多，但是或者其解说艰涩，或者其解说疏漏，于是在确立义训时往往另辟蹊径，况且其书证涉及很多生僻古籍，读懂很困难，要引为书证就必须解说准确，这也要花费很多时日。适值改革开放的时代，在艰苦的注释岁月中也有峰回路转之时，得师友们的关怀、帮助，我有幸参加学术会议，不仅结识了朋友，而且交流了学术，使我眼界大开。尤其是参加训诂学会与古文字学会，了解了本专业与相关专业的研究现状，展望了未来的研究前景。他们的真知灼见令我佩服，他们的治学经验令我羡慕，于是我就从与会师友的论文中扩展了知识，提高了研究的兴趣，从而使我增强了战胜困难的勇气,坚持把《尔雅》普通语词注释完毕。

此刻这种胜利的欢欣来之不易,固然包含着注释的劳苦与辛酸,但是也饱含着师友的关怀、支持。在中国训诂学研究会上,与会师友给我很多鼓励,尤其是看到《尔雅普通语词研究》,李建国会长赞扬我是做学问的好苗子,甚至有意接纳我入会,并在理事会上多所夸奖,简直使我受宠若惊。在中国文字学研究会上,与会师友也给我很多鞭策,向光忠先生多次关心、问候,甚至邀请我参加他主持的科研项目,使我深切地体会到前辈对后学的提携与奖掖。尤其是在诗经学会上,夏传才先生还破例地恩准我与前辈代表一起畅游武当山,参与湖北房县纪念尹吉甫的学术活动,使我感到很荣幸。夏老已年近九旬,依然老当益壮,神采奕奕,极力帮助青年学者成才。他拿到我的通论之后,在《会务通讯》上对拙作加以介绍,多所鼓励。祝愿夏老益寿延年,其德行与学问惠及更多的青年学子!

恩师赵伯义先生对拙作的写作提出了宝贵的建议和意见,谨以拙作告慰先生的在天之灵!白兆麟先生为拙作的修订曾提出建设性意见,在此谨致以深深的感谢!

青山常在,绿水长流。承河南漯河的朋友不弃,拙作《尔雅普通语词研究》已被许慎纪念馆、许慎文化园收藏,沾惠文宗字祖的灵光。我国传统文化源远流长,我正在她的哺育下不断成长。俗话说得好,有志者事竟成。借此吉言,我要在训诂学的领域中,以研究《尔雅》为龙头,探索相关课题,力求不断取得新成绩,不负师友的期望与父母的养育之恩。

李冬英
2014 年 11 月 19 日